ものと人間の文化史

101

植物民俗

長澤武

法政大学出版局

採ってきた「秋の山の幸」各種

春の楽しみの一つ「山菜のつどい」

高はぜに掛けられた稲（長野県北安曇郡小谷村奉納）

刈ってきたガマを裂いて干す（長野県北安曇郡小谷村大網）

まえがき

明治維新によって江戸の民俗文化は失われたと言われているが、農山村では、経済については別としても、暮らし方の基本的な部分は江戸時代からのものを、大平洋戦争のころまでは引き継いできていた観がある。ところが昭和三〇年代後半からの高度経済成長期を境に、急速に、残されていた基本的な部分までもが崩壊し、いまや日本人の心の内面にまで危機的状態がせまっていると言われている。

農山村での暮らしの基本形は、自然の中で、自然をできるだけ利用・活用した暮らし方で、いつも暮らしの中心に自然があり、自給自足の精神が脈打っていた。——煮炊き用の燃料や暖房は山から伐ってきた薪や炭であったし、田畑の肥料は刈敷・堆肥・干草・厩肥などの自家製の有機肥料が中心だった。

ところが昭和四〇年代からは、自分の持ち山がある家までがすべて灯油やガスなど化石燃料となり、肥料は化学肥料だけとなってしまった。その結果、薪伐りにも草刈りにも誰も山へ行かなくなってしまった。安い外材が輸入されて内地材が売買されなくなると、伐採、植林地の手入れがなされなくなり、里山は荒れ放題で山道も消えかけている。

食生活もハウス栽培や工業化が進み、金さえ出せば何でも口にすることができる時代となって、昔のように、木イチゴやグミ、アケビ、クリ、ブドウなどを採りに山へ入る者もなくなったし、自然の中でチャンバラ遊び、ままごと遊びをする子供も見なくなった。また昔から続いてきた、豊作を予祝する年中行事を行なう家もほとんど見かけなくなって、家庭内での家族の結びつきや精神面での教育が育たなくなってきている。

筆者は北アルプス山麓の農家に生まれ、七〇年間ずっとここに暮らしてきたが、ここ二〇年くらいの間に農山村の人びとの暮らし方や生き方の中に、自然との結びつきが極端に希薄になってきたのに驚いている。

ところが逆に都会では、昨今の生活のあまりにも非人間的・非自然的な姿に疑問を抱く人たちが生まれ、人間は本来自然の中で自然と対話しながらのびのびと生きるべき動物なのだと提唱し、これに共鳴する人が増えた。戸外へ、自然の中へ家族で出かけようという、自然指向ブームが広がってきて、いま山や高原は自然を求める人で賑わいつつある。

本書はこのような時代の中で、このままでは早晩忘れられてしまうであろう、野山の植物と接し利用してきた人々の暮らしの姿を書き残すとともに、彼らにもう一度光を当てたいと考えた次第である。

凡　例

一、本書は、北アルプスを取り巻く、長野、新潟、富山、飛驒地方を中心に、主として関東以北の植物民俗について記したものである。

二、植物名の表記については、本文中では慣用的な表記法（片仮名、平仮名、漢字）にしたがったが、索引においては標準和名・別名＝片仮名、地方名・俗称＝平仮名の表記法で区別した。

三、地名には都道府県名を表示したが、長野県下にかぎり県名を一部省略した。

四、本文中に出てくる次の植物名は、それぞれ＝の下の植物を総称する場合が多いので、そのようにご理解いただきたい。

アケビ＝アケビ、ミツバアケビ、ゴヨウアケビ
イラクサ＝ミヤマイラクサ、ムカゴイラクサ、エゾイラクサ
ガマズミ＝ガマズミ、コバノガマズミ、ミヤマガマズミ、オトコヨウゾメ
カシ＝シラカシ、アラカシ、ウバメガシ、ウラジロガシなど
グミ＝ナツグミ、トウグミ、アキグミ、ウグイスカグラ
クルミ＝オニグルミ
ササ＝シナノザサ（クマイザサ）、ミヤコザサ
サクラ＝カスミザクラ、オオヤマザクラなどの野生桜
シナ＝シナノキ、オオバボダイジュ

タケ＝マダケ、ハチク
ツツジ＝ヤマツツジ、レンゲツツジ、ユキグニミツバツツジなどの野生種や、園芸種全体
ツガ＝ツガ、コメツガ、シラビソ、オオシラビソ
ドングリ＝コナラ、ミズナラ、カシワ、クヌギの実
ナラ＝コナラ、ミズナラ
ヤナギ＝ネコヤナギ、ヤマネコヤナギ、タチヤナギ、カワヤナギ、イヌコリヤナギ、オオバヤナギ、オノエヤナギなど
マツ＝アカマツ、ゴヨウマツ（ヒメコマツ）
モミジ＝ヤマモミジ、タカオモミジ、ハウチワカエデ、コハウチワカエデ、コミネカエデなどの野生種
ブドウ＝ヤマブドウ、サンカクズル、エビズル

目次

第二章　暮らしの知恵が生んだ植物利用法　71

第三章　子供の遊びと身近な植物　237

第一章　植物俚言集

「名は体を表わす」という諺《ことわざ》がある。物の名前や名称は、そのものの実体や本性をよく表わす、または表わしているという意味である。確かに気体・液体・固体とか、自動車・馬車・荷車など、名前を聞いたり字を見ただけで、その物の姿形やどのようなものか内容まで頭に浮かんできて、実物を見なくてもおおよその概念はつかむことができる。名前の付け方に規則や規定があるわけではないが、多くの場合、昔からその物を言い表わすに最もふさわしいと思われる名前が付けられてきた。

地域の呼び名である方言、特に植物の場合は、まさに「名は体を表わす」にふさわしいものが多い。毒性の強いものには「嫁殺し」とか「ゴージ殺し」など人の注意を惹く名前が付けられているし、薬効高く万病に効くゲンノショウコは「医者いらず」とか「医者殺し」などと呼ばれている。

早春一番に咲くショウジョウバカマなどは「雪割草」とか「雪割花」と呼ばれ、秋の彼岸ごろに咲くノコンギクを「彼岸花」と呼んでいる所は多い。また山菜としておいしいものには「ナ」の字を付けて呼んでいる例も多い。

このほか花、葉、実や植物全体の形や特徴などから、あるいは子供の遊びから付けられた名前などには、なるほどとうなずけるものが多い。

一　封建社会の名残りを示す植物方言

地縁や血縁を中心に社会が組織され、家は家長が絶対的権力を持ち、嫁は一人の労働力としてしか評価されない一方、「子無きは去る」「出す」（離縁して実家へ帰す）などという、今では考えられない思想が、太平洋戦争後の一九五〇年代までは、日本のどこの農山村にもあった。封建社会の名残りである。

昔はどこの家も、朝は暗いうちから起きて働き、夜はよなべをしてからでないと寝るものではないといわれた。つらく、きびしく、貧しい生活に、誰もが耐えて暮らしていた。

これからとりあげる植物の方言名は、そんな前近代的社会が身近にあったことを示す事例である。

嫁殺し

乳飲み子をおぶって、田畑で鍬《くわ》を振り、秋の収穫作業や夜業をするなど、嫁は毎日男と同じように重労働をする一方、食事は冷飯や残り物を食べ、姑《しゅうとめ》や小姑の目の色をうかがいながら、僅かな暇を作って授乳をする。

封建社会の農村の嫁はこんな毎日だったから、さぞおなかが空いてたまらなかったことだろう。見知らぬ土地へ嫁いできて、田畑の行き帰りにふと目にした赤く熟したおいしそうな木の実、一粒口に入れてみると甘い液が出てなんともいえない。隠れるようにしてつい食べてしまったのがいけない、いずれも有毒植物なのである。こうして命を落とした嫁さんもあったようだ。そしてこのような悲しいできごとに人びとは誰言うとなくこの植物に「嫁殺し」の名を付け、子供たちに採って口にしないよう戒めとして言い伝えてきたのである。嫁殺しと呼ばれる植物は地方によって異なる。

ドクウツギ（ドクウツギ科）　川原や原野に自生する樹高一メートルほどの低木で、夏に赤い果実が群がって熟し、甘い。間違って食べると体中の筋肉がけいれんし、ついには息ができなくなり死ぬこともある〔長野県内ほか広い地域で〕。

ヒョウタンボク（スイカズラ科）　一名キンギンボクと呼び、花ははじめ白く、のち黄色に変わり、二つの果実がくっついている姿がひょうたんに似ているのでその名がつけられた低木。赤く熟した果実は目につきやすく、口に入れてもおいしい。が、劇毒があり、あやまって食べると死に至ることもある〔長野県安曇村ほか〕。

カンボク（スイカズラ科）　湿地や湿性林の林縁などに自生する低木で、秋には赤い果実が熟し、おいしそうに見える。しかしこの果実は有毒で、小鳥もほとんど食べないから、北アルプスの白馬山麓などでは「鳥食《は》まず」と呼んでいる。また長野県内の各地で「嫁殺し」と呼んでいるところが多いが、古い昔、嫁さんがこの果実を食べて死んだ事例があったからだろう。悲しいことだ。ところがカンボクを有毒植物に扱っている図鑑は筆者の知る範囲ではまだない〔長野県信濃町、北相木村、川上村、松本市入山辺〕。

ニシキギ、マユミ（ニシキギ科）　里山や原野に普通に自生している低木で、秋の紅葉と赤く熟した実が美しく、マユミの若葉は食べられる。しかし両者の実は有毒である。食べると吐気や下痢をおこす。長野市には姑が嫁に食べさせて殺したという民話があり、今でもこの木を「嫁殺し」と呼んでいる〔長野県長野市法利田、山千寺、上田市伊勢山、小県郡真田町〕。

ヤブサンザシ（ユキノシタ科）　中部地方以西の暖かい地方に自生している落葉低木で、秋にはヒヨドリジョウゴに似た紅い果実が熟し、食べられそうに見えるが食べられない。長野県中条村ではこの実を「嫁殺し」と呼んで有毒植物としている。今に伝わる伝承はないが、きっとその昔、おなかをすかした嫁さんが多食して、それが原因で死んだことがあったのであろう。

有毒植物ではないが、「嫁殺し」と呼ばれている植物にサルマメ（ユリ科）がある。そのいわれは、嫁さんが食べて死んだのではなく、肺病（肺結核）を病む姑に、その特効薬といわれるサルマメを採ってくるよう頼まれた嫁は、ほうぼう死にものぐるいに探したが、ついに見つけることができないまま息絶えたという民話によるものである。長野県や東海地方の一部の低山にのみ自生する丈三〇センチほどの木本。秋に赤い実が熟すが薬効のほどはあまり知られていない。が、健気《けなげ》にも命を賭してまで姑に尽さねばならなかった、酷《きび》しく辛い封建社会の嫁と姑の関係を示す話である〔長野県中条村〕。

婿泣かせ

封建社会での婿の地位は、嫁ほどではないが低く、地縁関係の結びつきが強いムラでは、他所者の婿は入籍しても数十年は発言が認められる雰囲気ではなかった。家の中でも家つきの娘の発言力が強く、婿は我慢の日々をすごす生活だった。

食べ物ひとつとっても、貧しくつつましい日々の暮らしで、山村では米を食い延ばす（新米を収穫するまで、手持ちの米を少しでも残すようにし、余らせて売り、現金にする）ためのかて飯（増量のために米に混ぜものをしたごはん）として、山菜の採れる時期にはゴマナ、マツムシソウ、アキノキリンソウ、ウコギ、ミツバウツギ、タニウツギ、ツリバナ、リョウブなどの若葉を採ってきて入れた、まずい飯が毎日続いたから、米どころ育ちの新婿はつい音《ね》をあげたのである。それでこれらの植物を「婿泣かせ」と呼ぶ地方があり、昔の貧しい食生活と、封建社会での婿の地位を示す物語となっている。

ヒョウタンボク

ドクウツギ

マツムシソウ

ゴマナ

ナラの実（どんぐり）

フクジュソウ

ジシバリ

ゴマナ（キク科）　山地の湿り気の多い草地や林道端などに生え、秋に菊花状の小さな白色の舌状花が多数咲く。春の草丈三〇センチくらいまでの若いものを摘んできて食べる〔長野県安曇村〕。

マツムシソウ（マツムシソウ科）　原野、丘、高原などに生える二年生の草本。夏の終わりから秋にかけて径四センチほどの八重咲き状の紫色の頭花が咲く。春、ボケの花が終わったころの、菊の葉状のロゼット葉を地面に広げているものを摘んできて食べる〔長野県伊那地方〕。

アキノキリンソウ（キク科）　低山帯の山裾や原野から高山帯にかけて自生し、夏の終わりから秋にかけて黄色の小さな花が群がって穂状に咲く。春の草丈二〇センチくらいまでのものを摘んで食べる。

次に、かて飯として毎日食べさせて婿を困らせた話ではなく、冬季間は厳しい農作業もなく、ゆっくり骨伸ばしができた婿たちに、また辛い仕事が始まることを告げ、婿たちをして、「ああまた仕事しごとの毎日が続く春が来たか」と嘆かせた植物の話である。

佐渡ケ島の羽茂町では五月に咲く**アラゲヒョウタンボク**（スイカズラ科）を「婿泣かせ」と呼んでいる。この木は丈二メートルたらずの低木で、新葉の出るのと一緒にラッパ状の淡黄色の花が咲く。この花が咲くと男たちの作業が本格的に始まるのでこのような名前が付いたとのことである〔新潟県佐渡郡羽茂町〕。

婿だまし

他所者の婿さんのやることは、何ごとにつけても目につき、ムラのうわさになるものだ。猫の手も借りたいほど忙しい田植えも終わって一息つくと、人びとは三三五五、山へフキ採りに行く。フキの葉柄を佃煮風キャラブキに煮て保存しておき、一年中使うのだ。

ところが、山にはフキに似た植物がいろいろある。**マルバダケブキ**、**オタカラコウ**（両種共にキク科）

などは花が咲けばはっきり区別できるが、それ以前はフキによく似ていて間違えやすい。他所から婿入りしてきて、山の植物をあまり知らない婿殿が、フキと間違えてマルバダケブキを一背負いも採ってきたことがあり、姑の話でムラ中の評判になった。そんなことがあってから、マルバダケブキを北安曇郡小谷村北小谷では誰言うとなく「むこだまし」と呼ぶようになった。

嫁泣かせ

新潟日報編の『佐渡紀行』によると、三月になり雪が消えるとフクジュソウやキクザキイチリンソウなど春一番の草花が佐渡地方に咲き始める。昔はこの花が咲き出すと、一斉にたきぎ取りや麦踏みなどの嫁仕事が始まるので、嫁さんたちは身のひき締まる思いがしたという。それでこれらの花を「嫁泣かせ」と呼ぶようになったが、場所によって花が違う。

フクジュソウ（キンポウゲ科）　元日草ともいわれ、暖かい地方では正月に早くも開花を見るが、一般に野生のものは三〜四月に開花、日本海側の雪国では、雪の消えるのを待ってまっ先に咲く早春の花である〔新潟県佐渡北端地方〕。

キクザキイチリンソウ（キンポウゲ科）　山野の林縁や土手に生える丈一五センチほどの草花で一茎一花、花は野菊のような愛らしい可憐な花で、フクジュソウに次いで早く咲く〔新潟県佐渡郡小木町深浦〕。

ナニワズ（ジンチョウゲ科）　日本海側の多雪地帯の樹下に生える低木。小さな黄いろい花が早春に枝先に群れて咲き、盛夏に落葉する〔新潟県佐渡郡小木町宿根木〕。

アラゲヒョウタンボク（スイカズラ科）　春早く花が咲く低木で、この花が咲くと男女を問わず春の農作業が忙しくなる〔新潟県南佐渡地方〕。

嫁残し

昔はあまり米がとれなかったからどこの山村でも、米を食いつなぐ他、いろいろな山の物を採ってきて食べ、売って現金にするための米を残すよう努力した。木の実では主にトチとナラの実である。トチ餅はごちそうの部類で、普通はトチ雑炊かコナラの実の焼餅を作って食べ、節米につとめた。

コナラの実は秋の山へ行くといくらでも拾えた。一日拾えば三斗くらいは拾えた。長野県下高井郡野沢温泉村の人は、拾ってきたナラの実をむしろの上に広げてよく乾し、臼で搗いて表皮（鬼皮）と中皮（渋皮）を取り除き、はぎって中身を布袋に入れ、温泉の源泉の湧く中へ一昼夜漬けた。

そうすると渋味がとれて軟らかくなるので、これをつぶして大きな団子にしてゆで、それをいろりの火で焼いて食べた。コーヒー色をし、おいしいものではないが腹のたしになった。しかし子持ちの嫁はこんな物を食べていたのでは乳の出が悪いから、食べたふりをして馬にくれ、米の飯を隠れて食べたので、この焼餅は「嫁残し」と言われた。が、一説には「米《よね》残し」で、こうして米を残して売り、貴重な現金収入としたのだとのこと。どちらがほんとかわからない。

小僧泣かせ

封建社会では職人の徒弟制度、商家の丁稚《でっち》奉公、寺の見習小僧など広い範囲で年季奉公があり、最初は駆け出し小僧といわれ、子守り、水くみ、用たしなどあらゆる雑用をさせられ、庭の草むしりなどもさせられた。そんな中で、いくら取っても取りきれず、すぐ後から生えてきて困る雑草にスズメノカタビラやツメクサ、シロツメクサなどがあって、てこずらせた。で、これらの雑草は「小僧泣かせ」といってやっかいな雑草の代名詞となった。

スズメノカタビラ（イネ科）　人家の庭や田畑の畦などに群生する雑草。丈は一五〜二五センチ、葉は細く幅二〜四ミリで株立ち根が強い〔長野県北安曇郡小谷村大網、上伊那郡辰野町、新潟県糸魚川市真光寺、千葉県山武郡〕。

ツメクサ（ナデシコ科）　庭や道端などに生える小さな雑草。丈は五〜一〇センチ、葉は幅狭く長さも一〜二センチだが繁殖力が強く、なかなかとりにくく絶やしにくい草で、小僧が泣いたのもむりないと思われる〔神奈川県津久井郡、千葉県山武郡〕。

シロツメクサ（マメ科）　別名クローバー。帰化植物で、輸入のガラス器具が壊れないよう器の間にこの草の枯れたものを詰めてきたところから名が付いた。種がこぼれて増える他、ランナーが出て増え、仕末の悪い草だ〔長野県東筑摩郡波田町・朝日村、愛知県東三河地方〕。

カミエビ（ツヅラフジ科）　別名アオツヅラフジ。いたるところの山野や道端などで普通に見られる蔓植物で、蔓の太さはマッチ棒くらいで物を縛るによい。しかし春先のものや冬の蔓は弱く切れやすいので、小僧を困らせるというところから名付けられた〔神奈川県愛甲郡丹沢山麓、静岡県西伊豆地方〕。

小僧殺し

もちろん実際に殺したのではなく、小僧泣かせよりさらに強い意味で、この雑草を退治するには並大抵の努力ではダメだというところから出た言葉。両種共に繁殖力が強く、根は地中にしっかり張っていて、引っぱってもなかなか抜けず、地上部が切れるのみ。しかもランナーが地上を伸び、各節から新しい根が出て増えるというやっかいもの、さぞ草取り小僧を困らせたことだろう。

ジシバリ（キク科）　田の畦や畑に生える丈一〇センチほどの雑草で、葉は卵形で五〜七月にタンポポに似た黄色の花が咲く。取っても取っても絶えないやっかいな雑草で、長野県の北信地方には「畑のジシバリ田のびるも（ヒルムシロ）家に姑が無きゃよかろ」という昔からの諺がある。

メヒシバ（イネ科）道端や荒地に生える雑草で、畑の草取りをちょっとおこたると、知らぬ間にこの草が一面に生えてくる。夏の陽射しが強くなる旧暦五月の中気（六月二一日頃）と六月の中気（七月二三日頃）頃に最も繁茂する草なので、長野県の中信地方ではこの草をちゅうなと呼んで手しこに負《お》えない雑草として嫌っている。

夜這い草

『古事記』には「よばふ」に〝婚〟の字があてられていて、「……遠々し越の国にさかし女をありと聞かして、くはし女をありと聞こして、さよばひにありたたし、よばひにありかよはせ……」と八千矛《やちほこ》の神が出雲からはるばる越の沼河比売《ぬながわひめ》を「婚《よば》はむ」と出かけた時の長歌が巻頭に載っている。「よばい」は「呼び合い」が原形で、大和王朝の初めのころは、母系家族で、妻問い婚といって男が女を尋ねて求婚するのが普通だったようだ。

ところが男性優位の社会になるにつれ、元の意味はしだいに薄れ、「夜這い」という字が使われるようになると、内容は本末転倒、正常でない関係を言うようになり、東北地方を中心に各地で流行し、大正の末ごろまで農山村に慣習として残っていた。

東北のある地方などでは、娘が年頃になっても若い男衆が夜這いにこないようでは一人前の女ではないと親衆がかまける（なげく）ほどであったという。長野県でも養蚕の全盛期の大正の末ごろまで夜這いはあったようで、夏はお蚕さま中心で家いっぱいに蚕棚を吊るし、風通しの良いように夜も戸を開け放ち、蚕トード（日雇い）の娘さんを他村から頼んで泊めていたから、昼間桑摘みの合間にしめし合わせておいて、夜になると若衆が夜這いに来ることもあったという。

夜這い草は、もともとは畦に生える雑草であるが、いつの間にか知らぬ間に田の中へ伸びて這い込み、節々から根を出して土に根を張るしまつの悪い雑草のことをいい、よばいぐさ、よべーぐさ、よーべぐさ、よべーずるなどとよんで農家が昔から手を焼いている草である。

ハイヌメリ、**チゴグサ**、**サヤヌカグサ**、**ササガヤ**、**アシボソ**はいずれもイネ科の植物で、細い茎に小さなササかヨシに似た葉を付け、下部は地面を横に這いながら節を作って田の中へ伸び、各節から分枝すると同時にひげ根を出して土中に根を張る。

イボクサはツユクサ科の植物で、茎の下部は泥の上を這いながら節ごとに枝分かれし、節から根を出してどんどん田の中まで進入する雑草。

イシミカワと**アキノウナギツカミ**は共にタデ科の蔓草で、主として溝や湿地に生える一年草。夏ごろから急に勢いを増して蔓を伸ばし、田の中まで入りこんでくるやっかいもの〔いずれも長野県全域と新潟県から東北地方にかけて〕。

二　季節の到来や旬を示す俚言

雪割草・雪割花

標準和名をユキワリソウと呼ぶ植物がある。サクラソウ科に属し、サクラソウに似た丈一〇センチほどの可憐なピンクの花を咲かせる草花で、亜高山帯以上でないと自生していないので、一般の人には知られていない。これから述べようとするのはこの植物のことではない。

一一月末から翌年の四月まで、半年を雪の中で暮らす雪国の人びとにとっては、春は待ち遠しい。三月も半ばを過ぎ日足が伸びてくると、それぞれ泉のほとりへセリ摘みに出かけたり、南面の土手にふきのとうを探しに行ったりして、春一番の緑を求めて味わったりする。

そんな中で、雪が消えるのを待っていち早く花を咲かせる草花は人びとの目を引きつける。それは地方によって異なるが、いずれもスプリングエフェメラル（春の妖精）と呼ばれる植物たちで、陽が射してくると花を開かせ、陽が没したり、曇りの日は花を開かず寒さから身を守る仕組みを持った植物たちである。山国の人たちはこのような花を雪割草と呼んで大切にしてきた。

ショウジョウバカマ（ユリ科）　渓流や細流の土手などやや湿り気の多い所に生える常緑の草本で、葉は根生葉が多数株の中心から出ている。球形の花火のような紅色の花は早春に咲き、日を経るにしたがってしだいに花茎を伸ばし、後には三〇センチにもなる。花の色が猩々猿（オランウータン）の顔か能面の猩々の赤毛に似るところから名付けられたもの（長野県南安曇郡安曇村、下高井郡の一部、新潟県糸魚川市、群馬県草津温泉）。

ミスミソウ（キンポウゲ科）　マッチ棒より細い葉柄が数本株の中心から地上を這うように伸び、その先に三裂した葉が一枚付き、花は早春に株の中心から花茎を伸ばして花弁状の白色の萼《がく》が六〜九枚の一花を咲かせる。葉が三裂しその先が尖っているから「三角草」という（長野県北安曇郡小谷村）。

アズマイチゲ、**キクザキイチリンソウ**、**ニリンソウ**（いずれもキンポウゲ科）　山地の林縁や原野、土手などに自生する多年草で、一輪草は一茎一花、二輪草は二花が咲き、どれも草丈一〇センチ前後の可憐な草花。いずれも早春の雪消え後間もなく咲き出し、春の終わりころ高茎植物が伸び始めるころにはもう枯れて姿を消す、スプリングエフェメラルの代表的植物で、まことにはかない命の草花である〔長野市の一部、上水内郡信濃町野尻湖周辺や上高井郡の一部、大町市や北安曇郡の一部、新潟県妙高村〕。

ハシリドコロ（ナス科）　谷間などの湿った木陰に生える多年草で、春に十数センチに伸びた茎の、枝分かれした葉脇から一個ずつナスの花に似た花を下垂させる。太い地下茎がオニドコロに似て横に這い、全草に猛毒があり、中毒すると苦しさのあまり走り回るところから名付けられた有毒植物〔長野県北佐久郡の一部、南佐久郡八千穂村、更埴市桑原、群馬県の一部〕。

エンレイソウ（ユリ科）　山地の林内や林縁に自生する多年草。早春に扇風機の羽根に似た三枚の葉を広げた茎を伸ばし、葉の中心に三枚の花弁に似た萼片からなる帯紫褐色の花を咲かせる〔長野県北安曇郡小谷村〕。

フクジュソウ（キンポウゲ科）　山麓の木陰に生え群落を作る傾向がある。元日草ともいわれ、暖かい地方では早いものは正月に咲く。雪国では雪の消えるのを待ちわびたように、雪の消え際から花を逐次咲かせ、葉もしだいに繁ってくる〔長野県上高井郡高山村、東筑摩郡四賀村、上水内郡小川村、長野市山千寺、木曾郡大滝村〕。

彼岸花（春）

彼岸には春の彼岸と秋の彼岸がある。春の彼岸は大体三月二〇日前後の一週間である。豪雪地帯といわれる雪国でも「彼岸庭開き」と言って、三月二〇日ごろには普通の年だと庭の一部の雪が消え、早春の草花が芽を出してくる。野生の草花でも早いものはもうこのころ花が咲き始める。**ショウジョウバカマ**もその一つで、渓流の端など雪消えの早い土手で、この花は根生葉の元に、花だけ顔を見せて咲いている。凍てつくような寒い朝などには、飛び散った川水の飛沫が氷柱となってくっつき、朝日にプリズムのように輝いて極彩色を放っていることもある〔長野市七二会、茅野市〕。

「暑さ寒さも彼岸まで」という諺もある。春の彼岸を過ぎると、雪国でも日一日と暖かくなり、春は駆け足でやってくる。

時知らせ、春告花

冷い北風と雪になやまされ、身も心も冷えきった冬も終わりに近づくと、暖かい春の日を待ちこがれる気持ちはどこでも同じである。

二月も半ばになると、晴れた日の空は一段と青く明るく、太陽の西に傾くのも遅くなったように感じる。光の春である。暖かな地方ではもうダンコウバイやキブシ、ミスミソウの花が咲き始める。これらの花は「時知らせ」「春告花」などとも呼ばれ、春がそこまで来ていることを教えてくれる。

ダンコウバイ（クスノキ科）　別名ウコンバナといい、早春葉の出るのに先がけて咲く黄金色（うこん色）の花から名前がつけられた山野に自生する低木。暖地では二月、寒い地方では五月の初めに開花する〔長野県木曾郡開田村〕。

キブシ（キブシ科）　里山で普通に見られる低木で、早春葉に先がけて枝ごとに、小さな椀状の黄色の花がぎっしり付いた穂状花序を垂らす。花期は暖地では二月、寒い地方では四月〔新潟県佐渡地方〕。

佐渡の両津市鷲崎では、雛の節句（三月三日）には毎年この花を手折ってきて飾るのが習わしである。

ミスミソウ（キンポウゲ科）　前掲の雪割花参照〔長野県伊那地方〕。

キクザキイチリンソウ

ショウジョウバカマ

アズマイチゲ

キブシ

ウグイスカグラ

カラスビシャク

ウツボグサ

さずい草

「さずい」とは信州で梅雨のことをいう方言〔佐渡でサズエ〕。**ウツボグサ**〔シソ科〕は一名カコソウ〔夏枯草〕といい、五〜七月に花を咲かせ、夏には枯れてしまう野草。五〜七月の花時はちょうど梅雨の季節と一致するので、この花をさずい草と呼び、この花が盛りになると梅雨も本番になると北安曇郡小谷村の人は言っている。

半夏草（はんげだま）

今ではあまり使われなくなったが「旧暦」には、二十四節気、七十二候、雑節などがあり、季節を追ってそれぞれ日が決められている。その中に半夏生《はんげしょう》という日が定められている。夏至《げし》から数えて一一日目にあたる日で、太陽暦だと七月二日頃になる。この日は古くからの俗信で、天から毒気が降るとか地から毒草が生じるなどと信じられていて、半夏〔カラスビシャク〕という毒草が生えるのがそれだと思い込んでいる人が多かった。

たしかに**カラスビシャク**は、梅雨末期の高温多湿の時期になると、畑などに急に姿を見せる雑草だ。根に球根がつくのでハンゲ玉とも言われ、この玉が薬用になった〔長野県上水内郡戸隠村宝光社、佐久地方〕。

彼岸花（秋）

秋の彼岸は九月二〇日前後の一週間を言うが、この頃は野菊と一般に呼ばれているヨメナ、ノコンギク、ユウガギク、シラヤマギク、ゴマナなどの花の季節である。このうち**ノコンギク**〔長野県下水内郡栄村、上水内郡鬼無里《きなさ》村〕、**ユウガギク**〔上水内郡鬼無里村〕は人家や田畑の近くの道端や土手で普通に見られる種で、この花が咲くと秋の深まりを感じ、ぼつぼつ稲刈りの季節を迎える。

ののつけ花

大正年間までは、信州はどこの農山村でも麻を作り、販売したり自家用として、冬の暇な時期に布に織って衣服や袋物などを作った。当時は麻で織った布を「のの」と言い、冬の間に織ったののは、三月の末から四月の初めに、脱色とアク抜きを兼ね、布を丈夫にするために残雪の雪面に広げて晒したが、これを雪に漬けると言った。

アズマイチゲ（キンポウゲ科）はそのころ、雪の消え際に花を咲かせる早春の花なので、人びとは「ののつけ花」と呼んだ〔長野県下高井郡野沢温泉村〕。

麻蒔き桜

旧暦（大陰暦）を用いた昔は、閏《うるう》年だと一年が一三カ月あったたし、雪の多い年、少ない年などさまざまで、春の芽吹きや花の咲くのは暦どおりにいかない年が多かった。そこで農民たちは長い経験から、山の雪の消え具合や特定の草木の花の咲くのを目安として、農作業の旬を知って進めるのが一番良いことを覚えた。自然暦とか植物暦といわれるものである。

昔は信州はアサの産地として知られ、美麻村、鬼無里村、小川村、小谷村など県北部に主産地があった。アサは畑作物では一番早く種を蒔く作物で、種を蒔く前に充分肥料を施しておかないと良い収穫が得られない作物でもあった。だから「麻《お》蒔き桜に肥《こえ》こぶし」と言って、雪が消えたらコブシの花が咲くまでに充分畑に肥料を入れ、山桜（**カスミザクラ**）が咲いたら麻の種を蒔くのが習わしだった。多くの地域には、

「麻《お》蒔き桜」と呼ばれる指標木のサクラの木があって、人びとはこの花を目安に作業を進めたものである〔長野県北部の鬼無里村、白馬村、小谷村〕。

田打桜、種蒔き桜、田こなし花

コブシ（モクレン科） サクラより一週間ほど早く花が咲く。**キタコブシ**はコブシより葉や花が少し大きく、花に少しピンク色を帯びたもので、北海道や本州の日本海側に見られる種。北海道上川地方ではこの花が咲くと田起こしや種もみ蒔きを始めるという。

タニウツギ（スイカズラ科） 谷川の崩壊地質の所などに見られる紅色の花をつけるウツギで、佐渡ではこの花の盛りと田起こし作業の最盛期が一致するので、この花を「田こなし花」「田切り花」などと呼んでいる。長野県北安曇郡の白馬、小谷地方では、この花の咲く時には田起こしが終わり、そこへ緑肥として入れる刈敷き（かちき）を刈りに山へ入る時期なので、この花を「かちき花」と呼んでいる。

田植えグミ、田植えイチゴ

ウグイスカグラ（スイカズラ科） 里山に自生する丈一メートルほどの低木で、長さ一センチくらいの液果は熟すと鮮紅色になって食べられる。この果実が熟すのが田植え時なので「田植グミ」といい、どこでも子供がこの実にむらがりついたものである〔長野県上水内郡、北安曇郡、小県郡、東筑摩郡〕。

モミジイチゴ（バラ科） 木性野生イチゴの一種で、里山に自生し、木イチゴの仲間では熟すのが一番早く、六月末には黄いろく熟し、昔は田植えの時期と一致したので「田植えイチゴ」と各地で呼んでいる〔長野県大町市、上水内郡小川村、上伊那郡辰野町、木曾郡楢川村〕。

田植え花、早乙女花

今は水稲の苗もハウス栽培されるようになったので、田植えも早くなって五月中には終わってしまうが、昔は田苗代といって水田へ種もみを直接蒔いて育て、山野の草や木の葉が伸びるとこれを刈ってきて緑肥(刈敷き)として田へ入れてから田植えをしたから、田植えは六月末であった。

ノハナショウブ(アヤメ科)はその頃、たんぼへの行き帰りとか、刈敷刈りの行き帰りに咲いているのが見られたから「田植え花」といった〔長野県上水内郡〕。

また**ウツボグサ**(シソ科)もその頃には咲き始めていて、道端などに群生しているのが見られるので、北安曇郡小谷村では「ソートメ花」と呼んだ。

ソバ蒔きイチゴ

ソバは七月下旬から八月初めに蒔く。蕎麦六〇日といって九月末から一〇月の初めにはもう熟している。ソバを蒔くころは梅雨もあがって暑い日射しとなり、学校は夏休みに入る。そのころ**エビガライチゴ**〔大町市平、北安曇郡美麻村〕や**ナワシロイチゴ**〔上水内郡鬼無里村〕(共にバラ科)の液果が熟し、子供たちが水泳の行き帰りに見つけてこの藪にむらがる。それで両種のイチゴをソバ蒔きイチゴと呼んでいる。

カッコ草

エゾカンゾウ(ユリ科)は北海道を代表する野の花で、湿性地に群生する一日花である。この花が咲くと南の国からカッコウが渡ってき、海からはマスが遡上して来はじめるので、山越郡長万部《おしゃまんべ》地方ではこの植物をカッコ草と呼んでいる。

ヨーラミ

トビシマカンゾウ（ユリ科）は一重咲きのカンゾウでニッコウキスゲの仲間だが、ニッコウキスゲが高原に咲くのに対し、こちらは山形県の飛島と佐渡ケ島のみに自生する、海辺に咲くキスゲである。

トビシマカンゾウは五月末から六月初めにかけて一斉に見事な花が咲く。ところがこの花が咲くと、佐渡のあちこちで、卵を持ったいろいろな魚が海辺にやってくるので、人びとはこの花を「ヨーラミ」とか「ユーラメ」と呼んで海魚の漁期の指標花にしている。

「ヨー」とは魚のことで、長野県から新潟県でそう呼んでいる。「ラミ」は子はらみの略と思われ、ヨーラミは魚のはらんだのを意味するようだ。

ヨーラミが咲くと小木岬の江積《えつみ》や深浦では、外海にいたマダイが産卵のために磯にやってきて、タイの漁期が始まる。大佐渡の願《ねがい》の村や相川町の東北部の漁村では、ヤリイカの漁期が終わり、マイカの漁期になる。

また大佐渡の北の海辺の大倉や岩谷口では、ヨーラミが咲くとコチが産卵のために磯にやってくるといっている（伊藤邦男）。

マスの花

サクラマスの稚魚は海に下って一年たつと、六〇センチ以上の成魚になって桜の花の咲く頃には母川の河口に戻ってきて遡上を始める。餌をとりながら次第に上流へと遡上し、産卵地である川の上流に着いて産卵をするのは秋である。

アヤメ（アヤメ科）が咲くのは六〜七月で、ちょうどその頃サクラマスは十勝平野に遡上してくるので、

アヤメ

エゾカンゾウ

トビシマカンゾウ

アヤメの咲くのを見て人びとはマスがくるぞといって簗《やな》をかけ、回転銛を磨いて準備したという〔北海道十勝地方〕。

一方、同じ北海道でも上川地方にマスがやってくるのは十勝より三カ月も遅い九月である。その頃は**エゾヤマハギ**の花が盛りなので、この地方ではこの花を「マスの花」と呼んでいる。同じ名前で呼ばれる花でも、所変わればまったく異なる種である。

なお上川では、エゾヤマハギが散る頃になると、こんどはサケが遡上してくると言っている。

オイヨ花

「オイヨ」とは大きな魚を意味する佐渡の方言。南佐渡の小木岬では、**ホタルブクロ**の花が咲く（六月）と、この地方でオイヨと呼ぶ体長二メートル、体重八〇〜一〇〇キロもあるハタ科のイシナギが釣れるようになる。海辺の岩礁に産卵しにくるのだ。それでホタルブクロを「オイヨ花」と呼んでいる。

ペカンペクッタル

「ペカンペ」はヒシのことで、「クッタル」は熟すことをいい、アイヌの人たちは沼に浮いて生えてるヒシの実も大事な主食の一種にしていた。

そして長い間の経験から**ハンゴンソウ**（キク科）が咲くとヒシの実が熟すことを知っていて、人びとは家の近くにたくさん自生しているハンゴンソウの花の咲くのを見てヒシの実採りに出かけたという。ハンゴンソウは八月には草丈二メートルにも伸びて、その頂に無数の黄色の花を咲かせる。

オバナダコ

佐渡の相川町では、**ススキ**の穂が出ると、伝統のオバナダコ漁が本番となる。オバナダコとはマダコのこの地方の方言で、ススキの花が咲くころになると、磯近くへマダコが寄ってくる。竿の先に赤と白の細く長く切った布を一〇枚前後、ちりとり（はたき）のように縛りつけて、この竿の先で水底を突きタコをさそうと、タコはこの布にだきつく。鉤を布の中に隠しつけておき、タコがだきついたのを見はからって竿を引き上げると、タコはいとも簡単に鉤にかかって引き上げられてくる。オバナはススキのこと。

雪の下

エノキタケというと一般の人は、スーパーマーケットで売っている太陽光線の入らない暗い所でビン栽培されたモヤシ状のキノコしか知らないが、野生のエノキタケはそれとはまったく異なった、全体黒褐色をして茎が短く、柿や桑などの切株に一本ずつ、晩秋から初冬に出るキノコである。寒い時期のキノコなので、出てからも長もちし、しばしば初雪の中から見つけることがあるので、「雪の下」と呼ばれている〔新潟県糸魚川市、岩手・秋田県〕。

三　食用植物の俚言

食用となる草本類には「ナ」の付く名前が多い。「ナ」は菜の花、野沢菜などの菜で、食べられる野菜の代表である。

野生のものでも標準和名に「ナ」の字が付いているものに、ナズナ、ヨメナ、ソバナ、アマナ、コオゾリナなどたくさんある。方言名となると、各地方ごとに特徴ある名前が付けられているものがさらに多くあり、とりわけ山菜としておいしいものに「ナ」が付けられているようだ。

以下に、主なものを取りあげて、名前のいわれなどについてふれてみたい。最初は山菜としての標準和名、次が「ナ」が付けられている地方名と、呼ばれている地域、そして由縁のわかるものはそれも付記した。

アサギリソウ〔キク科〕　カンガラナ〔富山県東礪波郡井波町周辺〕。ヨモギに似た銀白色をした植物で、筆者の知る範囲ではこの山草を山菜として食べているのはこの地方だけである。カンガラとは鍬の柄のことであるが、アサギリソウをどうしてカンガラナと呼ぶかは未調査である。

アマドコロ〔ユリ科〕　アマナ〔長野県塩尻市小曾部〕。アマドコロという標準名も、この植物の根が甘く滋養分に富んでいるところから付けられたもので、地上部の伸び始めのころの茎葉も山菜として甘くおいしいところからアマナと呼んでいる。

イタチササゲ〔マメ科〕　エンドナ〔長野県北安曇郡白馬村、大町市平〕、ソデフリナ〔長野県南佐久郡北相木村〕。この植物、ササゲというよりエンドウにそっくりな姿形をしている。山菜としても美味なので、エンドナと土地の人が呼んでいるのもうなずける。また、袖振り菜とはうまい名を付けたもので、イタチササゲの幼い頃のものは、着物の袖のような大きな小葉を振りかざし、見せびらかしているように見える。

イヌビユ〔ヒユ科〕　ヒューナ〔長野県木曽郡南木曽町、三岳村、日義村、木祖村〕、ビョーナ〔木曽郡王滝村〕、ビナ〔木曽郡開田村〕。木曽地方には昔から、お盆にはイヌビユを採ってきてゆでてお浸しや和えものにして、仏様に供える風習があり、どこでも菜の一種としてナを付けて呼んでいる。

イヌドウナ〔キク科〕　ドウナ、ボンナ〔東北地方〕、ウドナ〔富山県上市町城山ほか〕。「ナ」はもともとは嘗《なむ》もの、つまり食べる物の意で、新嘗祭は初めてとれた新米を食べる祭りである。

東北地方の人たちは山菜をこよなく愛し、商品としても取引きされている。おいしい山菜にはみな「ナ」をつけて呼んでいる。イヌドウナもその一つで、ドウナとは茎が中空になっているから。富山の人たちがウドナと呼ぶのは、この山菜がウドのような香りを持っているからだ。

ウワバミソウ〔イラクサ科〕　ヨシナ〔長野県北安曇郡小谷村、上水内郡鬼無里村、新潟県糸魚川市、中頸城郡、富山県下新川郡、中新川郡〕、ミズナ〔北安曇郡白馬村、大町市、南安曇郡、上水内郡、新潟県西蒲原郡〕、シズクナ〔岐阜県飛騨地方〕。谷川の川辺や凹地のじめじめした所を好んで生える山菜なので、水菜、しずく菜はわかるがヨシナの語源はわからない。ウワバミソウは日本全土に知られたポピュラーな山菜で、愛好者も多い。ヨシナと呼ぶ地方の主婦はこの煮物をお茶受けに皿に盛って出しながら「これは一品出しても四品出したって言うだいネ」と屈託なく笑った。

エビラフジ（マメ科）　アズキナ〔長野県北安曇郡、岐阜県飛驒地方〕、フジナ〔富山県上新川郡、魚津市、北安曇郡小谷村北小谷〕。おいしい山菜で、岐阜県飛驒地方では野菜のように自宅の庭や畑で栽培している愛好者が多い。富山県宇奈月地方では四月一五日の八幡様のお祭りに、また北安曇郡白馬村沢渡の貞麟寺の桜の花見には、地元の人たちはエビラフジのお浸しを必ず重箱に詰めて集ったものである。アズキナは小豆に、フジナは藤の葉に小葉が似ているところから呼ばれたものと思われる。

オトコエシ（オミナエシ科）　ダズナ〔長野県北安曇郡〕。本種の幼いものを山菜として食べる地方は少なく、筆者の知る限りでは他にない。

オンタデ（タデ科）　タケナ〔中央アルプス地方〕。高山性のタデで、昔は山小屋で採ってきて味噌汁に入れて食べた。タケナは岳菜のこと。

カラハナソウ（クワ科）　カラモモナ〔長野県南安曇郡奈川村〕。本種を山菜として食べる所はあまり多くない。奈川村や隣の開田村と飛驒地方で、春の蔓の先の部分と根の玉を食べるが、おいしいという。

ギボウシ（ユリ科）　ウルイナ〔岐阜県平湯温泉周辺〕。本種の方言名は、東北地方のウルイ系、富山地方のギビキ系、長野県下のコーレなどがあり、おいしい山菜として市場にも出ている。飛驒地方の呼び名のウルイナは東北系のウルイに菜をつけたものである。

クサソテツ（ウラボシ科）　コガミナ〔長野県南安曇郡安曇村、富山県下新川郡宇奈月町〕、コゴミナ〔富山県下新川郡宇奈月町〕。春一番に芽を出すおいしい山菜で、一般にはコゴミといい市販もされている。コガミは屈《かが》むからの転訛といわれ、芽が屈んで丸まって出て来るからという。

コウゾリナ（キク科）　ハシカナ〔富山県五箇山地方〕。ハシカとは痛かゆい、むずかゆいことをいい、この植物が葉にも茎にも粗毛が生えていて触るとむずかゆいが、ゆでると苦にならずおいしく食べられるのでハシカナと呼ばれるようになった。

カラマツソウ（キンポウゲ科）　アマナ〔長野県木曾郡開田村〕。本種の山菜として利用するころの幼いものの茎は、アスパラガスのように甘味があっておいしい。それで甘菜と呼ばれるようになったのだろう。

シデシャジン（キキョウ科）　アマナ〔長野県北安曇郡白馬村、美麻村〕。キキョウ科には折ると白い乳液が出て食べられるものが多い。甘菜と呼ばれているから甘いかと思ってお浸しを試食してみたが、それほど甘いとは感じなかった。

ソバナ（キキョウ科）　チチナ、アマナ〔岐阜県平湯温泉周辺〕、ヨメナ〔長野県塩尻市小曾部〕。ソバナとは峙《そばだ》つような険しい斜面に生えていて食べられる草からとする説と、山で木を伐るのを仕事とする杣《そま》たちがよく食べる草からとする説がある。乳菜・甘菜は折ると白い乳液が出て甘くおいしい山菜だから名付けられた。

ダイモンジソウ（ユキノシタ科）　イワナ〔長野県下水内郡、新潟県糸魚川市他〕、ビンコナ〔新潟県糸魚川市真光寺〕。大文字草はこの植物の花の形から付けられた名前である。本種は水しぶきのかかるような岩場や水辺近くに自生し、春の柔らかいものは酢の物などにして食べるので、岩菜と呼んだものだろう。

タムラソウ（キク科）　ガンドナ〔岐阜県飛騨地方〕。ガンドとは薪を伐る歯の粗い鋸《のこぎり》のこと。本種の葉がこの鋸に似ていて山菜として食べられるからこの名が付けられた。

タンポポ（キク科）　クジナ〔長野県南安曇郡三郷村他長野県内、東北・関東・中部地方〕。クジナは苦乳菜で、タンポポには苦味があり折ると切口から白い乳液が出るから。

チガヤ（イネ科）　ツバナ（古名）〔長野県上水内郡信濃町他〕、アマナ〔北安曇郡、東北地方〕。黒い穂はな

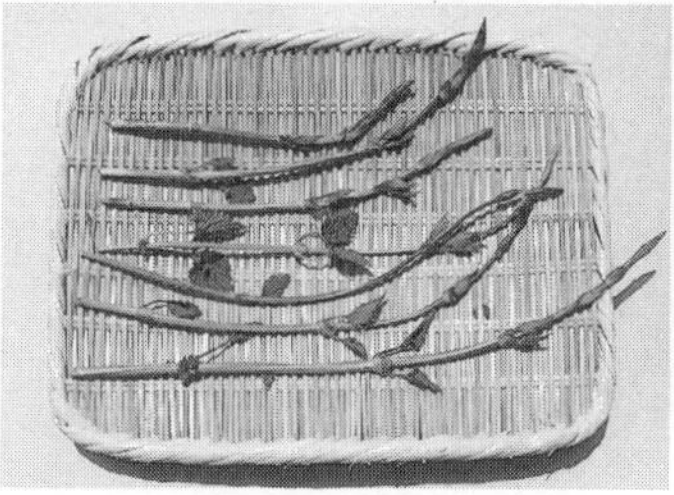

カラハナソウ

アマドコロ

イヌドウナ

ソバナ

ユキザサ

モミジガサ

カラマツソウ

めると甘い。地下茎も甘いのでこれを掘って干しておき、昔は小豆を煮る時に砂糖代わりに入れた。甘いので甘菜とも呼んだ。

ツリガネニンジン（キキョウ科）ワクナ〔長野市、塩尻市、大町市平、上水内郡小川村、戸隠村、鬼無里村、新潟県赤倉〕、アマナ〔大町市鹿島、南安曇郡穂高町、東筑摩郡明科町〕、ネエナ〔木曾郡一円、岐阜県高根村〕、チチナ〔南木曾〕。ワクナは枠菜で糸をからげる枠にこの植物の幼い時の姿が似ているから。アマナは甘菜で甘いから。チチナは折ると切口から白い乳液が出るから。

ツリバナ（ニシキギ科）コケナ〔富山県下新川郡、黒部市〕。本種の若い葉は山菜としておいしく食べられる。土地の人はこの葉を採るのに、一枚一枚摘んでいては大変なので、小枝ごとに、元の方から先まで手ですっこいて集めるので、扱《こ》き菜→こく菜→こけ菜と呼ぶようになった。

ニリンソウ（キンポウゲ科）ソバナ〔長野県北安曇郡白馬村他〕、フクベナ〔北安曇郡白馬村、小谷村〕、コモチナ〔長野県水内郡、下高井郡野沢温泉村〕。筆者が住む白馬村神城では、昔は貞麟寺の桜の花見が盛んだったが、その宴席には必ず本種とアズキナ（エビラフジ）のお浸しを重箱に入れて持参したものである。ソバナと呼ぶ由縁は不明である。コモチナは子持ち菜で、二輪草の語源と同じで、一輪が先に咲き、このとき次に咲く一輪はまだつぼみの状態にあるから。

ハンゴンソウ（キク科）アサナ〔長野県北安曇郡白馬村他〕、ヤチウドナ〔新潟県妙高、長野県上水内郡信濃町〕。ハンゴンソウの葉は麻の葉によく似ているので、各地でヤマソ、ヤマアサ、アサノハなどと呼んでいる。山菜としてもおいしいのでナをつけて呼んでいる所がある。ヤチウドナは湿地（谷地）に生えウドの味がする菜ということである。

フタバハギ（マメ科）アズキナ〔岐阜県飛驒地方〕。本種の姿が小豆に似ているからで、山菜としておいしいので家の庭や畑に栽培している人もある。

マツムシソウ（マツムシソウ科）　ダズナ〔長野県上水内郡戸隠村、南安曇郡奈川村〕、ネエナ〔長野県木曾郡〕、キクナ〔木曾郡開田村、上伊那郡宮田村他〕。マツムシソウの葉は菊の葉によく似ている。山菜や米の増量材として摘んできて食べるのは、茎立ちする前の根生葉が地面に広がっている時で、この時は特に菊の葉に似てるので菊菜と呼ばれている。

ミヤマイラクサ（イラクサ科）　イラナ〔富山県下新川郡宇奈月町他〕。本種もおいしい山菜である。くせもアクもなく、菜と呼ぶにふさわしい野草である。

モミジガサ（キク科）　シズクナ〔長野県北安曇郡白馬村他〕、ススキナ〔新潟県妙高高原〕。トーキチナ〔長野県木曾郡、南安曇郡安曇村〕、モミジナ、ヒカゲナ〔新潟県妙高高原〕。本種は深山の沢筋などの林下の湿気地に生える山菜である。生育地の環境から、木のしずくがかかるような所に生える草ということでシズクナ、ヒカゲナの他、「木の下」さらには「木の下藤吉郎」略して「藤吉」「トーキチナ」などと呼ぶ所が多い。特有の味と香りを持つ山菜で、山菜の女王と称する人もある。

ヤブカンゾウ（ユリ科）　アマナ〔長野県下高井郡木島平、飯山市、福島県〕、ショーブナ〔富山県下新川郡宇奈月町〕、ピーピーナ〔長野県南安曇郡安曇村〕。本種の甘いことは昔から知られていて、カンゾウは甘草のこと。アマナはそこから付けられた。ショーブナは花茎が伸びる前はショウブに似ているから。ピーピーナは幼いものを摘んで五センチくらいに切り、草笛にしてピーピー鳴らすから。

ユキザサ（ユリ科）　アマナ〔富山県中新川郡立山町、大山町、東礪波郡利賀村、北安曇郡白馬村、小谷村、大町市〕、アズキナ〔北海道アイヌ〕。本種も優れた山菜である。主としてゆでてお浸しで食べるが、柔らかく甘味があるのでほとんどの地域で甘菜と呼んでいる。北海道でアズキナと呼ぶのは、その実が小豆そっくりの色や形をしているから。

ヨツバハギ〔マメ科〕 オトコアズキナ〔岐阜県飛騨地方〕。アズキナはフタバハギかエビラフジをいい、味の良い山菜。これに対し本種は似た仲間だが、味は前種より落ちるので男小豆菜と呼ばれている。

ヨブスマソウ〔キク科〕 コーモリナ、カサナ〔岐阜県平湯温泉周辺〕、テッポウナ〔福島県尾瀬沼〕、ボーナ〔北海道、東北地方〕、ウトナ〔新潟県妙高高原〕、ホンナ、オオナ〔東北地方〕。おいしい山菜で市場にも出荷されている。各地でいろいろな名前で呼ばれているが、ナの字を付けて呼んでいるものが多い。

リュウキンカ〔キンポウゲ科〕 フクベナ〔新潟県妙高高原〕、フユナ〔東北地方〕。フクべとはひょうたんのことで、つぼみの形がひょうたんに似ていて、葉も花も食べられるからフクべ菜と呼んでいる。フユナは冬菜で、早春に雪消えと同時に新葉が伸びて花が咲くから。

四 嫁さん・婿さんの植物

結婚は当事者や親戚縁者にとって人生最大の関心事であるばかりでなく、近所やムラの話題の中心であることは今も昔も変わらない。嫁さん・婿さんはこの時ばかりは花形役者で、嫁入り衣装は最高の豪華版。一挙手一投足に衆目が集まる。子供たちのままごと遊びの中にもお嫁さんごっこが登場する。身近な植物の名前にも登場する。

嫁のかんざし、嫁のかんじゃし

クジャクシダ〔ウラボシ科〕 孔雀が羽根を広げたような美しい姿のこのシダ植物を嫁さんが豪華なかん

ざしをたくさん付けたようだと見立てたもの〔青森県下、秋田県鹿角、長野県上水内郡戸隠村、小川村、北安曇郡小谷村〕。

ツリフネソウ（ツリフネソウ科）　ゆらゆら揺れている花の姿を、瓔珞《ようらく》かんざしなど、嫁さんの豪華なかんざしに見立てたもの〔青森県青森市〕。

コマユミ（ニシキギ科）　この低木の実は秋に紅朱色に熟して割れ、花かんざしの形になるのでこう呼ばれている〔新潟県南魚沼郡六日町〕。

嫁の箸、嫁の塗り箸

クジャクシダ〔秋田、長野、新潟、富山の各県下〕。本種の葉柄は針金状で堅く紫褐色の光沢があり美しい。各地で嫁様の箸といってままごとに使う。『牧野植物図鑑』にも一名ヨメノヌリバシと載っている。

嫁様のコーモリ、婿様のコーモリ

クジャクシダ〔長野県上水内郡戸隠村〕。戸隠村中社、柵では、葉柄の赤色のを嫁様のコーモリ、緑色のを婿様のコーモリと言って、ままごと遊びに区別して使っている。

嫁の傘

婿の傘のキヌガサソウが直径六〇センチもあるのに対し、**ヤブレガサ**（キク科）は直径一〇センチ余の小さな傘だから嫁の傘と呼んだものだろう〔長野県北安曇郡小谷村〕。

婿の傘

キヌガサソウ〔ユリ科〕　長さ三〇センチ近い楕円形の葉が茎の頂から一〇枚近く輪状にまとまって出、その中央に径八センチほどの純白の花が咲く姿はまことに見事。標準和名の絹傘とは、昔天皇や貴族が外出の際に背後からさしかけたという長柄の大きな絹の傘のこと〔長野県北安曇郡小谷村北小谷他〕。

ヤグルマソウ〔ユキノシタ科〕　標準和名は五月の節句の鯉のぼりの矢車に似ているところから付けられたものだが、輪状に大形の五枚の葉が茎の頂から出ている姿は、傘にも似ている〔秋田県下〕。

五　生活に有用な植物の俚言

紙漉用の粘液（ネリ）を採った植物

洋紙に比べて丈夫な和紙は、主にガンピ〔雁皮〕・コウゾ〔楮〕・ミツマタ〔三椏〕を原料として手漉《す》き作業で製されるが、漉き作業の過程でノリウツギなどの植物から採った粘液〔ネリ〕を混入して水にねばりを与え、繊維が均一状態で浮遊しやすいようにする。この粘液はとろろともいい、長イモをすりおろしたとろろ汁に似た液で、近年は主として畑に栽培したトトロアオイから採っているが、以前は野生のノリウツギやハルニレ、アキニレなどの内皮から採った。そのことは方言名からもわかる。

ノリウツギ〔ユキノシタ科〕　紙どろ〔群馬県〕、木にれ〔山形県〕、とろろ〔岐阜、奈良、長野県〕、にれ〔宮城、山形、新潟、栃木、群馬、長野、福井県〕、ねり〔宮城、茨城、新潟、福井県〕、のり木〔岩手、宮城、秋田県〕、のりの木〔岩手、山形、栃木、群馬、愛知、岐阜県〕、ねり木〔岩手、宮城、山形〕、ねりの木〔岐阜、福井〕、紙ねれ〔北安曇郡白馬村〕、紙ねり〔北安曇郡小谷村大網〕。標準和名のノリウツギは糊を採る空木と

カツラ

ノリウツギ

キブシ

ネムノキ

キヌガサソウ

ツリフネソウ

いうことで、この木の古い枝は中空になっている。全国各地の湿性地に自生しており、和紙漉きも全国各地で行なわれてきた関係で、この木の内皮から採った粘液がどこでも紙漉きに使われてきた。とろろ、にれ、ねり、のりなどと、いたる所でいろいろな名前で呼ばれてきた。

ハルニレ（ニレ科） ねり〔栃木、群馬県〕、ねり木〔岩手県〕、ねれ〔栃木、群馬、埼玉、長野、岐阜、福井県〕、のり空木〔岩手県紫波郡〕、のりにれ〔長野県下水内、上高井郡〕。標準和名のニレもねれから転訛した言葉で、奈良時代には紙漉き用粘液は、このニレの内皮から採っていたようだ。各地にねり、ねれ、のりなど、そのことを示す方言として今も残っている。

アキニレ（ニレ科） ねり〔広島、香川県〕、ねれ〔岡山、広島、香川、福岡、大分県〕、ねれの木〔徳島、愛媛、佐賀県〕。ハルニレが日本の北部地方に多いのに対し、本種は南西部に多く、この地方で紙漉き用粘液として用いた（以上、方言名は主に倉田悟『日本主要樹木名方言集』による）。

鳥などを捕えるもちを採った木

山野に自生する樹木の皮をはぎ、搗《つ》いて鳥もちを作った植物にモチノキ、タラヨウ、ヤマグルマがある。三種とも常緑の高木であるが、モチノキは山形県、宮城県以南の主として太平洋側に、ヤマグルマは新潟県、栃木県以南に、またタラヨウはずっと暖かい近畿以西に自生する樹木である。

モチノキ（モチノキ科） 鳥もちの木〔静岡、愛媛、福岡、佐賀、長崎県〕、もちの木〔東京都八丈島、高知県〕、もーちの木〔静岡、三重、和歌山県〕。

タラヨウ（モチノキ科） おお鳥もち〔高知県〕、大葉鳥もち〔福岡県〕、大葉もち〔高知県〕、大もち〔鹿児島県〕、のこぎりもち〔大分、宮崎、熊本、鹿児島県〕。

ヤマグルマ〔ヤマグルマ科〕　赤もち〔東京都八丈島、鹿児島、三重県〕、岩もち〔奈良、高知、愛媛、九州各県〕、大もちの木〔静岡、愛媛、熊野〕、鳥もち〔山形、滋賀、広島、愛媛、福岡、宮崎県〕、鳥もちの木〔埼玉、静岡、岐阜、滋賀、三重、和歌山、岡山、島根、高知、愛媛県〕、本もち〔静岡、福井、奈良、和歌山、高知、大分県〕、もち〔静岡、愛知、広島、愛媛県〕、もちの木〔新潟、埼玉、神奈川、山梨、長野、静岡、愛知、岐阜、三重、奈良、京都、和歌山、兵庫、中国地方、高知、愛媛、鹿児島県〕、山もち〔静岡、福井県〕。

以上三種の樹木の方言名は倉田悟『日本主要樹木名方言集』によったが、どの木からも鳥もちを採っていたことが方言名からうかがえる。しかしその中でも一番多く用いられたのはヤマグルマのようだ。もちに関する方言の多さ、呼ばれている地域の広さなどからそのことがわかる。

香剤とした植物

今は少なくなったが、昔は毎朝仏壇にお膳を供え、香をたく習慣の家が多かった。毎日たくとお香は一年に一升くらい必要で、農山村の家では近くに自生する香木から葉や花を採り、干して自家用の香を作ったものだ。香材としてはネムノキ、カツラ、シキミ、ハイイヌガヤ、キツネヤナギ、ハマゴウなどの葉や、ツバキの花を採ってきて干し、揉んでこまかくし、石臼で摺って粉にして香とした。

カツラ〔カツラ科〕　お香の木〔岩手県〕、香の木〔宮城、新潟、長野県〕、抹香の木〔青森、秋田県〕。

ネムノキ〔マメ科〕　お香の木〔長野県下水内郡〕、香か〔新潟、福井、埼玉、静岡県、近畿、中国、四国、九州の各地方〕、香かの木〔宮城、新潟、福井、岐阜、三重、和歌山、岡山県、九州地方〕、香この木〔新潟県東頸城郡〕、抹香〔山形、宮城県〕、抹香の木〔秋田、山形、宮城県〕。

シキミ〔モクレン科〕　お香〔静岡県駿河地方〕、香木〔大分、岡山県〕、香しば〔静岡、山口、愛媛県〕、香

の木〔東京都、埼玉、千葉、神奈川、静岡、三重、和歌山、岡山、徳島、高知、愛媛、大分、熊本県〕、抹香〔静岡、千葉、熊本、鹿児島県〕、抹香の木〔広島、鹿児島、静岡、愛媛、宮崎、鹿児島県〕。

キツネヤナギ（ヤナギ科）　お香木〔新潟県佐渡郡〕。

ハマゴウ（クマツヅラ科）　浜お香・香木・お香木〔新潟県佐渡郡〕。

お歯黒染め剤を採る木

大正の中頃まで、農山村のほとんどの既婚婦人はお歯黒染めをしていた。お歯黒染めは鉄漿《かね》付けともいう。結婚した先で実母代わりに一生相談相手になったり面倒を見てくれる人を「鉄漿親」といい、この人が結婚後最初にお歯黒染めの道具一式を新婦に贈り、それで歯を黒く染めてくれたものである。

お歯黒染めには酸化鉄の水溶液と五倍子《ごばいし》の粉が必要で、五倍子のことを附子《ふし》ともいった。五倍子はヌルデの葉にできる虫こぶのことで、多くのタンニンを含んでいるが、そうたくさんあるものではないので、タンニンを多く含んだ木の実もふしと呼んで代用にした。

ヌルデ（ウルシ科）　ニンブシ〔長野県北安曇郡〕、五倍子〔岡山県〕、歯黒の木〔鹿児島〕、ふし〔青森、岩手、岐阜、福井、滋賀、三重、奈良、和歌山、兵庫県、中国、四国、九州地方〕、ふし木〔秋田、岩手、愛媛県〕、ふしの木〔日本全域〕。本種の葉にできる虫こぶはヌルデミミフシの幼虫の巣で、黄紅色をしていて五倍子という。薬用やお歯黒染めに用いた。

キブシ（キブシ科）　豆んぶし〔長野県南北安曇郡、神奈川、山梨、静岡、愛知県〕、豆んぶち〔長野県北安曇郡、群馬県〕、まんぶし〔北安曇郡小谷村、神奈川、山梨、福井県〕、ふし〔静岡、秋田県〕、豆ぶし〔東北、関東、中部地方、三重、和歌山、岡山、高知、愛媛県〕。本種には大豆粒大の実が多数房状に成る。熟した果実を採り、干して粉にして、五倍子の代用とした。広く全国的に豆ぶしと呼び、お歯黒染めに用いたことは方言名の分布の広さからわかる。

ヤシャブシ（カバノキ科）　お歯黒の木〔茨城県〕、河原附子〔静岡県〕、木附子〔山梨県〕、木附子の木〔長野県〕、附子〔茨城、山梨県〕、附子の木〔茨城、栃木県〕。本種や、同じ仲間のヒメヤシャブシの実もタンニンを多く含んでいるので、お歯黒用に自家用として各地方で用いられた。したがってそれに関する方言が全国的に見られる。

ヤマハンノキ（カバノキ科）　お歯黒の木〔栃木県塩谷郡、長野県北安曇郡〕。本種の実も前二種同様にタンニンを多く含み、しばしばお歯黒染めに用いられた。

護摩に焚く木

密教では、明王の前に護摩壇を設けて護摩木を焚きながら祈禱を行なう。護摩木は火勢が強く、パチパチはぜる木が良く、ヌルデやゴマキが用いられた。

ヌルデ（ウルシ科）　護摩木〔青森、北海道、岩手、秋田、新潟県〕、護摩の木〔岩手県〕。

ゴマキ（スイカズラ科）　護摩木〔兵庫、三重県〕、護摩の木〔長野県下水内郡〕。本種の葉には胡麻油に似た香りがあるので、胡麻木とする説もある。

殺虫剤となる植物

先人たちが暮らしの中で知り得たいろいろな知識には、その広さといい深さといい、まったく脱帽する。便槽内のウジ（蛆）殺しには何の植物が効くとか、頭のシラミ殺しには何が良いとか、よくまあ経験の中から探し出したものである。

ハナヒリノキ（ツツジ科）　ウジ殺し（山形、新潟、富山、長野、群馬、青森、岩手県）、ゴージ殺し（長野県北安曇郡、上水内郡戸隠村）。

タケニグサ（ケシ科）　ウジ殺し、ゴージ殺し（長野県上水内郡信濃町、松本市内田）。本種の茎を一五センチほどに切って便槽へ入れるとウジが死ぬ、といわれている。

クララ（マメ科）　ウジ殺し（山形、新潟県、長野県下水内郡、北安曇郡）、ゴージ殺し（長野、新潟県）。地上部を刈ってきて、ウジの発生した便槽へ入れて殺した。

この他ウジ殺しと呼んで便所へ入れてウジを殺したものに、**カキドオシ**（シソ科）、**アカソ**（イラクサ科）、**レンゲツツジ**（ツツジ科）、**ヤマトリカブト**（キンポウゲ科）などがあった。

カミエビ、アオツヅラフジ（ツヅラフジ科）　シラミッ殺し（長野県北安曇郡、南安曇郡）。

コマユミ（ニシキギ科）　シラミ殺し（青森、新潟、埼玉県）、シラミトリ（青森県）。

ニシキギ（ニシキギ科）　シラミ殺し（長野、埼玉県）、シラミとり（福島県）、シラミの木（群馬県）。

ヤブサンザシ（ユキノシタ科）　シラミッ殺し（長野県）。本種および前種共に実は有毒で、一種のアルカロイドを含有するので、実を黒焼きにしてシラミ殺しに一部の地域で使われた。

薬効の優れた植物

野生の植物の中には薬になるものも多くあり、それらは昔から民間薬として用いられてきた。特に薬効のあるものについてはその薬効を表わす名前を付けて呼んでいる。

ゲンノショウコ（フウロソウ科）　医者いらず（秋田県、新潟県長岡市、和歌山、岡山、山口県）。医者殺し

〔秋田、埼玉、島根、岡山、山口県〕、医者倒し〔京都府、和歌山、兵庫、岡山県〕。医者泣かせ〔静岡、愛知、富山、福井、岡山県〕、現より証拠〔長野県下水内郡〕。本種は急性下痢に効くばかりでなく、万病に効くところから、医者いらず、医者泣かせ、医者殺しなどと各地で呼ばれるようになった。

ギシギシ〔タデ科〕　まくり〔長野県下高井郡〕、まくる〔新潟県〕。マクリはカイニンソウ〔海人草〕の一名で、語源は体内の毒や寄生虫をまくり出してしまう「毒まくり」から。かつて初生児にこの草の根の汁を与え、胎毒をまくりとるのに使ったところもあった。

ほうきを作った木

家の土間や庭先や軒下などを掃くには、草ほうきや竹ほうきよりも、山から採ってきて自分で作ったほうきのほうがよほど使いよかった。それで農山村のほとんどの家では、自分で作ったほうきを主として使っていた。秋の収穫時に広げたムシロやネコを掃くにもこのほうきがよかった。

コマユミ〔ニシキギ科〕　箒木《ほうき》〔秋田、富山、石川、岐阜、福岡、長野県〕。箒芝〔青森県津軽地方〕。

マユミ〔ニシキギ科〕　箒木〔宮城県刈田郡〕。

リョウブ〔リョウブ科〕　箒芝〔秋田県山本郡〕。

コウヤボウキ〔キク科〕　箒木〔福井、三重、和歌山県〕、箒草〔茨城、栃木、埼玉、千葉、静岡、愛知、三重、奈良、和歌山、岡山、高知県〕、箒の木〔福井県〕。本種は関東以西の山地に生える丈八〇センチ前後の低木で、高野山でほうきに使っていたのでこの名前となった。

コゴメウツギ〔バラ科〕　箒の木〔長野県北佐久郡、山梨県〕。

ツクバネウツギ〔スイカズラ科〕　箒木〔秋田、山形、新潟県〕、箒芝〔青森県西津軽郡〕。

ゲンノショウコ

トリカブト

タケニグサ

ムラサキシキブ

タヌキラン

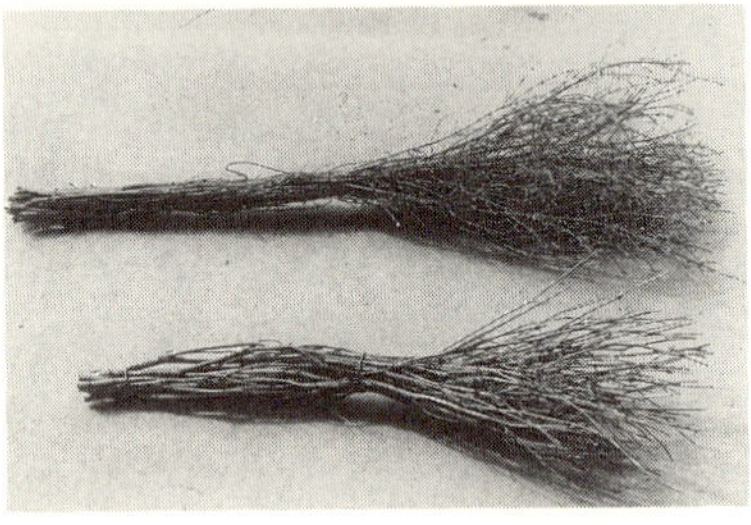

山の木で作った庭ぼうき
（上はコマユミ製，下はホツツジ製）

ホツツジ（ツツジ科）箒の木〔長野県北安曇郡、松代ほか〕。『牧野新日本植物図鑑』にも本種は別名山箒と呼ぶとあるように、昔から庭用箒木として山村で利用されてきた。

生活用具を作った植物

判子の木　**マユミ**、**ニシキギ**（ニシキギ科）〔長野県北安曇、北佐久郡、青森県津軽地方〕。この二種の木は、木目がなくて柔らかい木なので、昔から判子を作るのに用いた。子供たちが遊びとしてもこの木で判子《はんこ》を作った。

灯芯草　**カンガレイ**（カヤツリグサ科）〔長野県佐久郡〕、**イ**（イグサ科）〔和歌山、青森県〕。

灯芯の木　**ヤマブキ**（バラ科）〔熊本、和歌山、埼玉県〕、**キブシ**（キブシ科）〔三重、奈良、愛媛、高知、福井県〕、**ハナイカダ**（ミズキ科）〔三重県〕。灯芯はとうしん、とうすみ、とうしみともいい、あんどんなどの芯をいう。植物の髄や綿糸などが用いられた。農山村では上記の植物の髄が用いられた。

戸ねり粉　**アオダモ**（モクセイ科）〔石川、京都、宮崎、熊本、山口、群馬、徳島、鹿児島県〕。アオダモは別名をコバノトネリコ（小葉の戸ねり粉）といい、枝にはイボタロウ虫がガマの穂のようにくっつくので、この殻を採って戸滑りに使ったのでこの名がついた。

生産用具を作った植物

鑿柄《のみづか》　**ムラサキシキブ**（クマツヅラ科）〔青森、岩手、長野、秋田県〕。大工の鑿の柄は、終日金槌に叩かれる運命にある。それでこの柄には最も堅い材が要求され、昔からムラサキシキブが良いといわれ、ノミヅカという名前で呼ばれている。

岩菅　**タヌキラン**（カヤツリグサ科）〔長野県北安曇郡、上水内郡〕。水のしたたり落ちるような岩場を好んで自生し、葉は長さ五〇センチ、幅八ミリ前後のスゲに似た草本なのでイワスゲと呼ぶ。昔から農山村の人たちに、藁より丈夫で水にぬれても腐りにくいことで知られ、いろいろに使われている。白馬村では田下駄や草履の緒にしたし、鬼無里村では「イワスゲは麻の次に強いもので、屋根を葺く時の縄にした」と聞いた。

蔟《まぶし》ぼや　**コゴメウツギ**（バラ科）〔長野県北佐久郡〕、**ハイイヌツゲ**（モチノキ科）〔長野県南安曇郡安曇村〕、**ホツツジ**（ツツジ科）〔長野県更埴市〕。蔟《まぶし》は蚕が上蔟する時に、うまく繭がかけられるように、藁を折りたたんだものや枝のこんだぼやなどを使って環境を整えてやるもので、昔は野生のぼやがよく使われた。

とおしふじ　**アオツヅラフジ**（ツヅラフジ科）〔長野県佐久郡〕。籾を選別するのに使う、目を粗く編んだ篩《ふるい》の一種を籾どおしといい、これにはアオツヅラフジが具合良かった。この蔓を採ってきて干しておき、網目一・五センチくらいにして張り、器用な人は自分で篩を作った。

六　姿・形にふさわしい名称

花の形や特徴から

あわもり（粟盛り）〔富山県、岐阜県飛騨地方〕、**あわもち**（粟餅）〔新潟県西頸城地方〕、**こうじばな**（糀花）〔埼玉県入間市、奈良県吉野地方〕　**ダンコウバイ**（クスノキ科）。粟は米が主食となる以前は日本人の大事な主要穀物だったし、米の穫れない山間地や、米の生産量の少ない地方では、昭和の初めまで、米の増量材として、ご飯を炊く時に粟を載せて炊いた。黄色が強く、炊きたての暖かいうちはおいしいものだった。

粟餅もたまにごちそうとして作ったが、おいしいものだった。糀もうまく花がかかると黄いろい美しいものである。ダンコウバイは早春の花として、他の植物に先がけて黄いろい粟飯を盛ったような花を枝一杯に咲かせるので、各地で粟飯などに見立てて呼んだもの。

あわばな〔粟花〕〔長野、青森、秋田、岩手、山形、福島、静岡、新潟、和歌山、鹿児島県〕、**あわもり**〔粟盛り〕〔島根県〕　**オミナエシ**〔オミナエシ科〕。満開に咲いたオミナエシの花も、粟飯を盛った姿によく似ている。

しろあわばな〔白粟花〕〔青森、秋田、岩手県二戸地方〕　**オトコエシ**〔オミナエシ科〕。オトコエシの花も粟花または白粟花と呼んでいる所が多い。オミナエシほど黄いろくはないが、飯を盛ったような姿の花だ。

あっぱちち〔母の乳房〕〔青森県〕　**ホタルブクロ**〔キキョウ科〕。「あっぱ」は母のこと、目線の低い子供の眼にホタルブクロの花のふくよかな膨らみは、母親の乳房によく似て見えるから。なかなか発想がおもしろい。

うばしらが〔姥白髪〕、**うばがしら**〔姥頭〕〔岩手、青森、秋田県〕　**オキナグサ**〔キンポウゲ科〕。姥とは年老いた女のことで、若い頃は身だしなみにあれほど気を使った女性も、老婆となると髪のみだれや白髪にも気を使わなくなる。オキナグサの花のほほけた姿はこの白髪の乱れた頭に似ているところから、東北地方でよばれている。が、近年オキナグサの野生の姿はほとんど見られなくなってしまった。また近年の農村の姥たちは身だしなみに気をつけるようになり、昔のような白髪の老女は見かけなくなった。

さらこ〔皿こ〕、**さらこばな**〔皿こ花〕〔長野県佐久地方、秋田、青森、岩手県〕　**アズマギク**〔キク科〕。頭花の開ききった姿は厚みのない皿状で、その特徴をとらえて子供たちはお皿花、東北の人たちは何にでも「こ」を付けるので「皿こ花」と可愛らしい名前をもらったもの。

おかんぼろ〔長野県佐久郡〕　**オキナグサ**（キンポウゲ科）。長野県の佐久地方では、女児の髪の毛の手入れの悪いのを「おかんぼろ」という。オキナグサの花のほほけた姿もこれに似ているのでそのように呼ばれた。

おこわぐさ（赤飯草）〔長野県佐久郡〕　**シモツケソウ**（バラ科）。おいしく炊けた赤飯か、ピンクの色付きの綿あめを思わせるシモツケソウの花は、いつ見ても清潔で新鮮な感じを受け、食欲をそそる気品のある花である。

おこわばな（赤飯花）、**おこわ草**（赤飯草）〔新潟、群馬県〕、**あかのまんま**（赤の飯）〔神奈川、静岡、愛媛、鹿児島県〕、**あかまんま**（赤飯）〔埼玉、東京、神奈川、鹿児島県〕、**あかのまま**（赤の飯）〔新潟県〕　**イヌタデ**（タデ科）。お祝いごとや吉事に使う赤飯は、もち米にあずき（小豆）を入れて蒸して作る。うるち米にあずきを入れて炊いたご飯も一般に「あかまんま」という。両者共に赤いのが特徴で、イヌタデの蕾や花の姿が似ているので各地でこう呼ばれるほか、俳句などの文学でもイヌタデのことをアカノママという。

がんぶたばな（棺蓋花）〔長野県北安曇郡〕、**おとむれえばな**（お弔い花）〔神奈川県津久井郡〕、**よつでぐさ**（四つ手草）〔長野県上水内郡鬼無里村〕　**イカリソウ**（メギ科）。昔はどこの農村でもほとんどが土葬だった。筆者の生地北安曇地方では、葬式が済んでお墓への埋葬の儀を野送りといい、棺桶は棺蓋《がんふた》という六角形で直径八〇センチ、高さ一・五メートルほどの飾り窓のある木箱に、飾り帽子のような蓋のついた仏具に入れ、長いかつぎ棒が二本ついた板に乗せて葬列を作って辻堂まで行き、この広場で再び野送りの儀式を行なって墓場へ向かう習わしだった。

　子供たちは近くで葬儀があると見に行った。チャンポンジャラジャラーと鳴る太鼓やばちの音と共に、色紙を切りきざんで飾り付けた棺蓋が印象的だった。この棺蓋によく似た華やかな花としてイカリソウの

イカリソウ

イヌタデ

ダンコウバイ

ベニバナシモツケ

オキナグサ

アツモリソウ

アマドコロ

花を「がんぶた花」とか「お弔い花」などと呼んだ。

またこの花の四枚の花弁と長い距《きょ》がピンと四角に張った姿は、魚を捕る四つ手網にも似ているので、「四つ手草」と呼ぶ地方もあった。

かぶとばな（兜花）〔長野県上水内、埴科、更級、佐久郡、静岡県富士市〕、**かぶとぐさ**（兜草）〔秋田県鹿角市、香川県丸亀市〕　**トリカブト**（キンポウゲ科）。兜とは鳥兜のことで、頂が前方に、後の部分が後方に突き出ているかぶり物で、トリカブトの花の形がよく似ているから。上水内、下高井郡などではツリフネソウをカブトバナと呼ぶところもある。

がんぼうじ、がんぼじゃ〔長野県上水内、下水内郡、静岡県賀茂地方〕　**コオゾリナ**（キク科）。頭髪をぼさぼさに伸び放題に放置した状態の男児の頭を、信州の方言で「がんぼじ」または「がんぼうじ頭」と言う。コオゾリナの花のほほけたものや、タンポポの花のほほけたものもがんぼうじによく似ているので、そのように呼ぶ地方がある。

宇都宮貞子さんの『草木おぼえ書』にも、「伊那市や北信濃の野尻ではタンポポがガンボウジで、コオゾリナはオトコガンボウジという。……中牧ではタンポポやチゴチゴ（オキナグサ）の白い毛になったものをガンボジという」とある。

かんざしばな（簪花）〔長野県佐久郡、佐久市〕　**キブシ**（キブシ科）。早春、他には花の見られない頃に、葉の出るのに先がけてキブシの黄いろい筒状の花は、枝もたわわにぎっしりと垂れ下がって咲く。花の咲いている小枝の先を、五センチか一〇センチ手折って髪に挿すと、本物のかんざしのようだ。きっと女の子どうしで、贈ったり贈られたりしたことだろう。こうしてキブシはかんざし花という名前をもらった。

きつねのちょうちん（キツネの提灯）〔青森県〕　**アマドコロ**（ユリ科）。今は聞かれなくなったが、昭和の中頃までは、キツネに化かされた話とか、キツネ火やキツネの灯籠揃えを見たという話を時どき聞いた。キツネの灯籠揃えとは、夏の夜などあまり遅くならない宵の口に、向こうの山端とか土手端などを、あたかも人が提灯をつけて行き交うように、明かりがついたり消えたりしながら移動するのを見る現象で、これは一人だけに見えるのでなく、家人にも他の人にも灯は見え、キツネの仕業だと言われている。

アマドコロの花は、ちょうどキツネの灯籠揃えの提灯の列のように、たくさんの花が茎に一列にぶら下がって咲いているので、そんな発想から名前が付けられたようだ。

ししのふぐり（獣の陰嚢）、**ふぐりばな**（陰嚢花）〔長野県南佐久郡〕、**きんたまばな**（睾丸花）〔岩手県二戸郡〕**アツモリソウ**（ラン科）。**うしのつび**（牛の女陰）〔和歌山県日高郡〕、**おまんこばな**（女陰花）、**きんたまばな**（睾丸花）〔神奈川県津久井郡、岩手県二戸郡〕、**へのこばな**（睾丸花）〔青森県八戸市〕　**クマガイソウ**（ラン科）。アツモリソウもクマガイソウも共にラン科の植物で、袋状の唇弁は哺乳動物の性器を連想させる形をしているので、それにちなんだ名前が各地で付けられている。

こもちばな（子持ち花）、**ふくべな**（瓢箪菜）〔長野県下水内郡、秋田県〕　**ニリンソウ**（キンポウゲ科）。ニリンソウは名前のとおり一茎に二輪咲くが、二輪が咲くのは同時でなく、一輪が先に咲き、しばらくしてから二輪目が咲く。先の一輪が咲く時は次に咲く一輪は蕾の状態なので、子持ち花またはひょうたんに似ているのでふくべ菜と言われている。

しゃーまふり（赤熊振り）、**ちゃせんばな**（茶筅花）〔長野県飯山市、下高井郡、下水内郡〕　**ショウジョウバカマ**（ユリ科）。「しゃーま」とはしゃぐま（赤熊）のこと。ヤクの尾の先の毛を赤く染めたもので、払子《ほっす》や槍の先に着けたりする目につきやすいもの。ショウジョウバカマの、槍のような長い花茎の先に赤い花がまとまって咲いている姿は、槍の赤熊に似ている。また見方によっては、抹茶をかき立てる茶筅にも似て見えるので、そのような名前が付けられた。

すいばな〔吸い花〕〔新潟、長野県〕、**ちちばな**〔乳花〕〔青森県〕、**あばちち**〔母の乳〕〔秋田県鹿角市〕**オドリコソウ**〔シソ科〕。**すいばな**〔吸い花〕〔新潟県、長野県北安曇、佐久郡〕、**ちちくさ**〔乳草〕〔滋賀、岡山、神奈川、山口県〕、**すいすいばな**〔吸い吸い花〕〔和歌山、島根、熊本県〕**ウツボグサ**〔シソ科〕。オドリコソウもウツボグサも共にシソ科で、似かよった筒状の花をしていて、花冠の基部には甘い蜜を貯えている。子供たちはそのことを知っていて、この花が咲くと、花冠を一つ一つ抜き取っては基部を口に当てて吸い、僅かな甘い味を楽しむのである。このような遊びは全国的に広い地域で行なわれているようで、方言名がそのことを教えてくれる。

つきみそう〔月見草〕〔長野県北安曇郡、岩手県二戸郡、福島県、群馬県、新潟県南蒲原郡〕、**ゆうはんばな**〔夕飯花〕〔長野県更級、埴科郡〕、**おいらんばな**〔花魁花〕〔秋田県、岩手県紫波郡〕**オオマツヨイグサ**〔アカバナ科〕。ツキミソウという本名の植物もある。こちらは夕方にマツヨイグサに似た白色の花が咲き、翌朝にはピンク色にしぼんでしまう一夜花。オオマツヨイグサも一般に月見草と言われ、夕方咲いて翌朝はしぼむ。そんなところから夕飯花とか、夜になると着飾って座敷に現われる花魁《おいらん》に見立てて呼んでいる所もある。

とうろうばな〔灯籠花〕〔長野、富山、和歌山県〕、**ちょうちんばな**〔提灯花〕〔長野県更級郡、青森、群馬、千葉、静岡、新潟、奈良、兵庫、山口、愛媛県〕、**きつねのちょうちん**〔キツネの提灯〕〔長野県下高井郡、青森、静岡、新潟、富山、岡山県〕**ホタルブクロ**〔キキョウ科〕。灯籠も提灯も同じもので、盆灯籠を思い出せばよい。ホタルブクロの花は豊かなふくらみを持ち、盆灯籠によく似ている。

ままっこ〔継子〕〔長野、栃木、群馬、埼玉、神奈川、山梨、静岡県〕、**やいとばな**〔灸花〕〔長野県〕**ハナイ**

カダ（ミズキ科）。ハナイカダは、広く大きな葉の中央に、ぽつんとお灸の跡のような色気のない小さなめだたない花が咲いて、やがて緑色の豆粒大の果実となる。やいと花とはよくまた付けた名前だと感心する。また、ままっ子という名前も、継母からお灸を手にすえられた跡、またはままっ子いじめでつねられた傷の跡だと聞いて二度感心した。この花を継母からいじめにあってすえられたお灸の跡やつねられた傷の跡と見ると、封建社会の家族制度の中の悲しい物語となる。またこのお灸の跡を花筏と見ると、文学的で風流な花言葉となる。小さな見映えのしない花一つとっても、見方を変えて味わうとこんなにも違うものか。

へびのした（へびの舌）〔富山県〕、**へびのたいまつ**（へびの松明）〔秋田県〕　**テンナンショウ**（サトイモ科）。マムシグサの仲間であるテンナンショウは、仏炎苞《ぶつえんほう》と呼ぶ特有の、ヘビのひょろひょろと出す舌を思わせるような舷《げん》と呼ぶ苞を持っていて、その中に集合体の花があるが、見えにくい。いずれにしても変わった、見るからに気持ちの悪い花なので、各地でヘビの○○という名前で呼んでいる所が多い。

やまききょう（山桔梗）〔長野県上水内郡〕　**ソバナ**（キキョウ科）。ソバナは折ると茎の切口から白い乳液がでて、おいしい山菜として知られている。花もキキョウ科特有の鐘形をした紫色である。そんなところから山にあるキキョウ、山桔梗と呼ばれたもの。

葉の形や特徴から

植物には葉に特徴のあるものが多く、そこから名前が付けられたものもある。大きな葉は八つに、掌状に裂けているのでヤツデ、裂けた形がカエルの手に似ているところからカエルデ→カエデ、葉の姿が破れた傘のようだからヤブレガサなど、標準和名を見てもたくさんある。以下は各地の、葉の形からの植物方言名である。

あさな（麻菜）、**やまそ**（山麻）〔長野県北安曇郡〕 **ハンゴンソウ**（キク科）。ハンゴンソウは優秀な山菜で、全国各地で食べられている。大きく伸びた姿は、今ではほとんど見られなくなったが、昭和の初めまではどこでも畑に栽培していたアサ（麻）によく似ているので、麻に似て食べられる植物＝麻菜とか、山に自生している麻＝山麻と呼んで親しんできた。

いぬのぎょうじゃにんにく（犬の行者大蒜）〔北海道〕、**うまのみみ**（馬の耳）〔青森県〕 **スズラン**（ユリ科）。スズランの葉はギョウジャニンニクそっくりで間違えやすい。ギョウジャニンニクはおいしい山菜で、アイヌ人は主食の一つとしている。ところがスズランは毒草なので、間違えて食べるとえらいことになる。アイヌの人はスズランを似て非なるものとして犬の行者大蒜と呼んで注意している。またスズランの葉は、馬の耳のような楕円形をした大きな葉なので、青森の人は馬の耳と呼んでいる。

おととぐさ（お魚草）〔長野県佐久市、佐久郡〕 **ノコギリソウ**（キク科）。ノコギリソウの葉は長さ五～九センチで、櫛の歯状に中～深裂している姿は、肉を取り去った後の骨つきの魚そっくりである。佐久の人たちはこの山草のことを「おとと草」と呼んで、子供たちはままごと遊びにも使っている。

おとげなし（頤無し）〔長野県佐久市、佐久郡〕 **コナギ**（ミズアオイ科）。「おとげ」とはおとがい（顎）のことで、おとげなしとはあごが無いこと。コナギはオモダカと同じく田の雑草だが、オモダカの葉のような下に二本伸びたあごが無いのでそのように呼んでいる。

なおオモダカの仲間にアギナシがあるが、これもあご無しからの名前で、この植物の葉にはオモダカのような二本の下に伸びるあごのような裂片が見られるが、初めに出る葉にはこの裂片がないことから名前が付けられた。

ハナイカダ

ニリンソウ

ヤブレガサ

スズラン

ハンゴンソウ

ハンゴンソウ

ソバナ

かんがら（鍬柄）〔長野県南北安曇、東筑摩郡〕 **オモダカ**（オモダカ科）。「かんがら」とは鍬の柄をいう方言。鉄は貴重品なので鍬の刃の部分も鉄は周辺部だけとし、刃の中央部は柄と一緒に木製だった古い時代の木鍬にオモダカの葉の形が似ているのでこの名前が付けられたもの。

キツネのからかさ（キツネの傘）〔長野県下伊那郡、青森県東津軽郡、岩手県〕 **ヤブレガサ**（キク科）。破れて骨まであらわに見えるようになったから傘によく似たヤブレガサ。天地創造の神様もよくもこれまで創ったもの、それにしてもキツネのいたずらかと思わせられる。そんなところからキツネの嫁入りの時にさす傘と見立てて付けた名前か？

ごは（五葉）〔長野県北安曇郡〕 **ヤグルマソウ**（ユキノシタ科）。ヤグルマソウは、端午の節句の鯉のぼりに付ける矢車に似ているところから付けられた名前だが、長い柄の頂に輪生する大きな五枚の葉が印象的で、北安曇地方の人は五葉といった。太平洋戦争中のタバコの少ない時代には、この葉をきざんでタバコの代用として喫った。

だんべい（陰嚢）〔長野県伊那郡、南安曇郡、群馬県利根郡〕、**きんたまのき**（睾丸の木）〔岩手県岩手郡〕 **ムシカリ**（スイカズラ科）。男の陰嚢をだんべと呼ぶのは、『全国方言辞典』（昭和二六年）によると、新潟、富山、石川、岐阜、福井などの北陸地方とのことであるが、ムシカリの葉にあるたくさんのシワは陰嚢のシワによく似ている。ところが、この植物をだんべいと呼ぶのはどうしたことか北陸地方ではなく、長野県や群馬県の一部の地方である。

とりあし（鶏足）〔長野、新潟、岩手、秋田県〕 **トリアシショウマ**（ユキノシタ科）。「とりあし」とは鶏の足かキジかヤマドリの足からの発想によるものである。トリアシショウマは広く全国的に古くから知られた山菜で、山菜としての採り時（旬）の姿が、鶏の足状の時を最も良とするところからの命名と思われる。

葉が開く前の若芽を山菜として食べるが、葉は三回三出複葉であるので、芽が伸びるに従い三回三叉になって伸びながら開いていくので、最初の一回目の三叉が鳥の足状の時に摘むのがこつ。

ななつば（七つ葉）〔北海道〕 **ハンゴンソウ**（キク科）。ハンゴンソウの葉は主に七裂しているので、アイヌの人たちはこの草を七つ葉といい、釧路地方ではこの草の花が咲くと川にマスが遡上してくると言って、季節の目安にしている。

ななかます（七叺）〔岐阜県飛騨地方〕 **フサザクラ**（フサザクラ科）。フサザクラの葉は桑の葉によく似ている。昔、朝日村のある人が近所の人から、谷の奥に野生の桑の木があると教わった。早速夫婦で出かけて山桑の葉を叺《かます》に七つも採ってきて蚕にくれたが、蚕が少しも喰わない。おかしいと思い、他人に見てもらったら、それはフサザクラの葉であった。これがムラ中の評判となり、今でもこの地方ではフサザクラのことを七叺といっている。

ねぶりこ（眠りこ）〔新潟、富山、愛知、香川、愛媛県〕、**ねぶりぎ**（眠り木）〔青森、静岡、三重、和歌山県、中国、四国、九州地方〕 **ネムノキ**（マメ科）。ネムノキは二回羽状複葉で、小葉は数十個の羽片からなっているが、この小葉は夜間閉じて睡眠することで知られている。

はちのじぐさ（八の字草）〔長野県下高井郡、福島、静岡県〕、**うしのひたい**（牛の額）〔新潟、山形、千葉県〕 **ミゾソバ**（タデ科）。ミゾソバの葉には油のシミのような「ハ」または「八」の字がはっきり見える。それで八の字草と呼ぶ所がある。また葉の全体の形が牛の顔の輪郭によく似ているので、「牛のひたい」またはは「牛ぶて」などと呼ぶ所がある。

でっぱら（出っ腹）〔長野県南安曇郡安曇村〕 **カラマツソウ**（キンポウゲ科）。カラマツソウはグリーンアスパラに似たおいしい山菜である。山菜としての摘み時（旬）は、トリアシと同じで、葉が伸び始めようとしている、にぎり拳状の時で、折ると中空の茎はポンという心地よい音がする。このにぎり拳状のいまだ開かない葉の姿は妊婦のお腹に似ているので、土地の人はカラマツソウのことを「出っ腹」と言っている。

わくな（枠菜）〔長野県上下水内郡、長野市、新潟県赤倉地方〕 **ツリガネニンジン**（キキョウ科）。「山でうまいはオケラにトトキ、里でうまいはウリ・ナスビ」という諺がある。トトキはツリガネニンジンのことで、昔からおいしい山菜として知られている。山菜としての摘み時（旬）は、芽を出してから丈三〇センチくらいまでの若い時で、この時期の姿は、四～五枚の葉が四～一〇センチの間隔で茎に輪状に生えていて、糸巻か田植えの枠によく似ている。

実の姿や形の特徴から

あずきな（小豆菜）〔北海道〕 **ユキザサ**（ユリ科）。ユキザサの葉の開く前の筆状の姿のものはおいしい山菜である。花後にできる実は、秋になると赤熟する。その色といい大きさといい、あずきによく似ているので、ユキザサのことを「小豆菜」と北海道の人は呼んでいる。

あわイチゴ（粟イチゴ）〔長野、岐阜、愛知、群馬、埼玉、茨城、青森、石川、三重、奈良、和歌山、兵庫県〕 **モミジイチゴ**（バラ科）。黄色く熟すイチゴは珍しく、しかも色ばかりでなく粒つぶの状態も粟によく似ているので、全国各地でそのように呼ばれている。

おにのはさみ（鬼の鋏）〔長野県佐久市、佐久郡〕、**からすのはさみ**（烏の鋏）、**はさみぐさ**（鋏草）〔青森県〕 **タウコギ**、**アメリカセンダングサ**（キク科）。両者共に花後できるそう果は平たくくさび形で、両方の肩から二本のとげのある冠毛が長く出ており、その姿がカニの鋏にそっくりで、これで他物にくっついて種子を散布するので、鬼の鋏、烏の鋏、鋏草などといわれている。

みこしぐさ（神輿草）〔岩手県二戸郡、岐阜県吉城郡、新潟、富山県〕、**おみこしばな**（神輿花）〔富山県、福井県今立市〕、**てんがいそう**（天蓋草）〔新潟県中頸城郡〕 **ゲンノショウコ**（フウロソウ科）。神輿の屋根は多角形をしている上、極端な反りのある変わった形をしていて印象的である。ゲンノショウコの実も熟してはじけると、神輿の屋根のような反りかえった、反転した形となる。見方によると葬式の野送りの列の中央を行く、棒の先にかざした天蓋にも似ている。そんなところから「神輿草」「神輿花」「天蓋草」などと呼ばれている。

がんぼうじ〔長野、神奈川、山梨県〕 **タンポポ**、**コウゾリナ**（キク科）。「がんぼうじ」または「がんぼじ」とは頭の毛の手入れをしてない、洟たれ小僧の男児の頭髪の状態をいう言葉。タンポポやコウゾリナも花が終わってほほけてき、今にも風で舞い立とうとしている球状綿毛の姿を見ると、がんぼうじ頭とまったく同じだ。

かぶろ、**おっかぶろ**（おかっぱ髪）〔長野県南北安曇、木曾郡〕 **オキナグサ**（キンポウゲ科）。オキナグサの特徴のある姿は、地域によっていろいろな名前がつけられていて、『日本植物方言集（草本類編）』（昭和四七年）には二二三の名前が載っている。主なものは、花が終わった後のあの長い特徴のある有毛の花柱がたくさん集まった姿から「翁草」「姥頭」「姥白髪」「伯母頭」などの白髪にたとえたものと、女の子のおかっぱ頭をいう「かぶろ」または「おっかぶろ」や、幼い子供を表わす稚児系の方言がめだつ。

かますぐさ（叺草）、**こじきのきんちゃく**（乞食の巾着）、**どろぼうのきんちゃく**（泥棒の巾着）〔長野県佐久郡、下水内郡、新潟県〕 **ヌスビトハギ**（マメ科）。ヌスビトハギの実は一風変わった形をしている。扁平で口が大きいので穀物を入れる叺《かます》や、巾着《きんちゃく》に見立てて、植物本体を呼ぶのに「叺草」とか「〇〇の巾着」などと呼んでいる地方がある。

ぺんぺんぐさ、しゃみせんぐさ（三味線草）〔長野、新潟、石川、愛知、静岡、青森、山形、茨城、栃木、群馬、埼玉、千葉、東京、神奈川、三重、和歌山、兵庫県など〕　**ナズナ**（アブラナ科）。「ぺんぺん」とは三味線のこと。ナズナがぺんぺん草とか三味線草といわれるのは、その実の形が三味線のばちによく似ているからで、これは全国的に広い範囲で呼ばれている。三味線のばちに似た大形の木製具で、屋根の雪落としなどに用いた木鋤《こすき》は地方ごとに方言が多い。長野県白馬、小谷地方で「てんずこ」、南安曇郡奈川村で「てんじき」といい、ナズナの実がこれに似ているので、ここではナズナを「てんじき」と呼ぶ。

こんぺとばな（金平糖花）、**こんぺと草**〔長野、山形、群馬、埼玉、岐阜、神奈川、和歌山、兵庫、山口県〕　**ウマノアシガタ、キツネノボタン**（キンポウゲ科）。金平糖とはポルトガル語のconfeitoに当て字した南蛮菓子で、日本でも昭和の中頃まで流行した。ビー玉より少し小さな、突起のたくさんあるあめ菓子。ウマノアシガタやキツネノボタンの実がこの金平糖菓子にそっくりなので、各地で金平糖と呼んでいる。しかし、この植物は有毒で、実は食べられない。

こんぺとばな（金平糖花）〔長野県下高井郡、新潟、山口県、山形県庄内地方〕、**こんぺと草**（金平糖草）〔山口、鹿児島、熊本県〕　**ミゾソバ**（タデ科）。ミゾソバの花は秋に、小枝の先にピンクの小花が十数個、一塊になって咲くが、花弁はなく花弁状の萼片が開くのはわずかで、蕾の期間が長いので、この塊が金平糖菓子のように見える。それでミゾソバを「金平糖」と呼ぶ地域は結構多い。

しりだし（尻出し）〔長野県松本市、北安曇、東筑摩、木曽郡〕、**しんのこだし**（芯の子出し）〔長野県東筑摩、南安曇郡〕、**ぱちりん**〔岐阜県飛騨地方〕　**ナツハゼ**（ツツジ科）。ナツハゼは里山の稜線などに自生し、果実が食べられるので、一般に親しまれている低木だ。夏の終わりにはもう食べられるまでに熟すが、果実の

モミジイチゴ

ネムノキ

ナツハゼ

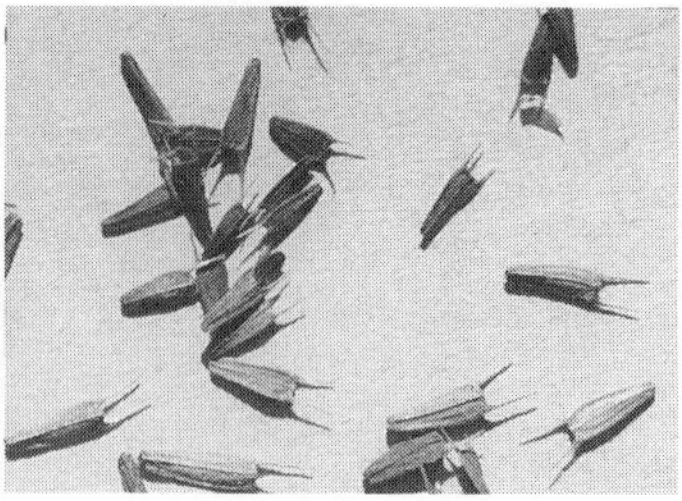

アメリカセンダングサの実

ナズナ

タンポポ

ツリガネニンジン

先端が二重山稜というか内輪山と外輪山のような二重構造になった変わった姿をしているので、「尻出し」とか「芯の子出し」などと呼ばれている。「芯の子」とは尻の奥深くにある魂の存在する塊をいう方言。夏の日に子供が裸でいるとよく親たちに、「そんな姿でいるとカッパに芯の子抜かれるから早く服を着なさい」と言われたものである。ナツハゼの果実は、尻の穴から芯の子がのぞいている姿を連想させるのによい教材だった。飛騨地方で「ぱちりん」というのは、ナツハゼの実を口に入れて嚙むとパチンという音がしてつぶれるので、そこから生まれた呼び名である。

すのみ（酢の実）〔長野県大町市、南北安曇、東筑摩郡〕、**しょーのみ**（塩の実）〔長野県北佐久郡、須坂市、長野市〕 **ヌルデ**（ウルシ科）。ヌルデの実は秋から冬になると、白い粉をふりかけたように粉をふいている。舐《な》めてみると塩味と酢味がある。塩分は人が生きていく上でなくてはならないもので、縄文人は塩分をおそらくヌルデの実から採っただろうと聞いたことがある。またヌルデの実からは酢も採れる。実際に採った人の話によると、実は房ごと水に浸ける。実一貫目から食酢五合は採れたという。

そそやけ（囁《ささや》け）〔長野県上水内、下伊那郡、山梨、静岡、埼玉県〕、**ささやけ**（囁け）〔長野県駒ヶ根市、茅野市、神奈川、埼玉県、東京都〕 **タケニグサ**（ケシ科）。タケニグサは伐採跡地など、荒地に勢いよく伸びている雑草で、花後の実はすこしの風にもさらさらと囁くように鳴っている。「ささやけ」または「そそやけ」は「囁き」の方言。

てんぽなし（手ん棒梨）〔本州の各地域〕 **ケンポナシ**（クロウメモドキ科）。指や手、腕の一部を欠いたり、正常に動かない人のことを「てんぼ」とか「てんぽ」といった。差別語で今はほとんど聞かない。ケンポナシの果実は、初冬の雪の降る頃になると落果し、嚙むと甘いので子供が拾いに歩いた。梨の一種というが、花梗が太くなって肉質化した、木の根のようなグロテスクな塊で、その端に豆粒状の核果が付いている。このような異様な塊で甘くおいしい果実様のものを持つ木なので、この木を呼ぶ名前も変わったものが付けられたようだ。

ひょうび（閉美）〔長野、新潟、福井、秋田、福島、宮城県〕 **ハイイヌガヤ**（イチイ科）。閉美とは非常に古い古名で、『延喜主計式』にこの木の実から採った、貢として徴した灯明用油の閉美油のことが載っている。爾来一千年余、今もこの呼び名が各地に生きているということはうれしい。

ふたごなり（双子成り）〔新潟県佐渡地方〕、**ふたご**（双児）〔青森、秋田、山形県〕 **ヒョウタンボク**（スイカズラ科）。ヒョウタンボクは「瓢箪木」で、実がひょうたんのような形をしているからである。双児成り、双児も同じで、この木の果実がふたごのようにくっついているからである。

へそベイチゴ（綜麻《へそ》イチゴ）〔長野県南安曇郡安曇村〕 **ゴヨウイチゴ**（バラ科）。深山に自生するゴヨウイチゴは熟すとまん丸く、ちょうど織機にかける前の、玉に綜《へ》た麻糸のような姿をしているので、おそらく自家用に、麻糸で布をたくさん織った婦人たちが、その姿を見て名前を付けたものだろう。

子供の遊びから

昔の農山村の子供たちの遊び相手は、通学路沿いや家の周囲の山野の自然が主だった。近所の子供たちは群をつくって遊び歩いたが、そんな遊びの中で、上級生からいろいろな草花遊びを教わった。

ここにとりあげる植物は、そんな遊びの中で、子供たちから名前をもらって語り継がれているものである。

おぜんばな（お膳花）〔長野県上水内、木曾、南北安曇郡、岐阜県恵那郡〕、**こたつばな**（炬燵花）〔長野県飯田市、東筑摩、木曾、北安曇郡〕 **フシグロセンノウ**（ナデシコ科）。この草の花びらを採って子供たちは、四本足のお膳やこたつを作って遊ぶので、その名が付いた。

かたなぐさ（刀草）〔長野県佐久、北安曇郡〕**カワラマツバ**（アカネ科）。輪生する葉の所から、茎を引っぱって皮の部分と中身とを分離させ、これを入れたり出したりさせて刀の抜き差し遊びをする。

がらがら〔長野、群馬、兵庫、千葉、岡山、愛媛県〕、**がらがら草**〔長野、新潟、宮城県〕**ナズナ**（アブラナ科）。ナズナの、花が終わって実になりかけたものを茎ごと採り、実の付いた花柄一本一本をすこしずつ茎にそって下へ引っぱって剝がし、全体を剝がしたら茎を持って振ると、ガラガラと賑やかな音がする。

こめくさ（米草）〔長野県北安曇、上下水内郡他〕**ツボスミレ類**（スミレ科）。花が終わると小さな袋ができ、その袋（さく果）の中には白い米粒状の実が一杯つまっていて、食べるともち米のようにうまく、嚙むと「キッチョン、キッチョン」と楽しい音がするので、子供たちはこめ草をままごとに使ったり、食べ歩いて楽しんだ。

シビビー〔長野県佐久市、佐久郡〕**クサフジ**（マメ科）。花の後にはエンドウの莢《さや》を小さくしたような、長さ二・五センチほどの豆果を生じ、中に五個の種子がある。子供たちはこの豆果を利用して笛を作って鳴らすが、その音がシビビーと聞こえるので、この草もシビビーと呼んでいる。

しゃぼんぐさ（石鹼草）〔長野県北安曇、上高井、小県郡〕**ユウガギク**（キク科）。しゃぼんとは石鹼を意味するスペイン語からというが、山村では昭和二〇年代まで使われていた言葉だ。ユウガギクの葉を数枚もぎとって、すこし水をつけてもむと石鹼のような泡が出てくる。子供たちは面白がって学校の帰りなどに遊んだものである。で、この草を誰言うとなく「しゃぼん草」と呼んだ。

すもとりくさ（相撲とり草）〔長野、新潟、鳥取県ほか〕**メヒシバ**（イネ科）。メヒシバは畑や荒地の雑草で身近にあるので、子供たちはゴミかき状の花序が出ると、その穂を採ってきて机や板の上に二つ並べて

ヒョウタンボク

ケンポナシ

コウゾリナ

ユウガギク

コシアブラ

スズメノテッポウ

フシグロセンノウ

立て、板面をたたいて早く倒れた方（または決めた区域から出た方）を負けとする相撲遊びをやった。

すもうとりばな（相撲とり花）〔全国各地〕、**すもとりくさ**（相撲とり草）〔全国各地〕　**スミレ類**（スミレ科）。スミレの花を摘んで、花と花とをひっかけて引っぱり合い、切れて花の首がとれた方を負けとする相撲遊びは全国的で、広く子供たちの間で遊びとして行なわれた。

たかみのき（たか箕の木）〔長野県北安曇郡〕　**エゾユズリハ**（ユズリハ科）。たか箕とは穀類などを出したり入れたりする時に使う、ネマガリダケとフジ蔓で作った大形の箕である。

エゾユズリハはツバキの葉に似たつやのある、楕円形をした大形の葉をつける低木で、子供たちはこの葉を摘んで、ままごと遊び用のたか箕を作ってよく遊んだ。それでいつかこの木にたか箕を作る木＝たか箕の木という名がついてしまった。

だちんぐさ（駄賃草）〔長野県北安曇郡、新潟県妙高高原〕、**くんしょうぐさ**（勲章草）〔長野県北安曇郡、新潟県、熊本県玉名市〕　**コウゾリナ**（キク科）。コウゾリナの葉は両面共に剛毛があり、葉を採って衣服などに付けると、簡単にどこにでもくっつく。子供は歩きながらこの葉を採って、そっと前の人の背中などに付けて、「誰か荷を背負って重たかないか、駄賃もとらずにご苦労さん」などと言ってはやし立て、からかって遊んだものである。男の子は戦ごっこの時に、この葉を胸や肩につけて「勲章」にして遊んだ。

はかりぐさ（秤草）〔長野県北安曇、佐久郡、高知、愛媛、山口県〕、**こうもりぐさ**（蝙蝠草）〔長野県北佐久郡、飯田市、静岡県〕　**メヒシバ**（イネ科）。子供たちは夏の日に、メヒシバの花序の伸びたのを採ってきて、一〇本近くある花序の先をまとめて小石を包み、皿の付いた竿秤に見立てて、買物ごっこをして遊んだ。また、花序の所を開いたり閉じたりさせて、こうもり傘の真似をして遊んだりもした。

ほおずきのき（鬼灯の木）〔長野県上高井、上水内、北佐久郡、佐久市、静岡県〕　**ハナイカダ**（ミズキ科）。

ハナイカダの緑色の枝は柔らかい。この枝を採って三センチほどの間隔で先を切り落とし、刃物か爪で輪状に傷をつけて揉《も》んでいると、皮だけすっぽり抜ける。それをホオズキのように鳴らして遊ぶので「鬼灯の木」と呼ぶ所がある。

ますくさ〔升草〕〔長野、岩手、秋田、埼玉、岐阜、和歌山、兵庫、岡山、島根、山口県〕、**なかよし**〔仲良し〕〔長野県北安曇郡、大町市〕 **カヤツリグサ**〔カヤツリグサ科〕。二人の子供が、三角の茎の二稜ずつを持って、両方から茎を引き裂くと、升の形になるので昔から「升草」と呼んでいる。またこの遊びをする仲の良い二人の様子を見て、「仲良し」と呼ぶ所もある。

ピーピー草〔長野、新潟、福井、和歌山、岡山県〕 **スズメノテッポウ**〔イネ科〕。春先の、水を入れる前の水田は一面にスズメノテッポウが穂を出している。子供たちがこの草を採って、その鞘《さや》のようになっている所で笛を作り、ピーピー鳴らして遊ぶのは日本全国広い地域で見られる。

ゆびはめ〔指はめ〕、**ゆびさしばな**〔指さし花〕〔長野県南北安曇、上水内郡、飯田、伊那、駒ケ根市〕 **ツリフネソウ**〔ツリフネソウ科〕。一般には子供たちがこの花を摘んで指にはめて遊ぶので「指はめ」といっている。しかし北海道の釧路地方では、更科源蔵の『コタン生物記』によると、花を指にはめて遊ぶのは同じだが、この時子供たちは指をピコピコさせながら、「カッコー、カッコー」とカッコウ鳥の鳴きまねをして遊ぶので、この花を「カッコ草」と呼ぶとのことである。

植物全体の姿や利用特性から

あかんぼ、**赤ぼや**〔長野県北安曇、下水内郡、佐久、伊那市〕、**あかき**、**あかしば**〔赤木、赤柴〕〔岩手県九戸郡〕 **ミズキ**〔ミズキ科〕。ミズキは小正月の稲の花やだんごを飾るのに各地で用いられているが、それに使う若木のころの幹や枝は赤味を帯びているので、「あかんぼ」「あかぼや」「赤木」「赤柴」などと呼ばれている。

あわふき（泡吹き）〔長野、茨城県、関東、東海、近畿、中国地方〕**アワブキ**（アワブキ科）。この木は燃やすと、すごく泡をふいて薪としてはだめな木だといわれている。岐阜県徳山村などではこの木を「小僧泣かせ」と呼び、飯炊き小僧が大変苦労した話が残っている。そんな特徴のある木なので、標準和名も「泡吹き」という名前が付けられている。

うで、うだい、うだいまつ（鵜松明）〔北安曇、木曾郡ほか長野県内と埼玉県〕**ウダイカンバ**（カバノキ科）。標準和名のウダイカンバは、鵜を使って漁をする時に使う松明《たいまつ》用の樺の木という意味である。一般に樺類の外皮は生木から採ったものでもすぐ燃える性質を持っていて、昔から重宝がられている。特にこの種のものは良質で北海道ではこの木を真樺《まかば》、他の樺類は雑樺と呼んでいる。鵜飼いは夜、小舟の先でかがり火を焚いて魚を近寄らせて行なう漁だが、雨の中でも火が消えず燃え続けさせるにはこの樹皮に勝るものはなかった。それでこの木を鵜松明樺→うだいまつ→うだい→うでと次第に省略して呼ぶようになった。

うしころし（牛殺し）〔長野県南安曇郡、三重、山口県〕、**うまころし**（馬殺し）〔長野市、南安曇郡〕、**うまくわず**（馬喰わず）〔静岡、鹿児島県〕、**うまよいぎ**（馬酔木）〔高知県幡多郡〕**アセビ**（ツツジ科）。アセビは有毒植物で、牛や馬やシカはそのことを知っていて、この木を喰わない。馬が間違えて喰って酔ったような症状を起こしたり、実際にこの木を食べて牛や馬が死んだ事例が過去にあったらしく、方言はそのことを教えている。

うさぎっかじり（兎噛り）、**うさぎっぷー**〔新潟県魚沼郡、群馬県利根郡〕、**とーふ、とーふのき**（豆腐の木）〔長野、群馬、岐阜、静岡県〕**コシアブラ**（ウコギ科）。ノウサギは、冬は雪の上に出ている木の皮や木の芽を噛って生きている。そんな中で特に好きなのがコシアブラの木で、雪の中から枝を出しているこの木を見つけると、きれいに皮も芽も噛ってしまう。またコシアブラは材の柔らかい木で、色も白いので、「豆腐の木」と呼んでいる所が多い。

おにのしょいなわ（鬼の背負い縄）〔長野県佐久市、佐久郡〕　**ヤマガシュウ**（ユリ科）。里山に行くと、小藪にからみついて、どこまでも伸びている、バラ状のシオデに似た蔓草に出逢うことがある。ヤマガシュウである。蔓はエンピツの太さくらいだ。「鬼の背負い縄」とは誰が付けたか、うまい呼び名だと思う。

おにつつじ（鬼ツツジ）〔長野県下各地、新潟県中頸城郡〕　**レンゲツツジ**（ツツジ科）。レンゲツツジは有毒植物で、高原の放牧地へ行くと牛や羊はそれを知っていて、このツツジだけは食べないので、立派に残っている。一方ヤマツツジは食べられるので、食べられてしまい残っていない。そのような毒性を持つツツジなので、この種を長野県内では、鬼のように恐ろしいツツジ→「鬼つつじ」または「毒つつじ」と呼ぶ所が多い。石川県から富山、新潟県にかけては、「えん花」「えんつつじ」「おおかめつつじ」と呼ぶ所が多いが、「えん」とは山犬（オオカミ）→山えぬ→山えん→えんと省略されたもので、オオカミのように恐ろしい毒性があるツツジという意味からの発想と思われる。

かいぐさ（痒草）〔長野県佐久市、佐久郡、秋田県〕、**かゆかい、かゆがり**〔岩手県〕　**イラクサ**（イラクサ科）。イラクサの仲間は茎や葉に刺毛がある。この刺には蟻酸が含まれていて、刺さると腫れていつまでも痛痒さが続く。

からすのつぎき（烏の接木）〔長野県上下水内、下高井郡〕　**ヤドリギ**（ヤドリギ科）。淡黄朱色に熟したヤドリギの液果は粘りがあり、これを食べたり足に付けたレンジャクなどの小鳥が、他の木の枝で糞をしたり休んだりすると、たまたま粘果の中にある緑色の種子がその枝に付いていてそこから発芽する性質を持っている。ヤドリギはこのように、とんでもない所の木の枝から突然発芽して茂るので、昔から人びとは、これは知らぬまに誰かが接木をしたもので、きっと鳥の仕業だろうと思い込んで、そのように呼ぶようになったもの。

きなこたけ（黄粉茸）〔長野、新潟、群馬、岩手、山形県他全国的〕**コガネタケ**（ハラタケ科）。コガネタケは列になって群生しているものが多いが、キノコ全体が黄粉をふりかけたか、黄粉の中をころがして引き上げたかのように見える。

きんぎょぐさ（金魚草）〔長野県北安曇郡、長野市、佐久地方他〕**バイカモ**（キンポウゲ科）。この藻を採ってきて金魚鉢に入れたり、金魚売りが金魚に添えてくれたりするので、一般に「金魚草」の呼び名の方が広く通用している。

こむそう、こもそう（虚無僧）〔長野、岐阜県下〕**ショウゲンジ**（フウセンタケ科）。このキノコの出始めから傘が開き始めるまでの姿を見ると、編笠を深くかぶった虚無僧の姿にそっくりだ。誰が言い始めたか知らないが、うまい表現をしたものだと感心する。

さるすべり（猿滑り）〔長野、新潟県、東北、関東地方など〕、**さるた**（猿太）〔長野、千葉県〕**リョウブ**（リョウブ科）。リョウブを「猿滑り」と呼ぶ地域は東北から関東にかけて非常に広い。原因はいとも簡単で、里山で実際にリョウブの大木にお目にかかり、幹の皮肌を見ると、こりゃーそっくりだと感心する。リョウブの皮肌はサルスベリ（ミソハギ科）に非常によく似て滑らかで淡い茶褐色をしていて、木登り上手な猿でさえ、滑って登れないほどだ。

そばがた（蕎麦型）〔群馬県利根郡〕**クマシデ**（カバノキ科）。クマシデの樹皮には、三角稜をしたソバ粒の形がはっきり見られるので、水上地方ではこの木を「そばがた」と呼んでいる。

ショウゲンジ

ヤドリギ

タニウツギ

ノブドウ

ナツズイセン

ミヤマイラクサ

たけわらび〔岳蕨〕〔長野、富山、新潟県の北アルプス山麓〕 **ミヤマメシダ**〔ウラボシ科〕。北アルプスの山小屋では昔から、夏でも雪の消え端から本種の出始めのものを採ってきて、鱗片に付いている黒いゴマ粒状のものを洗い落として、お浸しや味噌汁の具とするが、なかなかおいしいものである。

どすぶどう、どすぶんど〔どす葡萄〕〔長野県下水内郡〕、**どくぶどう**〔毒葡萄〕〔長野県北安曇、上水内郡、新潟県、山口県熊毛郡〕、**ぶす**〔ぶすぶんど〕〔長野県上下水内、北安曇、下高井郡、新潟県〕、**うまぶどう**〔馬葡萄〕〔長野、新潟、群馬、山形、埼玉、神奈川、千葉県他〕 **ノブドウ**〔ブドウ科〕。ノブドウは毒物とまではいかないが、食べられるブドウの仲間とは一線を画して人びとから見られている。房の状態も違うし、熟していく時の色が何か毒々しい。口にしてみても味気ない。そんなところから「どす葡萄」〔「どす」とは癩病または癩病にかかった人のこと〕、「毒葡萄」、「ぶす」〔「ぶす」はトリカブトの根から採る毒物のこと〕などと呼ばれている。

ときしらず〔時知らず〕〔長野市〕、**ねんじゅうぐさ**〔年中草〕〔長野県小県郡〕、**ねんがらそう**〔年がら草〕〔長野県南安曇郡〕、**たいしょうくさ**〔大正草〕〔千葉、静岡県〕 **ノボロギク**〔キク科〕。ノボロギクはヨーロッパ原産で、明治から大正にかけて帰化した植物だが、繁殖力が強く、一年中花が咲いたり実ができたりを繰り返しているので、「時知らず」とか「年中草」「年がら年中草」などと呼ばれている他、大正時代から見られるようになったので、「大正草」と呼ぶ所もある。

どーのけ〔胴抜け〕〔北信濃一帯、新潟県妙高山麓〕、**こがや**〔小茅〕〔長野県北安曇郡〕 **カリヤス**〔イネ科〕。カリヤスとは、「刈り易い」からと『牧野植物図鑑』に載っているが、「どーのけ」も同じ意味から付けられたものである。主として秋に刈って屋根茅として使うが、上水内郡信濃町には「どーのけ刈るにゃ鎌いらね」という諺がある。カリヤスを屋根茅として使うのは、長野県の南北安曇郡から上水内、飯山市を経て、新潟県の妙高山麓にかけてで、この地域には「やがや場」（屋根用茅場）と呼ぶ共有地や個人山があって、晩秋にはムラ中が刈りに行った。このころになるとカリヤスは、根元の第一節がちょっとさわるだけで離れるようになっていて、同じ仲間のススキと違い、古い、刃のさびた鎌でかるく叩くようにするだけで、ころころ地際から離れて刈れる。つまり胴が抜けたように根株から地上部が離れやすくなっているので、「どーのけ」という名前や、前掲の諺が生まれたのである。なお「小茅」とは、「大茅」と呼ばれるススキの太くて立派なのに対して、カリヤスが細く丈も短いところから区別して呼ばれているものである。

どーのすね、どーつね（朱鷺《とき》の脛《すね》）（新潟、福島県）　**タニウツギ**（スイカズラ科）。国際保護鳥で国の特別天然記念物に指定されているトキは、大正時代までは新潟県ばかりでなく、福島県や長野県などに広く棲んでいて、普通に見られる大形の美しい鳥だった。そのことをタニウツギの方言名から知ることができる。トキは新潟、福島、長野県などでは「どう」と呼ばれているが、『日本主要樹木名方言集』（倉田悟）のタニウツギの項を見ると、新潟、福島で「ドーの脛」「ドーっ葉」などと呼ぶと載っている。また植物民俗に詳しい宇都宮貞子さんの本を見ていたら、タニウツギを新潟県南魚沼郡六日町で「ドー脛《つね》」と呼んでいることやその理由が載っていた。要約すると、「タニウツギは一年ごとに木がまっすぐに伸び、年ごとに節状になる。それがドーの脚の形に似ているのでドーツネという。脚の形ばかりでなく、新梢の色や皮の模様までドーの足に似ているという人がいる。花の色もトキ色をしている」とのことである。

とりとまらず（鳥止まらず）（長野県南北安曇郡）　**ハリブキ**（ウコギ科）。亜高山帯に自生しているハリブキには、葉にも葉柄にも幹にも大形の刺が密生しており、山で仕事をする人たちがこの低木を、「鳥止まらず」と呼ぶ理由がわかる。

なつぼうず（夏坊主）（北海道、新潟県）　**ナニワズ**（ジンチョウゲ科）。ナニワズは変わった木だ。早春に黄色い花を早くも咲かせたかと思うと、梅雨時になると葉がパラパラと落ちて夏中裸木となり、秋になって他の木が葉を落とすころになると新葉を出して、冬中青々と繁っている。こんなところからこの木は誰いうとなく夏中丸坊主の木→夏坊主と呼ばれるようになった。

はかりのめ（秤の目）〔長野、埼玉、岡山県〕**アズキナシ**（バラ科）。アズキナシは堅くてしっかりした木で、幹もまっすぐに伸びている。幹や枝には、棹秤に付いている白く丸い目印にそっくりな目が、皮目にある。

わすれぐさ（忘れ草）〔長野県の中南信と東信地方、岩手県釜石市〕、**葉見ず花見ず**〔長野市、長野県小県郡、新潟県糸魚川市〕**ナツズイセン**（ヒガンバナ科）。春先にはスイセンの仲間だとわかる立派な葉が叢生《そうせい》していたのに、梅雨のうちに葉はなくなって、夏の終わりには忘れていたあたりから急に花茎だけが六〇センチも伸びてきて、目もさめるような美しい花が咲く。これがナツズイセンの一年の生活史の概要である。こんなところからナツズイセンは「忘れ草」とか、「花を見る時には葉はなく、葉のある時には花はない」といわれている。

第二章　暮らしの知恵が生んだ植物利用法

屋根材にはススキよりも細くて丈夫なカリヤスが雨が浸み込まなくてよく、これで葺くと百年はもつ。雪圧で根曲がりとなった材は、軒のカマに使うと有効かつ屋根雪の圧に強い。土台にはクリとエンジュが腐れに対して一番強い。帯戸にはネズコの板を使うと隣室に人の声がもれない。――これらは建築材についての山村の人たちの長い経験から知り得た生活の知恵である。

生活用具を作る材についても、まな板には木目が無く柔らかなヤナギ、ホオノキ、シナノキ、が良い。張板にはカツラが、炬燵《こたつ》板にはトチノキ、ケヤキが、炬燵やぐらにはホオノキ、サワグルミ、オニグルミなどが良い。真魚箸《まな》（菜箸）にはガマズミ、ムラサキシキブが、そりにはアズサ、サクラが、臼にはアズサ、ケヤキ、トチノキが、杵にはサルナシ、ヤマボウシ、イタヤカエデ、リョウブが良い、などはどこの地方でも言われている。

これと同じように、病名ごとに薬効の優れた民間薬草が伝承されていたり、草木染めの剤料とする植物も色ごとに伝承されていて、農山村の広く深く豊かな、先祖から受け継がれてきている適材適所主義と、暮らしの中から生まれた知恵のすばらしさに驚く。

ここでは北アルプス山麓を中心に筆者が調べたものをまとめてみた。

一　建築材や民具材として

昨今は道路事情が良くなり、山奥まで大型車の通れる道ができ、流通経済も地球規模で行なわれるようになり、安い外材がどんどん輸入され、山奥でも外材による建築や、工場で作られた鎌や鍬を買って農業をする時代になった。しかし昭和三〇年代までの農山村では、建築材や鎌や鍬の柄などの生産用具や、まな板や真魚箸、臼や杵などの生活用具は、ほとんどが近くの里山にある植物を利用した自給自足の生活だった。

人びとは、自然の中で自然をフルに活用した、自然との共存共生の暮らしの長い経過の中から、何には何が一番適しているかを選んできた。いわゆる適材適所主義である。暮らしの中から学んだ自給自足と適材適所主義は、昭和の中ごろまで、親から子へ、子から孫へと受け継がれてきたのである。

建築材と地域特性

昭和三〇年ごろまでは、日本の農山村では家を建てる場合、どこでも材は近くで得られる木材を使っていた。集落の位置する緯度や経度や標高の違いにより、そこに自生する樹木はずいぶん異なるが、その中から使用目的に最も適した樹種をそれぞれ選んで利用してきた。樹木も種類によりそれぞれ特性を持っていることを、山村の人たちはよく知っている。

草葺き屋根材　山村では建築材のすべてが自給自足で、屋根材も論外ではなかった。屋根の葺き方は草葺きと板葺きが主流であったが、炭焼き小屋など一時的なものはサワグルミの皮やスギ皮などで葺くもの

茅葺き屋根の寄せ棟造りの民家（白馬村野平）

石置き板葺き屋根の民家（安曇村番所）

アテ木（根曲がり）をうまく利用した民家の建築（糸魚川市根知）

一般に小茅と呼ばれ，茅屋根の材料として用いられるカリヤス（小谷村栂池）

I　建築主要材の地区変化

県	部位名／地区名	柱	床柱	床板	屋根板	土台	小屋組	鎌の柄	鍬の柄	石屋の玄能の柄
長野県	乗鞍番所	コメツガ オオシラビソ トウヒ	エンジュ イチイ	ツガ	クリ トウヒ ネズコ	クリ ツガ トウヒ	?	ヨージヤナギ	アサヒカエデ サクラ	カマツカ イボタノキ
	奈川村川浦	ヒノキ サワラ ネズコ	ヒノキ エンジュ	ネズコ モミ ツガ	クリ ネズコ サワラ	クリ ネズコ	サクラ ネズコ コウヤマキ	ヒノキ モミ	ナラ カエデ	?
	小谷村深原	ケヤキ スギ エノキ	スギ エンジュ	スギ	?	クリ キハダ	?	ナラ ブナ クリ	イタヤカエデ ブナ	ガマズミ カワラグミ
	小谷村葛草連	ケヤキ ミョーセン	床ノ間ナシ	スギ	板屋根ナシ	ナラ	ブナ イタヤカエデ	ホオノキ ミズメ	ホオノキ キハダ	ガマズミ
	小谷村大平	ケヤキ スギ	エンジュ スギ	スギ	スギ クリ	クリ	クリ スギ	クリ	イタヤカエデ ナラ	アキグミ ガマズミ
	大町市鹿島	スギ ナラ	カラマツ ヒノキ	スギ	ミズナラ	クリ	?	ウワミズザクラ	ホオノキ ナラ	?
	白馬村神城	スギ ナラ	スギ エンジュ	アカマツ スギ	クリ スギ	クリ	アカマツ スギ	ウワミズザクラ ウリハダカエデ	ナラ ホオノキ	アキグミ
	木曽開田	ヒノキ ヒメコマツ	エンジュ	モミ ヒノキ アカマツ		クリ	アカマツ	ヒノキ	ナラ カエデ	リョウブ
	塩尻市小曽部	モミ ヒメコマツ ツガ	ヒノキ	モミ		クリ ツガ	アカマツ	ヤナギ	モミジ ハナカエデ	ヨーズミ

II 民具と材料

まな板	はり板	かんじき	かけや	こたつ板	こたつやぐら	下駄	真魚箸	そり	臼	杵
ヤナギ サワグルミ	カツラ	マンサク	ヤマボウシ ウラジロ ナラ	トチノキ ネコシデ	サワグルミ オニグルミ	サワグルミ	ノリウツギ	ネコシデ ミネバリ	ミズメ	ヤマボウシ
ヤナギ ヒノキ	カツラ ヤナギ	オオカメノキ ハイイヌツゲ	?	ヒノキ	ヒノキ サワラ ネズコ	サワグルミ ネズコ コシアブラ	?	ナラ	?	?
ヤナギ	カツラ	ネマガリタケ ミズブサ	ヤマボウシ ケヤキ	ホオノキ トチノキ ケヤキ	ホオノキ	サワグルミ	ガマズミ	ミネバリ	トチノキ ミネバリ	ケヤキ ヤマボウシ
ホオノキ ヤナギ	ホオノキ カツラ	ウリノキ ヘージク	ヤマツクワ	トチノキ	ホオノキ	ヤナギ カークルミ	ヤナギ	タカヤマ ホオノキ	トチノキ	ケヤキ
ヤナギ トチノキ	カツラ	マユミ ネマガリダケ	ケヤキ イタヤカエデ	トチノキ ケヤキ	ホオノキ	サワグルミ	クルミ	ミネバリ サクラ	ケヤキ トチノキ	イタヤカエデ タモ
ヤナギ ホオノキ	カツラ	クロモンジ		トチノキ	ホオノキ	サワグルミ	ハルニレ	アズサ	アズサ	ヤシャブシ
シナノキ ハリギリ	カツラ ヤナギ	スギ ネマガリダケ イタヤカエデ	イタヤカエデ ナラ ヤマボウシ	トチノキ	ホオノキ	オニグルミ キリ ホオノキ	ガマズミ	イタヤカエデ ミネバリ	トチノキ イタヤカエデ	イタヤカエデ
ヒノキ	カツラ		カエデ ナラ	ドロノキ	クルミ コンゼツ	コンゼツ		カエデ ダケカンバ	ダケカンバ	カエデ
ヤナギ	カツラ サワグルミ		ケヤキ ヤマツカ	トチノキ	クルミ	カークルミ		ウラジロ	ケヤキ ミズメ	ヤマツカ

I　建築主要材の地区変化

県	部位名／地区名	柱	床柱	床板	屋根板	土台	小屋組	鎌の柄	鍬の柄	石屋の玄能の柄
新潟県	糸魚川市真光寺	スギ	スギ	アカマツ	スギ クリ	クリ アスナロ	アカマツ	ウワミズザクラ イタヤカエデ	イタヤカエデ ナラ	コナシ グミ
新潟県	糸魚川市御前山	スギ ケヤキ	スギ	ケヤキ スギ	スギ クリ	クリ	雑木	ウツギ	イタヤカエデ ナラ	イタヤカエデ
新潟県	糸魚川市大所	スギ ケヤキ	スギ	スギ	スギ	クリ スギ	スギ	スギ	ブナ イタヤカエデ	アキグミ
新潟県	糸魚川市夏中	ケヤキ	スギ エンジュ	スギ		クリ	スギ ケヤキ ブナ	ホオノキ ナラ		グミ
富山県	朝日町山崎	スギ ケヤキ	床ノ間ナシ	スギ	スギ クリ	クリ	アカマツ	カシ ホオノキ	イタヤカエデ	ヤマボウシ
富山県	立山町芦峅寺	スギ	スギ カキ エンジュ	スギ トチノキ	スギ	クリ	スギ	ホオノキ ナラ ミズラ	ホオノキ ブナ	ヤマボウシ アキグミ ガマズミ
富山県	魚津市島尻	ケヤキ スギ	スギ	スギ	?	クリ	アカマツ	スギ ナラ	ホオノキ	ゴミ
富山県	山田村赤目	ケヤキ クリ スギ	スギ	アカマツ スギ	?	クリ	アカマツ	ホオノキ カシ		アキグミ
富山県	利賀村利賀	クリ ナラ スギ	スギ ケヤキ	スギ ハリノキ トチノキ	クリ	クリ	ナラ クリ ブナ	クロミズキ クロモンジ	ブナ クリ ナラ	イツキ グミ

II 民具と材料										
まな板	はり板	かんじき	かけや	こたつ板	こたつやぐら	下駄	真魚箸	そり	臼	杵
ハンノキ	ホオノキ	スギ ウリカエデ クマヤナギ	ケヤキ	不使用	ホオノキ	スギ	ムラサキシキブ	ミネバリ サクラ イタヤカエデ	ケヤキ	ヤマボウシ
ヤナギ	ホオノキ	ネマガリダケ リョウブ	ケヤキ	不使用	ホオノキ	サワグルミ	?	ミネバリ	ケヤキ	ヤマボウシ
ホオノキ ヤナギ	ホオノキ カツラ	ネマガリタケ	ケヤキ	トチノキ ホオノキ	ホオノキ	サワグルミ	スギ	ミネバリ	ケヤキ トチノキ	ケヤキ
ホオノキ	ホオノキ		ナラ ケヤキ	不使用	ホオノキ	サワグルミ ホオノキ		タカヤマ	タカヤマ	タカヤマ
ホオノキ	カツラ	クロモジ リョウブ	ケヤキ	ホオノキ ケヤキ	ホオノキ	ホオノキ キリ	?	イタヤカエデ	ケヤキ タアヤマ	イツキ
ヤナギ	カツラ	クロモジ マンサク	ヤマボウシ ケヤキ	トチノキ スギ	ホオノキ	キリ	カツキ	イタヤカエデ ミネバリ クルミ	ケヤキ タカヤマ	シナノキ タカヤマ サクラ
ヤナギ	スギ		ケヤキ	不使用	ホオノキ				ケヤキ	ケヤキ
ヤナギ ホオノキ	カツラ		ケヤキ	不使用	ホオノキ		ヨツズミ	イタヤカエデ ホオノキ	ケヤキ	ケヤキ
コクルミ	ホオノキ	クロモジ	ケヤキ ミズメ	トチノキ	ホオノキ	ホオノキ スギ	ヤナギ タケ	ホオノキ ミズメ シラカバ	ケヤキ	カヤ ケヤキ ハンサ

Ⅰ　建築主要材の地区変化

地区名		柱	床柱	床板	屋根板	土台	小屋組	鎌の柄	鍬の柄	石屋の玄能の柄
富山県	井波町蓮代寺	ヒノキ ケヤキ	ヒノキ	スギ アカマツ		クリ	アカマツ ケヤキ	サクラ		?
岐阜県	丹生川村一重ヶ根	ヒノキ トウヒ ヒメコマツ	ヒノキ	アカマツ スギ	ネズコ サワラ イチイ	ネズコ クリ	アカマツ クリ	ヒノキ トウヒ	ナラ ウラジロノキ カブラキ	アキグミ ウシコロシ
	高根村日和田	モミ ヒノキ サワラ	オーダラ ケヤキ	ヒノキ モミ		クリ	クリ モミ	カエデ	カエデ カブラキ	カブラキ
	朝日村青屋	ヒノキ ヒメコマツ	ヒノキ エンジュ イチイ	ケヤキ アカマツ ヒノキ	サクラ クリ	クリ サクラ	アカマツ	ホオノキ	ヒノキ ホオノキ	グミ
	高根村野麦	ヒノキ トウヒ ヒメコマツ	エンジュ イチイ ヒノキ	ヒノキ モミ	サワラ ネズ	ネズ クリ	アカマツ	ヤナギ ヒノキ	ナラ ネズ	ヨーズミ ゴミ
	高根村中ノ宿	ヒノキ	エンジュ	アカマツ	クリ ナラ	クリ	アカマツ	ヤナギ ヒノキ ネズ	ナラ	ウスグミ
	朝日村秋神	ヒノキ	ヒノキ	モミ	モミ サワラ	クリ	アカマツ	ホオノキ ヒノキ	ヒノキ	ゴミ ウズミ

II 民具と材料										
まな板	はり板	かんじき	かけや	こたつ板	こたつやぐら	下駄	真魚箸	そり	臼	杵
ヤナギ	トチノキ		ケヤキ	不使用	ホオノキ	ホオノキ		ケヤキ	ケヤキ	ケヤキ
ヤナギ ホオノキ	カツラ トチノキ	コマユミ ヒノキ	ナラ ヤマボウシ	不使用	ヒノキ ホオノキ	ハリギリ サワグルミ	ヒノキ カブラキ	ナラ	ケヤキ トチノキ ミネバリ	ナラ リョウブ
ヤナギ	ヤナギ カツラ		ハナカエデ	ハリギリ	ヒノキ	ヒノキ サワグルミ		クルミ	モミ トチノキ	クリ ヤナギ
ホオノキ ヤナギ	ホオノキ カツラ	グミ カナズル クロモジ	ケヤキ ヤマボウシ	トチノキ	ホオノキ	ホオノキ	ヒノキ	ナラ カンバ	ミズメ	サルナシ ケヤキ
ヤナギ	カツラ	イボタ ヒノキ ヒョービ	アオダモ コナシ ミズメ	カツラ ミズメ		サワグルミ シナノキ	ヘージクダケ	サワラ ナラ	ミズメ トチノキ	シラクチ
ヤナギ	カツラ	マユミ	カツラ ナラ	不使用	ヒノキ ホオノキ	ホオノキ サワグルミ	?	ナラ サクラ	ミズメ	シラクチ
ホオノキ	ホオノキ	シラクチ	ヤマボウシ	不使用	ホオノキ	ホオノキ ヒノキ	ヒノキ	ナラ	ミズメ	シラクチ

もあった。

草葺き屋根の材料は、山の斜面に群生する、俗に小茅と呼ぶ**カリヤス**か**ノガリヤス**か、大茅と呼ぶ原野に自生する**ススキ**を主とし、厚さ三〇センチ以上に葺くもので、一万把以上のよく干した材料が必要だった。

大茅と呼ばれるススキと、小茅と呼ばれるカリヤス類を比べて見ると、どちらもイネ科であるが、ススキが茎の太さが鉛筆くらいあって剛直であるのに対し、カリヤス類は太さがその三分の一程度で、全体にしなやかで、晩秋に刈る時も、ススキは一～二本ずつしっかりつかまえて力を入れて刈らないと切れないのに対し、カリヤスはこの頃になると根元の節が離れて、刃のない古鎌でたたく程度で刈ることができる。また屋根に葺いても、ススキが太く剛直なので雨が浸みやすいのに対し、カリヤスは細くしなやかで隙間なく葺けるので雨水が浸みにくく、これで葺いた屋根は百年もつと言われ、これで屋根を葺く地方が多かった。カリヤスの育つ斜面は競って「屋茅場」として育てられた。

板屋根材　山村では茅葺き屋根に混って板葺き屋根も見られた。茅葺き作業に比べて板葺き作業は小じんまりと少人数ででき、材料も身近にあり、割りやすく腐りにくい**ナラ**（ミズナラ、コナラ）、**クリ**、**サワラ**などが一般的だった。しかし標高の高い所では、腐りにくく、手に入りやすい、**クロベ**（ネズコ）、**トウヒ**などが使われていたし、これらの堅木材が入手し難い里では、腐れには弱いが、入手しやすい**スギ**板が主として用いられていた。

樹皮利用の屋根　炭焼き小屋や杣小屋など、山中で一時的に使う小屋などの屋根には**サワグルミ**、**ケヤキ**、**スギ**など、その場で間に合う樹皮をはいできて、これで葺く場合が多かった。屋根材として用いる樹皮には長く大きく簡単に剝ぎとることができ、しかも加工しやすいことが必要である。山の人は長い経験の上に立ち、屋根材のほか開き戸、壁材などにもこの樹皮を用いてきた。

柱　柱材は強くて節がなくまっすぐな木が良い。全国的にみれば植林した**スギ**材が多く使われているが、近くの山に自生する高木の中から、そのような条件に合った木を探したりするので、地方的特性がよく現われている。

長野県木曾谷には**ヒノキ**、**ヒメコマツ**、**ツガ**の自生が多いのでこれらの樹種を、安曇野ではスギや**ナラ**が主として使用されている。しかし、標高の高い乗鞍の番所では**コメツガ**、**オオシラビソ**、**トウヒ**が用いられている。小谷村から糸魚川市にかけては**ケヤキ**が育つので、上流家庭では木目の美しいケヤキ材が用いられている。

富山県側でも立山山麓ではスギとケヤキが多く使用されている。この地方のスギはタテヤマスギといわれる、生育力旺盛な樹種で、天然ものが多い。富山県でも岐阜県境に近い利賀村では、スギの植林も少ないので、天然のナラや**クリ**が多く使われている。

岐阜県側では、長野県境に近い平湯温泉や高根村野麦では、トウヒ、ヒメコマツ、ヒノキが、日和田では**モミ**、ヒノキ、**サワラ**など身近にある天然材が主として使われている。

床柱　山村の民家に床柱が見られるようになるのは昭和になってからで、それも今のような豪華なものではなく、身近にある**スギ**の丸太か、**エンジュ**の丸太を挽き割った程度のごく粗末なものだった。

その後は長野県側では、木肌が美しい**イヌエンジュ**や**イチイ**、**ヒノキ**、木目の美しい**ケヤキ**が主として使われている。なお落としがけは床柱と同材を主として用い、床がまちにはケヤキを使う例が多かった。

新潟県側にはイチイは自生がないので用いられず、スギが多く使われている。富山県側でもスギの使用例が多く、木肌の色に特徴のある**カキ**の木の使用も見られる。カキやケヤキは暖かい地方の植物で、スキー場のあるような寒い地方では育たない樹種なので、高冷地での利用例は少ない。岐阜県下はイチイの自生の多い地方なので、床柱への利用も多い。

床板　床には板張りのままの部分と、板張りの上に敷物や畳を敷く部分とがある。板張りのままの部分は厚板で、磨くと光沢の出る材を、敷物や畳を敷く部分はすこし薄く、光沢には関係のない材が用いられた。表では両者の区別が厳密に表わされていないが、実際には両者は区別して材が用いられている。雑巾をかける板張り部分は、雑巾でふき込むほどに光沢の出る**アカマツ**の板が用いられた。上流家庭では一部には木目が美しい**トチノキ**や**ケヤキ**板を使った家もあった。また畳を敷く座敷部分には軽い**スギ**板が主として用いられた。しかしアカマツやスギが手軽に入手できない地方では、あり合わせの**モミ**、**ツガ**などが用いられた。

土台　自然石を礎石に置き、その上に土台を敷いた昔の建築では、土台は地面に近く風雨に晒されやすく腐蝕しやすかった。そこで土台には腐りにくい材を用いた。全国的には**ヒノキ**材を最高としているようであるが、北アルプス山麓では**クリ**材または**ネズコ**（クロベ）を最高としている。ネズコは岩壁のある、カモシカが棲むような高山でないと育たない木で簡単には手に入らないが、腐れに対してこれほど強い木はないとされている。クリやネズコが手に入らない場合はこれに次ぐものとして、**ツガ**や**トウヒ**が用いられた。また小屋など小建築物の土台には、やはり腐れにくい**エンジュ**（イヌエンジュ）が用いられる例が多かった。

梁　日本の農家の間取りは広間型か田の字型である。住宅が作業場を兼用し、集落共同体的地縁関係が深く、冠婚葬祭などにはムラ全戸の人が集まる習慣であったので、財政が許す限り大きな家を建て、広間を作った。したがって、必然的に梁や柱は太いものが必要だった。特に雪国では雪の加重も考えて、さらに太い梁や柱が要求される。

梁はこのように大きな加重を支える横材で、その性質上、直材よりも自然の曲がりを利用した方がより強い力に耐えられることを昔の人は知っており、屋根裏に使用する梁は皆自然の曲がりを利用し、小屋組ができ上がっている。

梁には長い経験から、**アカマツ**の育つ平野部ではアカマツが主として使われている。アカマツは湿気に弱く乾燥に強い材である。長野県側の場合、アカマツの育たない地方ではこれに代わるものとして、**ブナ**、**イタヤカエデ**、**サクラ**など大木となる木を使っている。他県においても同様で、アカマツの育たない所では、**クリ**、**ナラ**、**ネズ**などあり合わせの材を使っている。

梁は自然の曲がりを利用していると先に書いたが、これの最たるものは富山県と岐阜県の五箇山・白川など合掌造りの家に見られる。急傾斜地や雪国の樹木は、生長する過程で根元が曲がって育つ。これを根曲がりとかアテッ木といい、普通はこの曲がり部分は伐って捨て、まっすぐな部分だけを使用するのであるが、梁の場合はこの曲がり部分を利用し、材を生かして部屋部分を広くとるのにうまく利用している。これなど山国の人でなくては考えられない生活の知恵である。合掌造りの場合、この根曲がりの梁のことを手斧《ちょうな》と呼んでいる。梁の姿が大工の使う手斧の形に似ているからである。合掌はこの曲がり目の所から立てられるので、一階部分の空間はこの曲がりから先（約一メートル）だけ広くなり、合掌の棟高は、この曲がり部分だけ低くすることができ、屋根材などが少なくてすむ。

炉縁材　いろりの炉縁にはよく**ナシ**の木を使うが、これは「災い無し」という縁起からと、ナシの木が乾燥に強く、木目が美しいからである。いろりは生活の中心の場であり、接客の場所であるから、炉縁には良い材を使いたいのは誰もが持つ心情である。しかし炉縁は常に強い火にあぶられている所であるから、乾燥に弱く、狂ったりささくれ立ったりする木では困る。炉縁にはこのような条件を充たす木が必要である。長野県側では炉縁にはナシの他、**サクラ**、**ケヤキ**、**ホオノキ**、**トチノキ**などが多く用いられた。富山県側ではナシの木の他、**カキ**や**ミズメ**や**アズサ**が、岐阜県でもナシの他ではミズメ、**クルミ**、サクラなどが用いられた。

民具材と人びとの知恵

山村では、生活にかかわる民具も生産にかかわる民具も、身近な植物から作られている。つまり地材をフルにうまく利用しているわけだが、これも長い生活経験の中から作り上げられた知恵である。民具はそれぞれ使い道によって特性を持った材料が要求されるが、山村の人たちはその特性に合った性質を持つ樹種を知っていて、うまく利用してきた。しかもそのほとんどを自分で作っている点に特徴がある。以下はその様子である。

鎌の柄　鎌にもいろいろある。草を刈る鎌は薄刃で柄も軽い材がよい。植林地の下藪を刈る鉈鎌は厚刃で、力をかけるし柄も長いからしっかりした材でないと折れてしまう。それに刈る時の腰の角度に応じて柄に反りがあると使いやすい。だから昔は鎌は刃だけ買ってきて、柄は自分の使いやすい長さ・太さ・反りを考え適当な一本ものを山から伐ってきて、自分で入れたものである。草刈り鎌の柄には、**ヤナギ**、**ホオノキ**、**ヒノキ**、**ウワミズザクラ**などの幼木や枝が主として用いられた。また力のかかる鉈鎌の柄には、**ナラ類**、**クリ**、**ウシコロシ**、**アオダモ**、**カシ**の仲間などの堅木の、小節のないすんなりした反りのある枝を主として用いた。

鍬の柄　鍬にも、種蒔きや除草などの軽作業に使う鍬と、さく切りなど力を入れて使う鍬の二種類がある。前者では柄は軽い材を用い、**ホオノキ**、**キハダ**、**ブナ**などの柾《まさ》に製材したものを、大工に丸い柄に仕上げてもらって使った。また後者の柄は、**イタヤカエデ**、**ウリカエデ**などのカエデ類や**ナラ**、**クリ**などの堅木の柾に製材したり、自分で割りとったものを、丸く仕上げて使った。薪割り斧などの柄もこのようにしてとった。

万能の柄　万能《まんのう》は主としてたんぼを起耕したり代《しろ》をかいたりする時に使う農具で、刃先が三ないし五つに分かれている。万能にも湿田用の軽いものと、乾田用のしっかりしたものとがあり、柄もそれに応じて軟らかい材と、堅木を使ったものとある。湿田用のものの柄は、**ホオノキ**や**キハダ**など節のない軟らかい材が、乾田用のものは**コナラ**、**ミズナラ**や**クリ**などの堅木が用いられている。

掛矢　杭などを打ち込む時に使う大きな木槌を掛矢《かけや》というが、これには打ち込む衝撃で割れたりまくれたりすることのない、強靱な木が必要とされる。このような条件を満たす木としては一般には**カシ**が知られている。しかし山国にカシの木はないので、人びとは長い経験から、カシに匹敵する材を知っている。山国で入手できる掛矢材として最高の木はヤマッカ、ヤマクワ、イツキなどと呼ぶ**ヤマボウシ**の木である。これに次ぐ木としては、ウラジロまたはヤマズミと呼ぶ**オオウラジロノキ**、**コナシ**（ズミ）、**ハナノキ**（ヤマモミジ）、**ケヤキ**、**イタヤカエデ**、**ナラ**などの堅木の節のある所を利用している。

げんのうの柄　石屋が石を割る時に使うげんのうは、重さ三キロもある鉄の塊で、これを直接石にぶっつけるのであるから手に伝わる衝撃と振動はすごい。そこでこの衝撃と振動を和らげ、手に伝わらないように柄には工夫がこらされている。このげんのうの柄はごく細い、直径三センチ程の、しなやかで強い、一本どりの木が用いられている。用いられている材の中で、北アルプス山麓の四県に共通して最も多いのは**アキグミ**である。アキグミは細いけれどもしなやかさと粘りがあり、けっして折れたり割れたりすることがない木である。アキグミに次ぐ木としては、**カマツカ**、**イボタノキ**、**ガマズミ**、**オオカメノキ**、**アオダモ**、**リョウブ**、**ズミ**、**ヤマボウシ**、**ノリウツギ**などで、カマッカ、ヤマボウシを除いてはいずれも低木で、数メートルの雪の下で、雪におさえられても折れることなく育つ木である。

鑿の柄　大工が柱などに穴を開ける時に使う鑿の柄は、元の部分は四六時中金槌で打たれるのでいたみが激しい。これをなくすために金属のタガが付いているが、それでもいたみやすい。したがって、たたいても潰《つぶ》れない材が要求される。人びとは長い経験の中からそのような材を探し出して使っている。

鑿の柄はのみ束《つか》ともいわれるが、これに最も適した木は**カシ**（シラカシ）と**ムラサキシキブ**である。一般的にはカシを使っているが、山国にはカシはないのでムラサキシキブが使われてきた。ムラサキシキブは長野県側ではノミズカとも呼ばれ、乾燥させるととても堅い木である。この他鑿の柄には、やはり堅いことで知られている**ヤマボウシ**や、富山県利賀村では**クロベ**や**ヤマスギ**が使われている。

鋸の柄　鋸の柄は他の道具類の柄と違って力のかかるものではない。したがって軽くて手ざわりの良い材が用いられている。その中で断然多く使われているのが**キリ**である。キリは軽くて割れることが少なく、長時間握っていても手に熱を感じさせないから良いとされている。この他小型の手鋸には**ハリギリ**もよく用いられている。ハリギリもキリと同じく中心にある穴が大きく、材も割れにくいからである。

桶子　風呂桶、水桶、手桶、たらいなど桶類は、昔の生活ではなくてはならないものだった。その桶子は水に強い腐りにくい材が要求される。一般には**スギ**、**サワラ**、**ヒノキ**などが用いられたが、高山に育つ天然の**ネズコ**（クロベ）は水に強いことこの上なしで、この材で桶を作ると孫もの（孫の代までもつ）といわれた。ネズコは人里離れた岩壁の山に育つ木であるから簡単には伐り出してくることができない。そこで山の人びとは冬期間の農閑期に、鋸や斧を持って山へ行き、素性の良い部分の上下に鋸を入れ、横から

オオバクロモジ

オオカメノキ

クマヤナギ

ネマガリダケ

ガマズミ

ブナ

ヤマボウシ

斧で割りとって持ってきたものである。

まな板　魚を料理する時や野菜を切る時に使うまな板は、堅すぎると早く包丁の刃がだめになるし、軟らかすぎると板が目掘れを起こしてだめになる。また堅い木目のあるような木ではいけない。このような条件にかなった木として、まな板には**ヤナギ**類、**サワグルミ**、**ホオノキ**が主として使われている。この他には**ヒノキ**、**シナノキ**、**ハリギリ**、**トチノキ**、**ハンノキ**などが使われている。

真魚箸（菜箸）　湯がき物や揚げ物のときに使う真魚《まな》箸は、細くて長く、しかも曲がらない堅くて丈夫な木がよい。このような条件を満たす一本どりの木としては、**ガマズミ**、**ノリウツギ**、**ヤナギ**、**ネマガリダケ**などが主として使われている。この他では**ムラサキシキブ**を使う地方もある。いずれも採ってきた木の皮をむくだけで利用できる太さの木である。

かんじき　雪中を歩いたり、雪道を踏んだりするかんじきには、軽くて丈夫で曲げやすく、折れたりしない上に雪がくっつかない材が要求される。このような条件を満たす材として、よく使われるものには、**マンサク**、**クロモジ**、**ネマガリダケ**、**クマヤナギ**がある。これらの木はいずれも親指の太さくらいの木で、ねばりと脂気があり、曲げやすく雪がつきにくい。これらに次いでは、**オオカメノキ**、**ハイイヌツゲ**、**ハイイヌガヤ**、**コマユミ**、**ウリハダカエデ**、**リョウブ**、**グミ**、**イボタ**なども利用されているが、これらの木も細くてねばりのある木である。この他、**スギ**、**ヒノキ**の枝も使われているし、爪かんじきには**イタヤカエデ**の割り材を使う地方もある。富山県利賀村ではクロモジの木を「かんじき」と呼び、かんじきにはもっぱらこの木のみを使っている。

炬燵やぐら　四六時中火にあぶられてもささくれ立たず手ざわりのよいことが炬燵やぐらの条件である。このような条件を満たす材としては**ホオノキ**が最高で、次いでは**サワグルミ**、**オニグルミ**、**コシアブラ**な

サワラ製の桶各種（岐阜県丹生川村・荒川家蔵）

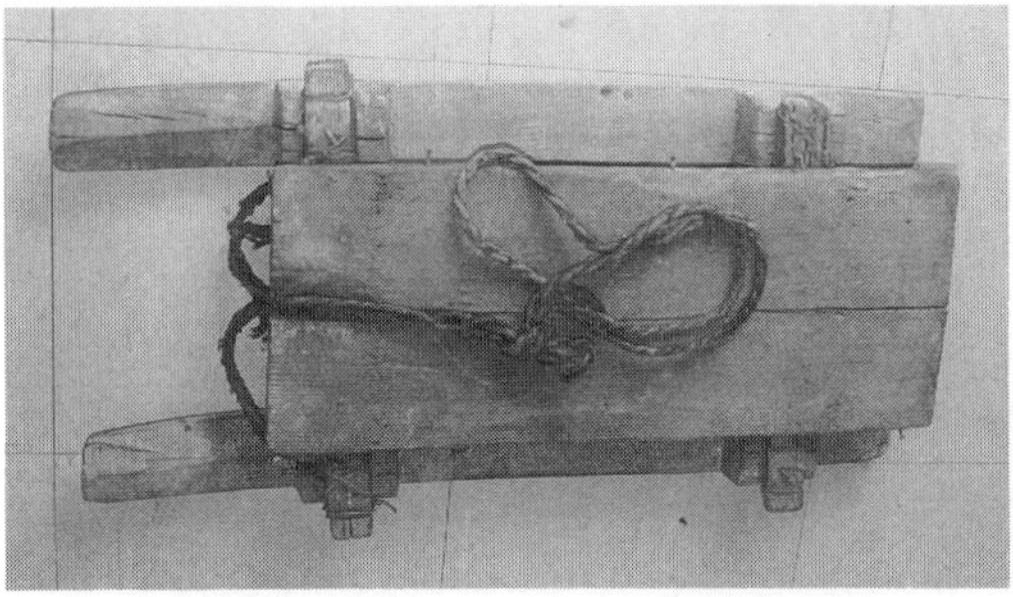
イタヤカエデ製の子供用そり（白馬村歴史民俗資料館蔵）

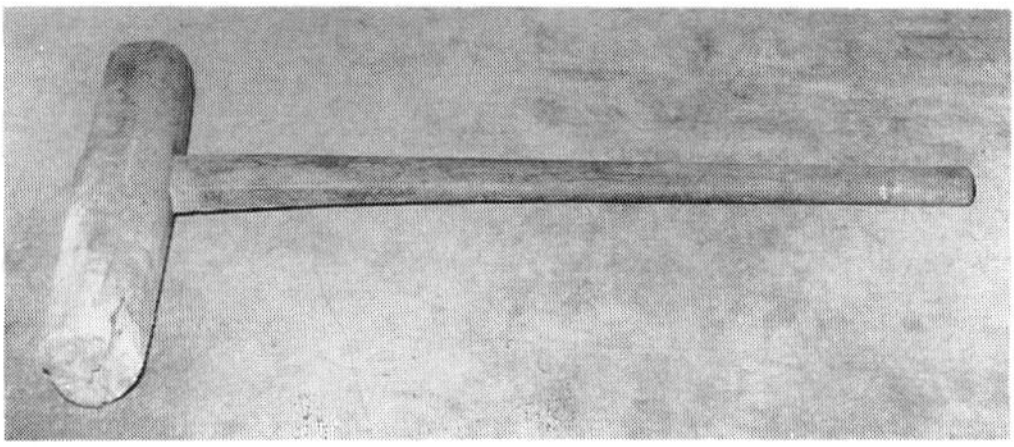
サルナシ製のもちつき杵

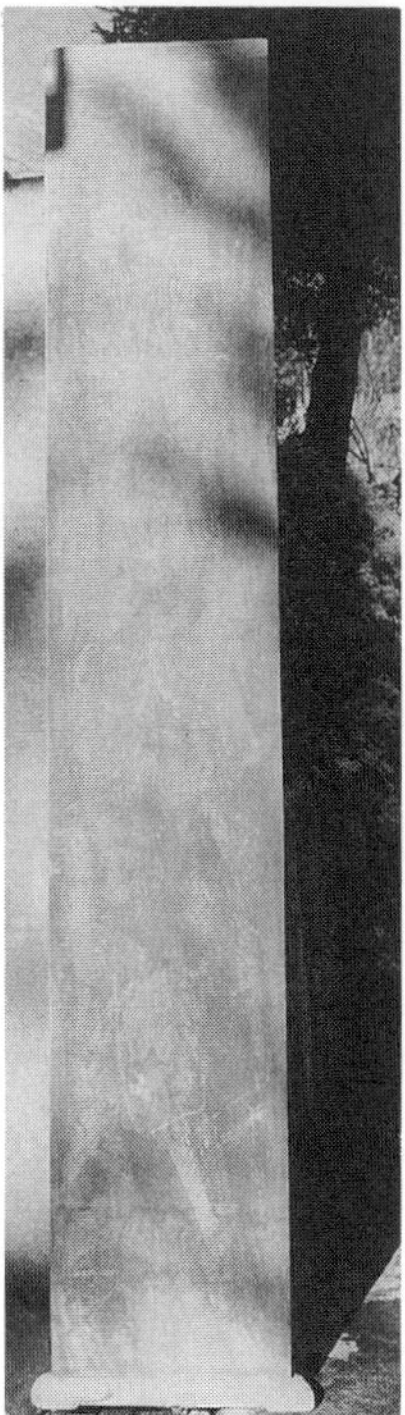
カツラ製の張り板

どであるが、地方によっては**ヒノキ**や**サワラ**などを用いる所もある。

炬燵板　炬燵板は縦横六〇センチくらいもある一枚板で、火にあぶられてもかいばまないい材で、欲をいえば木目の美しい材が喜ばれる。このような条件を満たす材としては**トチノキ**がある。次いでは**ホオノキ**、**ケヤキ**など大木となる木である。なお炬燵板は、長野県側では全域で使用しているが、他の三県では移動用の小型炬燵が中心で、炬燵板も使わない所が多かった。

下駄　昔は庭先履き用の下駄は、山村の人たちは自分で作ったものである。下駄材の条件は軽くてしかも割れないことで、一般には**キリ**や**ホオノキ**材がよく使われたが、山村では深山の沢筋に自生する**サワグルミ**、**オニグルミ**が主として用いられた。この他では**コシアブラ**、**ヤナギ**類や、**ハリギリ**、**スギ**などが用いられた。

張り板　汚れた着物や布団などを解いて洗い、糊をして作り替える準備をすることを洗い張りという。絹など上物は伸子《しんし》を使って古くからこれを業とする専門職があったが、庶民に木綿が普及する明治になると、洗った生地を張って乾かす張り板が一般家庭に普及した。張り板は幅四〇センチ、長さ二メートル以上もある一枚板で、濡れた布を張って天日に干してもくるわず、きめ細かでささくれ立たない材が要求される。このような性質を持つ材としては**カツラ**が最高で、カツラが入手できない時には**ホオノキ**や**ヤナギ**、**サワグルミ**などを使った。

そり　そりは軽くて粘りがあり、雪がつかず滑りの良い材が要求される。このような条件を満たす材として、北アルプス山麓では、山中に自生する**ミズメ**や**ネコシデ**が最高といわれている。ミズメはミネバリ、アズサ、タカヤマなどと呼ばれる樺《かんば》木の仲間である。平安時代、信州から朝廷へ貢物として差し出した梓弓《あずさゆみ》はこの木で作ったもので、古くから粘りのあることで知られている。上高地から流れ出す梓川の名前も、この木が多いところから付けられたものである。ミズメやネコシデに次いで滑りのよい木は**ダケカンバ**、**サクラ**、**イタヤカエデ**で、北アルプス山麓で作るそりはほとんどこれらの木からである。なお、北アルプス山中では一本ぞりの利用が多いが、このそりは荷物を積む所まで人間の背で背負い上げねばならないので、最近では**サワグルミ**、**シナノキ**などの軽い材を使用し、強度を保つために底にトタンを張ったものが多くなった。

臼と杵　餅つき臼は径六〇センチ以上もある大木を刳《く》りぬいたもので、長期間乾燥させておいてもひび割れの出ない木が要求される。このような条件に合う木としてよく使われるのが**ミズメ**、**アズサ**（ヨグソミネバリ）、**トチノキ**、**ケヤキ**などである。ケヤキは暖かい地方に見られる木で、標高の高い地方にはない。一方、ミズメやアズサは標高の高い山地にのみ見られる木で、いずれも大木となり、粘りのある木として知られている。ブナは大木となるが腐れやすいので使われない。

次に杵であるが、一般的には重量のある堅木で粘り気のある**ケヤキ**、**ヤマボウシ**、**イタヤカエデ**、**ハルニレ**などが使われている。しかし岐阜県の高根・朝日村地方では、餅が杵に付かない木として軽い**サルナシ**が使われている。

庭ぼうき　庭を掃く箒は一般的には竹ぼうきが使われている。しかし北アルプス山麓には竹ぼうきとする孟宗竹や真竹などの竹類が少ないので、山に自生する各種の木本類を伐ってきて、自分で庭ぼうきを作って使っている例が多い。またアカザ科の**ホウキギ**で草ぼうきを作る。ほうき材は腰が強く小枝が多いことが条件で、多く使われているのは岐阜県側を中心とした**コメツガ**の枝と、長野県側を中心とした**コマユミ**で、この他には**ホツツジ**や**ハギ**の類、**ハイイヌツゲ**などがある。佐久地方では**アブラツツジ**、**コゴメウツギ**を「ホーキの木」と呼んで庭ぼうきに使っている。

ネソ　ネソまたはネッソとは、縄の代わりに、山に自生する蔓類や粘りのある木の小木などを、現地で採集して使う材で、「ねじっ粗朶《そだ》」の略と思われる。ネソは縄で縛るかわりに、捻《ね》じって押し込む作業が必ず伴う。ネソが使われるのは、薪とする小藪を一束に束ねる時、刈った草や牛馬の餌糧を束に結束する時、沢に丸木橋を架けてこれを固定する時、屋根材を結わえる時、稲を干すはぜ木を結わえる時などで、昔は広い範囲で使用した。ネソの長所は、長年月にわたり腐らないこと、乾燥してくると堅くしまり固形化して解けないなどの点である。

このようにネソ材は、縄の代わりに使うものであるから丈夫で弾力があり、細く長いものでなくてはならない。このような条件を満たす木として、蔓植物では**ヤマブドウ**、**クズ**が主として用いられ、樹木では**リョウブ**、**マンサク**を中心とし、**ヤマモミジ**、**コマユミ**、**ツリバナ**、**オオカメノキ**、**クロモジ**、**ハシバミ**、**ナラ**、**アオダモ**などの幼木が用いられている。

皮箕　穀類を袋に入れたり、ごみや石などを集めたり運んだりする時に使う箕《み》というものがある。今は一斗缶の古材を利用して作ったり、ビニール製の市販品があるが、薄くて広く丈夫なこのような材料がなかった昔は、主として**サワグルミ**、**オニグルミ**、**ケヤキ**、**ハルニレ**などの樹皮で作り、持ちやすいようにネマガリダケやクマヤナギの取手縁をつけてフジの紐で縫って仕上げた。この皮箕は東北地方や長野、富山、岐阜県など広い地域で使われていた。**ネマガリダケ**と**フジ**の皮で編んだ竹箕は今でも使われている。

篩・蒸籠・面桶などの曲物　穀類や粉など選別する時に使う篩《ふるい》、もち米などを蒸す時に使う蒸籠《せいろう》、今の弁当箱のように使った面桶《めんつう》などは、金属製の物が出回る以前はもっぱら木製のもので、曲物《まげもの》（曲輪《まげわ》）類といわれ、柾目の部分を剝いで割り取った薄板で作られていた。木材の生産拠点として知られる上高地谷や木曾谷では、薪や屋根板材の榑《くれ》木の他、白木類と呼ぶ桶子、天井板、曲輪、籾摺臼などは、現場で玉切っ

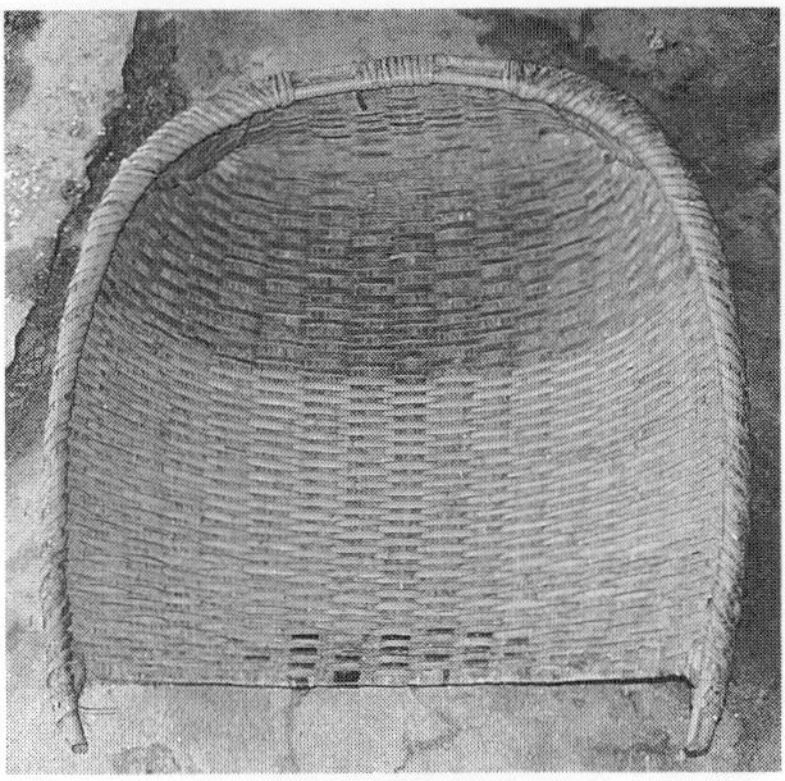

ネマガリダケ製の穀類を入れる箕

サワグルミの樹皮で作った箕

もち米などを蒸かす蒸籠

アオツヅラフジで網目を張った篩

ネズコ製の背負い籠のコザ（岐阜県奥飛騨地方）

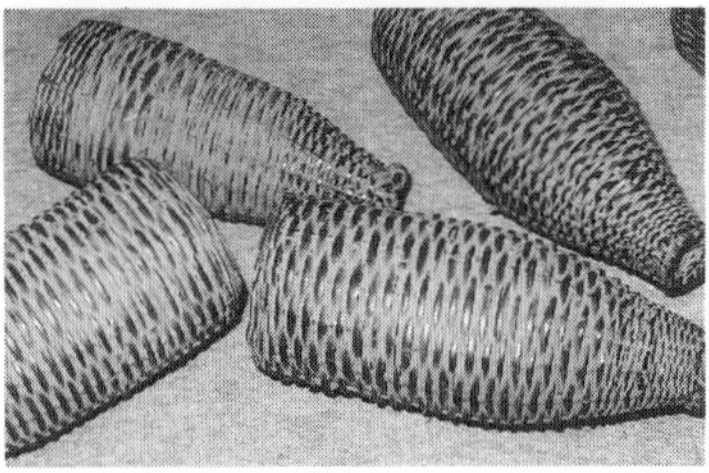

（上）　柄はクマヤナギ，網はネマガリタケ製の水のう
（下）　ネマガリダケ製のドジョウ捕り用のうけ

て節のない柾目の良い部分だけを割り取って半製品とし、川流しなどにはせずに人の背で山からおろして出荷していた。

曲物は大割りや中割りした後、柾目に従い必要な厚さに剝ぎ、鉈の刃を入れ、こじて剝ぎ取った薄板を円形や楕円形にし、合わせ目をサクラの皮で縫って側面を仕上げるもので、材には剝ぎやすいヒノキ、サワラ、ネズコ、アスナロ、スギ、ツガなどが主として用いられた。また穀物をふるい分ける篩の底部の網目材には、アオツヅラフジやアケビの蔓を干してそのまま使ったり、サルナシ、シナノキ、イタヤカエデなどの樹皮を裂いて用いるのは、日本全域で行なわれている。

容器　穀類や小物を入れたり、麻皮を細く裂いて継ぎながら縒《よ》ったものを糸車にかけるまで一時入れておく桶状の容器（おぼけ）や播種の時に用いる種播き箱なども、サワグルミ、ケヤキ、ホオノキ、ヤマザクラなどの樹皮をはいだ皮で作り、シナノキやヤマブドウの蔓皮から製した紐で縫って仕上げた。軽くて丈夫なものだった。長野県下伊那郡清内路村ではミズナラの若木の樹皮をはいで作っている。

袋・籠などの編物　杣《そま》が山へ斧、鋸、弁当などを入れて背負っていく袋（ねこだ）も、前述の樹皮を三センチ幅くらいに長く裂き、これを「市松編み」にして袋状にし、肩紐を付けて用いたし、野菜や家畜の餌、収穫した農産物などを入れる籠や笊なども樹皮を裂いて編んで作った。軽く水切れや風通しのよい便利な入れ物で、生活上の必要性から生まれたものである。

しかし、籠や笊といえば竹の皮で編んで作るのが一般的で、米などを入れても漏れこぼれない目の細かいものから、鬼ざると呼ぶ幅の広い皮で編んだ目の荒いものまである。これと同じように目の細かいものや荒いもの、また大きさや形も大小さまざまな籠やびくなどの入れ物もあった。タケやササの仲間ではこの他、箕、水のう、そり、すだれ、篩、庭ぼうき、かんじき、水筒などの民具や、水鉄砲、紙鉄砲、竹馬、弓や矢など、いろいろな子供の玩具も作った。

二　衣類や紙も草木の皮から

古代布の植物たち

中国の正史で、日本の三世紀前半の様子を書いてある『魏志倭人伝』によると、そのころ日本の人たちは、貫頭衣という、袋に首と手足を出すだけの穴を開けたような衣服を着ているとあり、すでにそのころ布が織られていたようだ。

経緯《たてよこ》の織糸も太く、織目の粗い布を古代布というが、これらの布の原料には野生の植物の中皮から採った繊維を使っていた。セルロース（繊維素）を多く持つ植物はたくさんあるが、その中でも特に繊維を細く長く績《う》むことができるものが布の材料として利用された。

古代布の原料となったものには、カジノキ（穀）、フジ（藤）、シナノキ（科・榀）、オオバボダイジュ（科・榀）、ヘラノキ（篦木）、クズ（葛）、コウゾ（楮）、カラムシ（苧麻）、アサ（麻）、イラクサ（蕁麻）、オヒョウ（大葉楡）、などがある。この他アカソ（赤麻）やゼンマイ（薇）の綿なども織られた歴史がある。

これらのうち、ヘラノキは四国・九州を中心とした暖かい地方の樹木であり、逆にオヒョウ、オオバボダイジュは北海道や東北地方に主として生える樹木で、地域性のある植物である。またコウゾ、カジノキ、カラムシは、野生種もあるが主に畑に栽培されてきたし、アサは種子を畑に蒔いて栽培する一年生草本である。

紀元前三〇〇年頃からの弥生前期の、山口県や長崎市の遺跡からは、布の実物が出土しているが、原料

(右)皮をむいたアサは１本１本表皮を取り除いて仕上げる．(左)皮はぎを終えたアサは日陰に干して乾燥させる．

はカジノキとカラムシのようだ。また前記の『魏志倭人伝』には、「倭では水稲やカラムシを植え、養蚕を行なって糸をつくり、布や絹布や真綿を作っている」とあり、卑弥呼女王は二三九年には班布二匹二丈を、二四〇年には倭綿を魏王に贈っているから、当時織物の技術は大分進んでいたようだ。

そして九二七年完成の『延喜式』には、全国の男子に税として、絹、麻、苧麻、葛などから織った布を納めさせていることが書いてあり、既に織物の技術や布は全国の各ムラに普及していたことがうかがえる。このころの庶民の衣類は麻、苧麻、葛の三種から織ったものが中心で、特に苧麻（カラムシ）が大半をしめていたようだが、その後江戸時代になって流通商品経済が進んでくると、麻の方が商品取引きの主流をなすようになった。

一六世紀になると、弥生時代以来千年も続いてきた庶民の衣料生活に革命が起きた。それまでの古代布中心の衣服の中に木綿製品が普及してきたのである。

古代布と呼ばれる布は麻に代表されるように、目の粗い布で丈夫だが、肌ざわりはよくなく、夏はよいが冬の寒さから肌を守るには適さない衣類である。ところが木綿衣は、肌にフィットし肌ざわりがよく、汗の引きも良いうえ、冬も暖かな衣類として大衆に喜ばれてどんどん普及し、綿の栽培も進み、国内生産されるようになった。

しかし東北地方や信州の山村などでは、明治の晩年になっても、子供や若者は木綿の衣類を着ても、仕事をする時や年寄りは昔からの麻の衣類や、シナノキ、カラムシ、イラクサなどから採った繊維や糸を利用し続け、昭和になってもまだ利用している人が一部にはいた。

次に、古代布と呼ばれるそれぞれの布と原料植物の状況や、原料植物から糸を採るまでの過程についての、山村の人たちの苦労と知恵を紹介しよう。ここでは南の暖地を主産地とするヘラノキ、それに完全に畑の栽培種である大麻については除外した。

コウゾ（かず、かぞ、楮）（クワ科）。古くは古代布のたく、たえの原料として、主として庶民の衣に用いられてきたが、近世以降はもっぱら和紙の原料として、自家用または出荷販売されるようになった。一般にコウゾと呼ばれてきたものは、国内の低山帯に自生するヒメコウゾと、南方からの渡来種のカジノキとの雑種といわれている。古い時代から織布または和紙の原料として畑などに栽培されてきたものが、現在は逸出して畑の土手などで見られる。

カジノキ（かぞのき、梶、穀、楮）（クワ科）。古い時代に織物の原料植物として南方から移入され盛んに栽培されたものらしいが、今では日本の各地で稀に植えられているのを見かける程度になってしまった。カジの葉は諏訪神社の神紋にされていたり、平安時代から江戸時代にかけて七夕にはカジの葉が使われていたが、このことはカジノキと織物や織姫との関係の深さを教えてくれるものだ。

コウゾとは同じクワ科のカジノキ属で、性質も非常によく似ている。畑などに織布の原料として栽培されてきた歴史は長い。そしてその優れた繊維素の形質をさらに伸ばそうと、野生のヒメコウゾとの交配が行なわれてきた。そしていつしかカジノキは、本家株をコウゾに譲り、古代布一千年の歴史の過程の中で、人の手によって次第に都合のよいものに改良されてしまったようだ。そして明治のころには、もはや布に織ることは止められて、もっぱら和紙の原料としての利用に片寄っていったようだ。

シナノキ（しな、小葉じな、科、榀）（シナノキ科）、**オオバボダイジュ**（大葉じな、まだ、まんだ）（シナノキ科）。シナノキとオオバボダイジュは、共によく似た繊維が採れるので、両者が育つ地方ではこれを区別して、シナノキは葉の長さが四〜八センチと小さいので「小葉じな」、オオバボダイジュの葉は長さ一〇〜一五センチと大きいので「大葉じな」と呼んでいる。

この樹の中皮から採った繊維で織った布は志奈布《しなぬの》、榀、科、級布《しなふ》と呼ばれ、身分の低い人たちの衣類に用いられてきた。が、織目が粗く衣にはあまり良くなく、主には荷縄、蓑《みの》、馬の腹掛などに利用され、明治のころにはほとんどの地域でこの繊維から布を織ることは廃れてしまった。

しかし平成の現在も、日本海に面した山形県と新潟県の県境をはさんで流れる鼠ケ関川と中継川の、それぞれの上流の山奥のムラ関川（西田川郡温海町、戸数約四八戸）と山熊田（岩船郡山北町、戸数約三〇戸）の集落ではムラ起こしの産業に位置づけ、榀布は民芸品としての販路を得、盛んに生産を続けている。また昭和二〇年ころまでは佐渡でも榀織りの蚊帳を作っている所があった。また長野県と岐阜県との県境の、乗鞍岳の麓の南安曇郡安曇村は長野県内でも古代織りの技術の残っている数少ない地域であるが、ここでも榀布を織っている人がわずかにいる。

オオバボダイジュ

ヒメコウゾ

カラムシ

シナノキ

ミヤマイラクサ

クズ

アサ

シナノキまたはオオバボダイジュからの繊維の採り方は同じで、「田植えあげく（終わった後）のシナ切り」といって、昔から六月末から夏の土用までの間が旬で、それより早くても遅くても、内皮（甘皮）が木部にくっついてうまく剝《は》げない。この時期に剝ぐと、一枚の内皮から七～一〇枚くらい薄い網目状のシナ皮（シナの繊維）が層になって採れる。

シナ皮を採る木は一般には、直径一〇～二〇センチの若い木だけだ。大きな木になると皮はケヤキの皮のようになって、うまく剝ぐことができない。ここまでは全国どこも同じだが、皮の剝ぎ方や後の処理の仕方は地域によって多少違う。

①北安曇郡白馬村でのやり方

皮を剝ぐ手頃な立木を見つけたら、ナタで一回に剝ぐ幅（八～一〇センチ）の傷を下の部分に入れ、傷をつけた皮の部分にナタの刃先を入れて皮を浮きたたせ、その浮き上がった部分を持って、木の上方へ向かって皮を引き剝ぐと、一息に二メートルくらい幹の上方までうまく剝げる。こうして一本の立木を伐り倒すことなく立木のままで、逐次皮を剝ぐ。直径一五センチの木なら幹の周りは四七センチだから、五回も剝げば終わることになる。この段階では外皮と内皮はまだ離れていない。

剝ぎ取った皮は外皮を外側にして二つに折り重ね、三カ所くらい束ねて持ち帰り、すぐに川に浸けて石の重しをし、一週間から一〇日間流れに浸けておく。

日数が経過したら川から上げて、内皮を上にして端の方に指の爪を当てて剝がすと、一枚一枚紙のように薄い網目状のシナ皮がつぎつぎと、七～一〇枚めくれて採れる。こうして採れるシナ皮は最初に剝げてくる木部に近い方のものほど薄く上質で、外皮に近くなるほど厚くなるから、布に織るのは最初に採れる上質の所が良い。

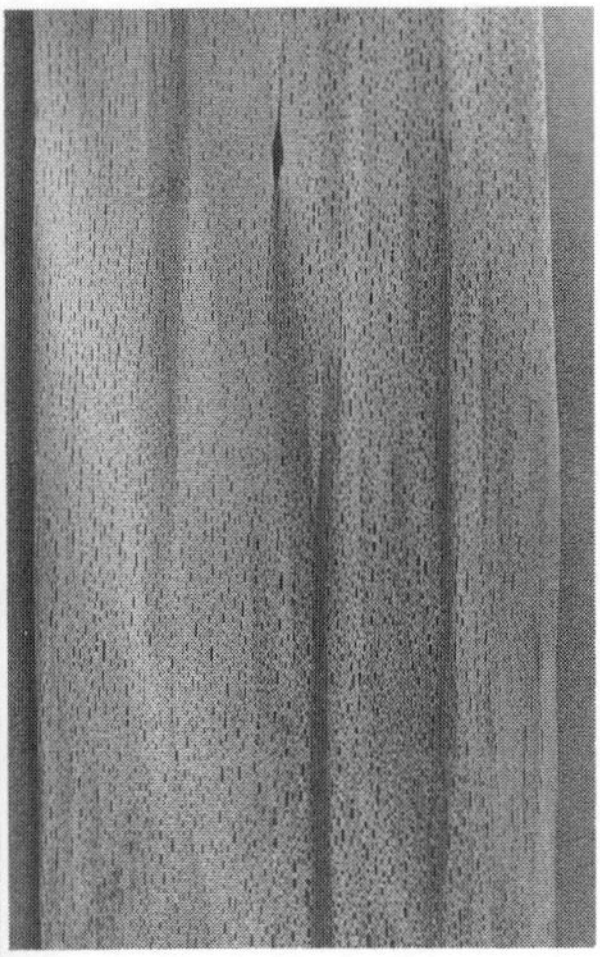

(左)シナノキの皮はぎ風景
(右)シナノキの中皮から採った繊維

剝ぎ終わった淡褐色の網目状のシナ皮は、土蔵や小屋の軒下に吊って干す。二日もすると乾くので、使うまでしまっておく。シナ皮は主として蓑や荷縄にした。

②北安曇郡小谷村中土でのやり方

入梅を過ぎると木に水が上がって、皮がむけやすくなる。内皮の薄皮（シナ皮）の部分にヘダテがついて、一皮が七〜一〇枚くらいに剝げるようになる。外側の皮（外皮）をナシッ皮といい、内側の皮（内皮）をシナッ皮という。生木から剝いだ皮は、三〜四カ所折り返してはそこの前後を揉むと、ナシッ皮とシナッ皮に離れる。これをヘダテという。こうして剝いだものを干して物置きにしまっておき、使う時にヘダの所から引っ張ると、何枚ものシナの薄い皮が採れる。一本の木でも山側の方の皮は量もあり丈夫だが、谷側の方の皮は藁より弱くてだめだ。シナ皮は荷縄、馬の道具、蓑などを作る。

③南安曇郡安曇村番所・下伊那郡遠山谷でのやり方

直径五センチくらいの若い木からは、直接立木から皮を剝ぎながらシナ皮を採る方法（しごき採り）もあるが、普通は直径一五センチくらいのものの皮を長く剝ぎ、持ち帰ってすぐの場合は三時間、干したものでは半日くらい灰を入れて大釜で煮る。煮ているうちに柔らかくなって、繊維一枚一枚が剝げるようになる。これを水に浸してアクを抜き、干して仕舞っておき、使う時には水をうってしなっこくしてから使う。

④山形県温海町関川でのやり方

原木は伐り倒し、外皮を先に剝いで捨て、中皮を剝ぎ取って束にし、家に持ち帰って、陰干しにする。乾いたものは屋内に保存しておく。使用する時は二〜三日水に浸け、揚げたらすぐ大釜で、木灰を入れて朝から翌朝まで一昼夜煮る。そうすると柔らかくなり、一枚一枚薄く剝げるようになる。これを熱いうちに釜から揚げて、よくもんで柔らかくし、一枚一枚剝ぎ、剝いだものは竹べらでぬるぬるを除き、清流に浸してアクを流す。さらに桶に糠を入れた水に三日間浸ける。これはシナ特有の色を出すためである。終わると桶から出して糠を流い洗すと白く仕上がる。これを秋遅くまで陰干しにしておく。この作業は昔は稲刈り前の九月にやったが、今は八月末から九月上旬にやっている。

ここまでは主として男衆の仕事だが、これから以降はすべて女衆の仕事になる。まずシナ皮を一ミリくらいに糸のように細かく裂きながらつないで「おぼけ」というかごに入れてゆく。これが績《う》み作業である。次は績んだものをへそ玉に巻く作業だ。一杯になったおぼけをひっくり返して、上の方から順次繰って巻き取り、直径一五センチくらいの玉にする。この玉をへそといい、重量は四〇〇グラムくらいある。

この段階ではまだ手で撚《よ》りをかけただけのものだが、これを糸車にかけてさらに撚りをかけてゆく。これを撚糸《ねんし》作業という。経糸は強く、緯糸は弱く撚りをかける。この時に切れないように水をつけながらやる。くだは竹の細いのを使っている。最後に糸を枠に巻いて織りの準備は完了である。榀（科）布織りは二〜三月の冬の火の気のない屋根裏で、水をつけながら織る、つらくきつい作業である。

関川での榀布製品は、以前は蒸し器の敷布、敷布団、酒や醤油のしぼり袋、馬の鞍の下敷、雑穀袋、エビ漁の網、ロープ、荷縄、蓑などだったが、今は帽子、手提げ袋、ネクタイ、花台敷、小銭入れなどの民芸品が中心だ。

⑤長野県下伊那郡智里地区でのやり方

山で剝いだシナ皮は、内皮を日に当てないよう外皮を外にして折り曲げて、重しをして池に浸し、二週間もしたら内皮を剝がす。揉むようにしてシナ皮を取り、鍋へ入れ、木灰を入れて一日煮込み、これを川で洗って竿にかけて干す。

以上は一般的なシナ皮の剝ぎ方であるが、シナ皮の剝ぎ方については③の安曇村でのやり方のところでちょっと紹介したが、山で生の立木から皮を剝ぐ時に、特殊な方法で剝ぐと、一枚一枚が年輪の層になっている内皮のシナ皮が、見事に一枚一枚に分かれて剝げてくるのである。この方法は高度な技術と経験が必要で、これのできる人はそれぞれの地域に一人くらいしかいないとのことである。

山で直接一枚一枚の薄いシナ皮に剝ぐことができるのは直径五センチくらいの若木に限られていて、その剝ぎ方は、北安曇郡白馬村では「たくりっぱぎ」、上水内郡戸隠村では「しぼりはぎ」、南安曇郡安曇村では「しごき採り」、岐阜県の上宝村では「こくり剝ぎ」と言っている。剝ぎ方はどこでも同じで、根元の方に鎌か鉈で傷を入れて剝ぐ口を作り、皮をもち上げて一気に剝ぎ、その後外皮と内皮に離れさせてから、内皮を一枚一枚に分離するようしごいて空間を作り、そこへ指を入れてだましだまし注意深く一枚一枚に剝いでゆくのだ。この方法で剝いだシナ皮は、一般の場合と違って、アクで煮たり川に浸したりしていないので、丈夫で、牛の鼻だすき、鼻環（鼻木）には最高だった。

カラムシ（苧麻《ちょま》、真麻《まお》、あおそ）（イラクサ科）。原野に自生しているが、古くから栽培していたものが野生化して、畑の畔などに残っているものも見られる。北安曇郡小谷村の虫尾《むしょう》、下高井郡野沢温泉村の虫生《むしょう》など、全国にたくさん「むしょう」と呼ばれる地名や集落があるが、ここは昔カラムシがたくさんあったか、たくさん栽培していた所だという。

このように、カラムシもシナやクズなどと共に古くから織物の材料として庶民の間に広く用いられてきた。特にカラムシはこれらの中では一番良質の、極細の糸が採れるので、江戸時代には越後上布（越後縮《ちぢみ》）として、新潟県の小千谷、十日町、六日町地方では、冬閑期に婦人たちにより大量に織られていた。

上布とは上質の、目のつんだ薄手の布のことである。榀布や葛布では普通一尺一寸（四一・四センチ）幅の反物にせいぜい二〇〇本程度の経糸しか使っていないので、太くて厚く、ごわごわして艶のない布だが、上布では八〇〇本もの極細の経糸を使うので薄く、なめらかで艶があり、それだけに高い技術と時間を要する。

カラムシは野生のものもあるが、繊維の質が悪いので、桑のように畑に栽培し、毎年その年に伸びたものを刈り取って使った。

良いカラムシを育てるのは、春の枯株焼きから始まる。前年に刈り取った後に伸びたものが冬の間に枯れているので、畑一面に藁屑などを敷き、これに火をつけて焼く。これをカラムシ焼きという。これで害虫や雑草の種やゴミが焼けて良い芽が株から出る。しかしその芽が一五センチくらいに伸びた時に、再び火をつけて二番焼きをする。一番芽は太くなりすぎ枝も出て良くないが、二番芽は枝も出ず良い繊維が採れるからだ。長い経験の上に知りえた知恵である。

こうして再び伸び始めた芽は二カ月余り、七月には一八〇センチくらいに伸び、月末ころには蕾が付く。刈るのは花が咲かないうちで、株元は硬化して質が良くないので、この部分をはずして一〇センチくらい上から刈り取る。また梢の方も繊維が弱いので切り捨て、葉を手で取り除く。

ここまでのやり方はどこでもほとんど同じであるが、これから後の処理の仕方は、地方によって多少異なる。

①新潟県六日町、十日町地方のやり方

刈ったカラムシは乾くと皮の離れが悪くなるので、葉を取り除いて束ね、すぐ川か池に浸す。そしてその日のうちか、遅くとも一〜二日のうちには水から揚げて皮を剝ぐ。水を切ったカラムシは一回に二〜三本ずつ両手で握って、親指に力を入れて折ると、中のオガラが折れて皮が浮くので、そこへ指を入れてすーっと剝ぐと皮がうまくむける。

こうして手早く剝いだ皮は、一握りずつ結んで水中へ入れておき、ある程度まとまると今度は皮ひきをする。皮ひきはひき板と呼ぶ檜の薄い板の上へ、水から揚げたカラムシのむいた皮を少しずつ乗せて、キノコと呼ぶ鉄板に木の柄の付いたものでこすりながら外皮をとり除いて内皮だけとする作業で、これは大麻と同じ方法である。こうして仕上がった内皮は竿に吊るして乾かし、織物の原料として自家用にしたり出荷したりした。

②下伊那郡上村のやり方

伸びたカラムシの二番芽は、七月末ごろ刈り取って水に浸けて皮を剝ぐ人もあるが、一般には秋遅くまで畑において刈り取り、葉を取り除いて梢を束ね、日向で雨にぬれないようにして干し、物置きにしまっっておく。剝ぐ時は二本の棒の間に茎をはさんで引くと、茎が潰れて皮が剝げやすくなるので、皮を指にとって引っぱり、すーっと剝ぐ。この後の外皮の除き方や、その後の作業は他と同じである。

天平年間（七二九〜七四九）信濃国から献上され、現在正倉院御物となっている麻製品は五品あるが、検鏡の結果、これらはすべてがカラムシ製であることがわかった。当時からカラムシを原料とした布は明治に至るまで織られ、利用されてきたが、大麻の方が総合点で優れているということで、カラムシはこのころから次第に利用されなくなってしまった。

クズ（くず、くぞばふじ、葛）（マメ科）。クズは全国いたる所の里から低山帯にごく普通に自生している蔓植物で、古くから布に織って衣としたほか、籠に編んだり、稲はぜや橋などの結束などにも広く使われてきた植物である。

葛布は江戸時代までは、裃《かみしも》地や袴《はかま》地として広く用いられたほか、庶民の衣服としたり蚊帳などにも使われた。しかし明治時代にはほとんど廃れ、平成になっても葛布を織っているのは、静岡県掛川市や小笠郡の山村の一部の人たちだけである。現在生産されている葛布は襖《ふすま》の下張りや上張り、壁掛けや花台敷きとして販売されているほか、外国へも輸出している。

葛布を織るにはまずクズの蔓採りから始まる。夏から秋にかけて、クズの蔓のよく伸びたものを刈り取り、葉を取り去って輪にして束ね、家に持ち帰る。持ち帰った蔓の処理の仕方には二通りある。

①古くから行なわれてきた方法

持ち帰った蔓はその日のうちに、釜にこしきをかけてそこへ入れて蒸すか、または釜に湯をたぎらせてその中へ浸し、ゆですぎないよう様子を見ながら柔らかくゆで、ゆでたものは浅い川に一昼夜浸ける。

これを引き上げて、土間にこもを敷いた上に置き、その上からもこもをたくさんかけ、さらにその上へ刈った青草をかけ、ねかせておく。三日目の朝、かけたこもをめくってみると、熱をもって湯気が立っている。そこで「中水打ち」といって、水を全体にかけて再びこもをかけ、一日そのままにしておいてから取り出し、川へ持っていって踏み洗いして浮いた上皮を流す。これを家に持ち帰って内皮を剝ぎ、元と梢が混じらないようきれいに揃えてくくり、竿に掛けて干し上げる。干したものはさらに水に浸してよく洗い、よごれを取り除き、白水に一昼夜浸してからまた川でよく洗い、竿に掛けて干す。

これを糸にするには細かく裂いて、一本の長い糸になるよう結び目がわからぬようつないでゆく。継ぎ目に出る角は鋏で切り、苧桶に繰り入れてゆく。苧桶が一杯になり、これを糸にしようとする時は、水を吹きかけるか水にしばらく浸けて水をよく切り、これを糸車にかけて撚《よ》りをかけ、くだに巻く（大蔵永常『製葛録』文政一一年から）。

②近年のやり方

刈ったクズの蔓は、そのまま干してしまっておき、暇ができた時に川に浸してもどし、これを輪のままドラム缶に入れて煮る。柔らかくなったら取り出して外皮を取り除き、水に浸してアクを洗い、中皮を取り、針を使って細かく裂き、裂いたものは一本の長い糸になるようつないでゆく。継ぎ目は舐《な》めながらちょっと指で撚りを入れ、継ぎ目がわからないように、またはずれないように根気よくつないでゆく。つないだものは箸の丈くらいの竹の棒に、八の字を画きながら綾に巻く。

イラクサ類（えら、いら、蕁麻）（イラクサ科）。ミヤマイラクサ、ムカゴイラクサ、エゾイラクサなどイラクサの仲間の茎の皮は繊維質に富んでいて良質の糸が紡げる。布にして着物に仕立てるばかりでなく、丈夫なので股引や自家用の布団、汗とりなどにした他、糸は畳糸にしたり、足袋の底なども刺した。

新潟県に近い長野県の北信地方や、小谷村では、越後縮《ちぢみ》の原料として値良く買いに来たので、家では使わずに売っていた。大正のころまでの話である。南安曇郡安曇村の大野川や番所でも大正のころまでミヤマイラクサから布を織っていた。

イラクサを採る時期としては、夏と晩秋の二つの時期があった。イラクサの種類や地域によって、どちらかの時期に人びとはイラクサ採りに山へ入った。

①北海道でのやり方

北海道のアイヌの人は、イラクサ類では、エゾイラクサとムカゴイラクサから繊維を採っていろいろに使っていた。エゾイラクサは秋遅くなって、草の葉が霜枯れるころ刈り取り、二〜三日乾燥させてから木槌で叩いて茎を割り、根元を裏に返して折りながら皮から肉を落として皮だけとし、一握りほどの束を作り、一方の端を足で踏み押さえ、両手で何度ももみ上げ、さらに反対側も同じようにして繊維をとり、これを糸に撚った。この糸で織られた衣服は、オヒョウの内皮で織った薄茶色の「厚司《あつし》」とは違って白い色をしていて、柔らかで手ざわりもよく上品で、火にも強かった。

サハリンでは一〇月に採りに行き、刈らずに茎の中ほどから折って上下に表皮を剝ぎとり、板の上で少しずつ、川シンジュ貝でこすって表皮を取り除き、外に掛けて吹雪に晒して真白な繊維にして布を織った。またムカゴイラクサは八月ごろ山へ採りに行って、まだ青い茎の根元から折っておき、秋に乾燥させて一握りくらいの束にして木槌で叩くと繊維が残る。糸にするにはこの端を口にくわえて、右手で撚りをかけながら糸を廻し、左手の中指と薬指とで順ぐりに送る（福岡イト子『アイヌ植物誌』から）。

②長野県南安曇郡安曇村大野川でのやり方

昔はミヤマイラクサから繊維を採り、布に織るのが盛んだったので、やたらに山へ入ってイラクサを採らないよう、ムラの掟《おきて》としてイラクサ採りにも「山の口」制度があった。ムラ人たちはこの日の明けるのを待って、一斉にわれ先にとイラクサ採りに入山したものだ。イラクサ採りの山の口が明けるのは「彼岸三たけ」といって、彼岸から二一日たった日で、一〇月一〇日ころだった。このあたりは高冷地で、霜が早く、一〇月一〇日までには数回降霜があって、このころになると、イラクサも表皮がとろけるようになってむきやすく、葉も落ちて採りやすくなっている。

　イラクサ採りは、三～四本一緒につかんで二つ折りにすると、表皮が浮くので、そこへ指をさし込んですーっとむき、むいた表皮はそのまま腰の棒に掛ける。これが一把になると結わえて背負い、これを一〇把、二〇把と採る。

　採ったイラクサの皮は、いろりの灰を入れたなべで煮る。煮たものはくそ皮（表皮）を除くために麻をかくのと同じくおかき板に二本くらいずつ乗せ、おかき包丁でかき、ある程度量がたまると流水にさらしてから棒にかけて干し、保存する。そして冬になって雪が降ると雪の上へ広げて白くなるように晒し、この皮に米のとぎ汁でしめりをくれてから、「まなばし」のひもの所へ折って掛け、板の上へぱーんぱーんと打ちつけて裂けやすくしてから、一本ずつ口にくわえて細かく裂き、撚りをつけながらつないで長い糸とする。そして「手がら」に巻き、さらに「へそだま」に巻き、これを糸車にかけてぶーんぶーんと回しながら撚って「つむ」に巻く。

　こうして糸にしたイラ糸は、大麻糸より強く、昔は布に織ったが、木綿が出回った明治の終わりから大正のころは、自家用の足袋底をさしたり、山仕事用の「ねぎまたぎ」というズボン状のもも引きを、バラにひっかかっても破れないよう「さしこ」にする時などに使う程度となってしまった。

　井出道貞の『信濃奇勝録』（天保五年）にも、「木曾の山里は、布麻又はいらくさと云物を織て用ふ。……八月秋分の後二七日を過て刈りて皮を剝ぎ糸に績みて……」とあり、安曇村より一週間遅く「山の

オヒョウの繊維で織られた厚司衣

口」が明けたようだ。

③長野県北安曇郡小谷村大網でのやり方

イラクサ刈りに山へ入るのは秋の彼岸過ぎだ。刈ったらその場で二〜三本ずつ、元の方の茎を折って皮を剥ぎ、一背負いにして持って帰る。皮は白水（米のとぎ汁）などちょっとしたアクへ浸けておいて、上げたら少しずつおかき板の上で、おかき包丁でこすりながら外皮を取り除き、仕上げて竿にかけて乾かす。これを細かく裂いて、ひねりつけては績み、おぼけに入れる。真白くて、木綿よりはるかに強く、経糸も緯糸もこの糸で織る。少し硬いが麻布よりも上等な衣服ができる。

オヒョウ（あっし、にれ、たも）（ニレ科）。北海道を中心に本州の北部の山地に自生する高木で、アイヌの人はこの木の中皮から採った糸から布を織って作った着物を厚司（アットウシ）と呼んで普段着にしている。オヒョウの中皮から採れる繊維は、薄くて広い網目状のもので、シナノキの繊維に似ていて何枚にも容易に剥がれる。繊維の採り方もシナノキとそっくりだし、皮を剥ぐ時期も同じだ。

繊維を採るための皮剥ぎは、春、木に水が上がったころで、七月に剥ぐともう繊維が弱くてだめだ。南向きの日当たりの良い斜面に生えている、太さ二〇〜三〇センチのまっすぐなオヒョウを探して皮を剥ぐ。まず鉈で根元に切れ目を入れ、両手で下から上に向かって皮をつかまえて一気に剥ぐ。剥ぎ終わった皮は、乾燥すると繊維のある内皮が取りにくくなるので、すぐその場で外皮をはずす。剥がした面を内側にまん中から折り、爪で剥いでいく。四〇センチくらいの長さに折りたたんで束ね、背負って山を下りる。

持ち帰った内皮は川や池などに浸し、上から重しをのせて一〇日ほど置くと、ぬめりが出て熟成し、内皮の層が離れてくる。それを手でしごきながら川の水でぬめりをよく洗い流して取り除く。すると、まるで薄紙を剥ぐように繊維皮が何枚にも容易に剥げてくる。これを戸外の竿に掛け、形を整えて日陰干しする。干し上がった木肌色の内皮を糸にする時は、さっと湿り気をくれて、〇・二〜〇・三ミリくらいに細く裂き、それを口と手でしごいて撚《よ》りをかけながら機《はた》結びをし、長い一本の糸にしてゆく。そして炉に立てた糸掛け棒にそれを掛け、ヘソ巻きにしていくつもの糸玉を作る（福岡イト子『アイヌ植物誌』から）。

フジ（木ふじ、下がりふじ、藤、真藤）（マメ科）。フジの蔓は山から伐ってきて、そのまま編んで「フジもっこ」を作った他、皮を剝いで釜で煮て縄にしたり、細かく裂いて績《う》んで糸にし、布に織った。フジで織った布はコイノ（コギノ）といって経糸が一八〇〜二〇〇本くらいの粗く太いもので、雪袴やはんてんのほか、夏の汗とりにすると汗が肌につかなくて良かったという。丈夫な布なので、豆腐を作る時のしぼり袋や雑穀を入れる袋などにもした。

藤布は古代布の中でも粗く太い糸で織ってあって、こわいものだったので、藤の枕詞を荒妙《あらたえ》（麁栲）といった。『万葉集』にも「須磨の海人の塩焼衣の藤衣　間遠にしあればいまだ着なれず」（四一三）と詠まれているが、藤布が粗い目で間隔が間遠に織ってあったことがよくわかる歌である。

繊維を採るためのフジ蔓刈りは、春から夏に行なった。フジ蔓にも男と女があり、男蔓はあまり枝分かれせずに長く伸びて、梢の方にだけ枝が出ていて花が咲かない。女蔓はよく枝分かれして傘状に広がっていて花が咲く、と山の人は言っている。刈ってくるのは男蔓である。以下は地方によって多少処理の仕方の違う点である。

①長野県南安曇郡安曇村、木曾郡開田村でのやり方

フジ蔓の枝のないよく伸びた所を伐り採り、皮を剝いできて、木灰を入れた釜で煮る。柔らかくなったら上げて川に晒してアクを流すと黄色く仕上がる。これを少しずつおかき板と包丁でかいてきれいにして干し、細かく裂いて糸とし、麻糸を経糸、これを緯糸に使って布を織った。太平洋戦争当時は主として雑穀入れの袋に作っている人があった。

②長野県下伊那郡南信濃村、上村でのやり方

フジの皮剝ぎは四月がいい。四〜五年生の蔓を探して伐り、伐ったら生のうちに皮を剝ぎ、くそっ皮（外皮）とフジッ皮（内皮）に分け、家に持ってきたら木灰を入れた大釜で半日も煮る。煮えてわたわたになってきたら上げて水にはなし、よく晒す。そうすると白い繊維となるから、これを一枚ずつに剝いで水から上げて竿に掛けて干す。

糸に績《う》む時は、竹べらを使って細かく裂き、裂いたものは両方の親指と人差指とで撚《よ》りつけながら、左手へかける。中指へかけたのを手の甲を通して手首へかけて8の字に綾にとる。これを繰り返し、手一杯になるとはずして、こんどは親指に巻きつけ、これを糸車にかける。

アカソ（赤麻、赤綿、おろ）（イラクサ科）。太平洋戦争当時、物資不足でアカソを採って供出し、それで織った服が配給になって着たことがある。ごそごそしてこそばゆく、着心地のよいものではなかったことを覚えている。

アカソはイラクサ科の草本で、イラクサと同じように繊維質の皮をもっており、古くから織物の原料としたほか、越後ではこれを刈り、皮を剝いで灰汁に練り混ぜ、石の上で叩いて水に浸し、さらにこれを細

竹で打って綿として布団に入れて用いたので赤綿と称した。長野県上水内郡、北安曇郡、小県郡でもアカワタと呼んで綿にしていたし、かつて諏訪市や武石にはその工場があった。新潟県の南部や秋山で有名な栄村や野沢温泉村ではオロと呼んで、アカソの皮で縄をなったり、ござやむしろを編んで使ってきた。

アカソの皮から糸を採るには、夏から秋口に刈って皮を剝いで干し、保存しておく。冬、暇になってからこれをとり出し、細く裂いてつなぎ、鍬の先の鉄の部分を柄からはずして膝と膝の間に立ててこれへかけていく。次にこれを玉に巻き、さらに糸車で撚りをかけて糸に仕上げた。

ゼンマイ（薇、ぜんめ）（ゼンマイ科）。新潟県から山形県にかけてはゼンマイの産地で、山の人たちは毎年春になると泊り込みでゼンマイ採りに山に入る。採ったものは綿をとり、ゆがいて干し、山菜として販売する。したがっておびただしい量のゼンマイの綿が後に残る。昔の人はこの綿を利用して布を織った。

山形県米沢市では、明治三〇年ごろにゼンマイの綿で織った布が、市の民俗館に保存されている。そして昭和五五年に、この布をもとにしてゼンマイの綿から布を、八〇年ぶりに織った。ゼンマイの綿は暖かく保温性はあるが腰が弱いので、真綿に混ぜて糸に績み、布に織るが、「幻の織布」と呼ばれている。

その他の繊維植物

前節でとりあげた、古代布の原料とした太さ一ミリ以下の糸にできるほどの良質の繊維ではないが、縄にしたり、編んで袋物にしたり、いろいろな装身具に利用した植物は幾種類かある。

ヤマブドウ（山葡萄、山ぶんど）（ブドウ科）。筆者が聞きとり調査をした長野県北安曇郡小谷村、白馬村、南安曇郡安曇村、木曾郡開田村、下伊那郡南信濃村、上村、岐阜県上宝村、高根村などでは、製作法は大同少異なので一括して述べることにする。

ヤマブドウの蔓の皮を剝ぐのは、梅雨の末期から夏の土用までが適期だ。土用を過ぎると繊維質の部分の内皮が二枚に分かれて薄くなってしまってよくない。土用中に採れば、簡単に外皮と内皮が離れてくれるので採りやすい。節のない良い蔓を探して伐り、左手に外皮を持ち、右手に内皮を持ってひきはがすと、水が浮いているので簡単に剝げる。外皮は捨て、内皮だけ持って帰る。これを木灰をたくさん入れた釜の湯で三時間くらい煮ると柔らかくなるので、湯から上げて水洗いし、足でおさえながら根元からよくねじりもみをする。このとき外皮が付いているとよくもめないから、外皮はきれいに山で除いてくるのがこつ。もんだものは、シナ皮より硬《こわ》いが、ばらばらして使いよくなる。この皮は雨にも天気にも強く、シュロのようで、何に作っても二〇年くらいはもち、腐れを知らない。

ヤマブドウの皮では主に蓑、はばき、草鞋などを作ったが、軽くて水切れがよく、乾きが早く、雪の中を歩いても寒さ知らずで、藪こぎにも具合よいものだから、山村の人や杣日雇、猟師、炭焼きの人などが愛用した。

文政八（一八二五）年の師走に、松本藩大町組佐野村（現在の北安曇郡白馬村佐野）から起こった百姓一揆は、「赤蓑騒動」と呼ばれて語り継がれているが、この騒動に参加した面々がヤマブドウ製の蓑を着ていた。ヤマブドウの皮製の蓑は赤味を帯びているので、この地方では一般に「赤蓑」と呼んでいたのである。

北海道のアイヌの人もヤマブドウの内皮を、夏の履物、編んで袋物などに利用したほか、蔓は屋根の基部を結ぶ綱にしたり、漁具などを作るのにも利用してきた（福岡イト子『アイヌ植物誌』）。

ウリハダカエデ（うりっかわ、うりのき、瓜肌楓）（カエデ科）。ウリハダカエデからもシナに似た良質の繊維が採れ、昔から蓑、荷縄、馬のアブ除けなどを作ってきた。この繊維はシナのように網状の穴がない

ツルウメモドキ

フジ

ノリウツギ

ウリハダカエデ

ヤマザクラ

ガマ

ヤマブドウ

から水に強く、色も白味を帯びて艶があって美しい。

ウリハダカエデから繊維を採る皮剝ぎは、シナノキやヤマブドウの皮剝ぎと同じく、夏の土用の間、つまり七月二〇日から八月八日ごろの間が適期で、これより早くてもまた遅くても、繊維質である内皮が木部にくっついてうまく剝げない。また繊維皮の剝ぎ方もシナノキと同じで、現地で剝ぐ方法と、家に持ち帰って水に浸けてから剝ぐ方法の二通りがある。後者は先に述べたので、ここでは山で直接繊維質を採る方法について紹介しよう。

まず直径五〜八センチの手頃な立木を探し、根元から三〇センチくらい上の幹の皮に、輪状に鉈か鎌で傷をつけ、この輪に幅三〜八センチの縦に剝ぐ傷口をつける。準備ができたら一つの傷口を刃先で起こして皮を浮かせて手に取り、勢いよく一気に梢へ向かって剝げる所まで剝ぎ採る。これを数回行なうと立木一本が丸裸に剝ぎ終わる。

剝いだ皮は一皮ずつ、外皮を外にして内側へ数カ所で強く折り曲げると、そこで外皮と内皮が離れるから、そこから前後へ皮を剝いで外皮を捨てる。次に内皮を両手に持って、ひっぱったりゆるめたりパタパタやると、層になっている繊維皮一枚一枚が浮いてくるから、その隙間へ指を入れて注意深く静かに剝いでゆく。五〜一〇枚くらいの層になっている。こうして剝いだ内皮は、家に持ち帰って竿に掛けて干す。

クララ（ごうじ殺し、苦参《くじん》）（マメ科）。草丈一、二メートルにもなる路傍の雑草で、全体に強い臭気があり、昔は便所に入れてウジ殺しにしたほか、この茎の皮は丈夫なので、苦参紙と呼ぶ紙の原料にした。また大正のころまでは農家では、夏の盆過ぎに刈ったり、冬の間に枯れて倒れているのを集めてきて、川に沈めて皮を浮かせてから剝ぎ、束にして干して、木槌で叩いて表皮をくだいて取り除き繊維だけにして、荷縄、草履、下駄の緒などを作った。昔の百姓はこうやってまていに（節約）して、自給できるものは自給して、なるべく金を出さないよう倹約に努めたものだ。太平洋戦争中もこの皮を、アカソと一緒に供出し、綱の原料にしたことがあった。

ハルニレ（ねれ、うばにれ、楡）（ニレ科）。本種はサワグルミやシナノキと同様、外皮をつけたままで皮箕にしたり、アジロ編みにして鉈鞘に使う話は聞くが、内皮を採って繊維質を利用する例は本州ではほとんど聞かない。しかし北海道ではアイヌの人たちは、この木の繊維は弱くて単独では着物の素材には用いないが、とても暖かいので、敷物や手提袋、靴下などに編むのに利用しているという（福岡イト子『アイヌ植物誌』）。

ツルウメモドキ（蔓梅擬、つるもどき）（ニシキギ科）。本州では本種の樹皮の繊維の利用例を聞かないが、北海道ではアイヌの人たちは、冬の間にこの蔓状の枝を採ってきて、一本ずつ縦に半分に割り、樹皮を木質部から離し、さらに樹皮を外皮と内皮に分ける。内皮は束ねて熱湯に数分間漬け、上げると濃い緑色になる。これを戸外に出して雪の上に二週間くらい置くと青みがなくなってくる。竿に掛けて戸外に四週間くらい放置しても白い繊維となる。これを細かく裂いて撚りをかけて糸とする。この糸はイラクサの皮から採った繊維のように強く、縫糸や釣糸として用る（『アイヌ植物誌』他）。

スゲ・ガマ

湿地や沼地に自生するスゲやガマの仲間にも、縄になったり蓑や笠に編むなど、繊維植物に類似した利用をしているものが幾種類かある。

カサスゲ（みのすげ、すげ、菅）（カヤツリグサ科）。湿地に自生する大型の多年生のスゲで、菅笠の材料として広く知られてきた。しかし近年はビニール合羽の出現で需要が減っている。新潟県糸魚川市の隣り

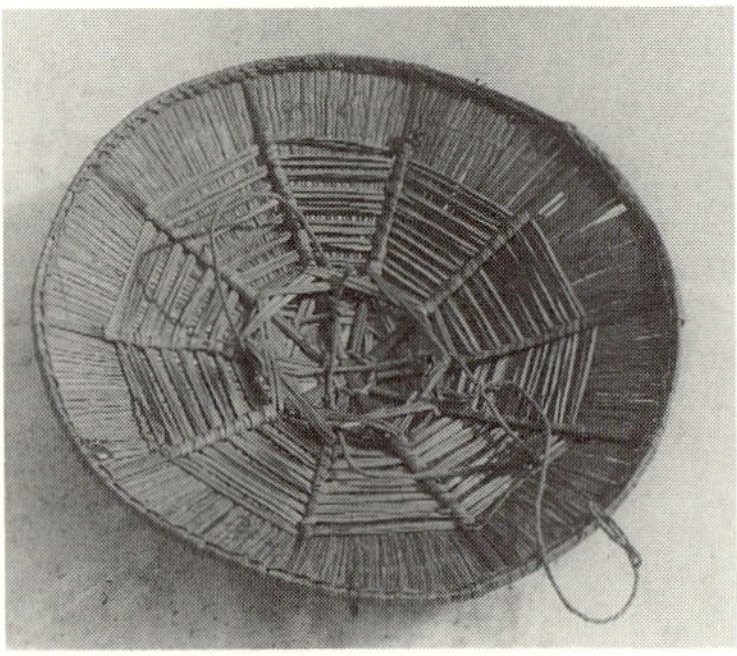

カサスゲを編んで作った菅笠

の能生谷は、江戸時代からカサスゲによる菅笠の生産の盛んな所で、筆者の父もここから仕入れて信州へ大分販売させてもらった。菅笠は昔の農山村になくてはならない生活必需品で、どこの家にも家族の頭数だけはいつも用意してあった。

笠の天辺をチョンボというが、ここは桜の皮で作り、ここから縁へ向かってカサスゲの干したものを、放射状にきれいに一枚並べに並べ、麻糸で細かく横に縫ってある。なかなかの芸術品というか民芸品だ。

カサスゲは里から低山帯の湿地でちょくちょく群落を見かけるが、自家用に蓑や正月のしめ飾りを作る地方もぼつぼつある。採るのは二百十日から二十日の間が旬で、このころになると葉の元の方が黒味がかってくる。一株五～六枚の葉がかたまって出ているので、引き抜いたら梢を持って叩くと一本一本に離れる。これを陰干しすると青くそのまま干し上がる。菅蓑は水はけがよく軽いのが特徴。

タヌキラン（いわすげ、ちまきすげ、岩菅）（カヤツリグサ科）。カサスゲと同じくらいか、それ以上に山村で利用されてきたスゲである。岩場の水のしたたるような所によく生えているので北信濃では「岩菅」、新潟県では五月のちまきをくくる紐にするので「ちまきスゲ」とも言っている。

岩菅は麻の次に強いといわれ、お盆過ぎに刈って天日で三日くらい干すと乾くので、後は仕舞っておいて、使う時にはしめりをくれて柔らかくしてから使う。主として屋根を葺く時の縄、田下駄の鼻緒、むしろや蓑に編むほか、ちまきの餅は二～三枚の笹の葉でくるんでから岩菅で結わえて蒸して作る。

アゼスゲ・ヌマクロボスゲ（くご）（カヤツリグサ科）、**オクノカンスゲ、ミヤマカンスゲ**（カブスゲ、ヒロロ）（カヤツリグサ科）。アゼスゲやヌマクロボスゲは湿田地帯の畦や田荒し（耕作を放棄した水田）に群生しているスゲだし、カンスゲの仲間は山地の林床に叢生する常緑のスゲである。これらのスゲは刈って乾燥させ、蓑や籠、草履、正月のしめ飾りなどに作ってきた。また和紙を漉く時、漉いた紙と紙の間に入れてくっつかないようにも使ってきた。刈るのは盆か盆過ぎで、干すと青味がかった美しい色になる。

ガマ・コガマ（蒲）（ガマ科）。ガマは河川敷の水溜りや湿田の田荒しなどに、どこからともなく種が飛んできて生える。この穂からは火打ちの火口《ほくち》をこしらえたが、葉と茎は、はばきやござ、むしろを編んだり、草履やわらじも作った。

ガマは八月下旬から九月初旬に刈り、茎の白身の部分は裂いてから葉の頭を揃えて日陰干しにし、冬まで仕舞っておく。編む時はお湯でしめりをくれてから編む。むしろには長いままだが、はばきには茎の部分を、葉の部分の青いところは草履やわらじにした。

「ガマはばき」は雪がつかず、なかなか濡れないし、濡れても軽くて暖かで、雪の中を歩く時はもちろん、雪のない時でも藪の中を歩いてひっかからずによいものだ。自家用にも作ったが、長野県北安曇郡小谷村の深原では専門に販売用に作っていた。

「ガマござ」は家の中へ敷いたほか、新しい物を一枚巻いて用意しておいて、来客の時には上がりばなの板の間へサッとそれを広げて敷き、腰をかけさせてもてなした。飛驒では昔は、足袋の代わりにガマで編んだ「なかざし」というものを履いた。

その他の樹皮利用

これまで樹皮については繊維を採る植物について述べてきた。しかし農山村では樹皮を多方面にわたって利用してきた。本項では樹皮の繊維を採る以外の利用について述べる。樹皮の繊維以外の利用例については「生活用民具」で「皮箕」「篩」「容器、袋、籠、ざる」はすでに紹介したので、ここではそのほかへの利用について述べることにする。

桜の皮　**ヤマザクラ**の表皮の皮目の美しさをそのまま使うものとして、印籠やタバコ入れ、ヤスリ入れの竹筒などの容器の外側に、若木の丸太から傷を入れずに皮を抜き採り、そのまま嵌めて仕上げた、補強と装飾を兼ね備えた、技巧をこらした民芸的民具がある。また、縦に傷を入れて横にむいて採った皮は細かく裂いて、篩、蒸籠、おごけ（苧桶）、わっぱなどの曲物をとじるのに使ったし、鉈や砥《と》石入れの袋などに市松編みにして用いた。

牛馬の口ご　牛や馬が作業をする時、道草を喰わないように口に「口ご」（くっらご）というものをはめて作業をさせる。口ごはワラに皮麻《そ》（製す前の外皮付きの麻皮）を混ぜて縄にしたものや、**ヤマブドウ**の内皮を縄にしたものか、**ネマガリダケ**を細かく裂き、内肉を削って角を除いたもので籠状に編んで各家で作った。

牛馬の害虫除け　夏になると山村ではおびただしい虻《あぶ》やうるると呼ぶ虻の一種の吸血虫が大発生し、人馬をなやませたものである。特に牛馬にはこの昆虫が好んで群がりついて吸血したので、あばれてしようがなかった。そこで**フジ**や**ヤマブドウ**の皮を裂いて縄にし、のれん状に編んで牛馬の首や背から垂らしてやり、馬や牛が動くたびに揺れて虫が吸血できないようにした。

威嚇漁　一般には大正時代に絶滅してしまったカワウソは、魚捕りの名人で、一日に四キログラムくらいの魚を食べるといわれ、川魚にとっては一番恐ろしい天敵であった。で、川の魚はカワウソの姿を見ると逸早く逃げる習性が長い歴史の中で身に付いた。

馬の虻除け（白馬村歴史民俗資料館蔵）

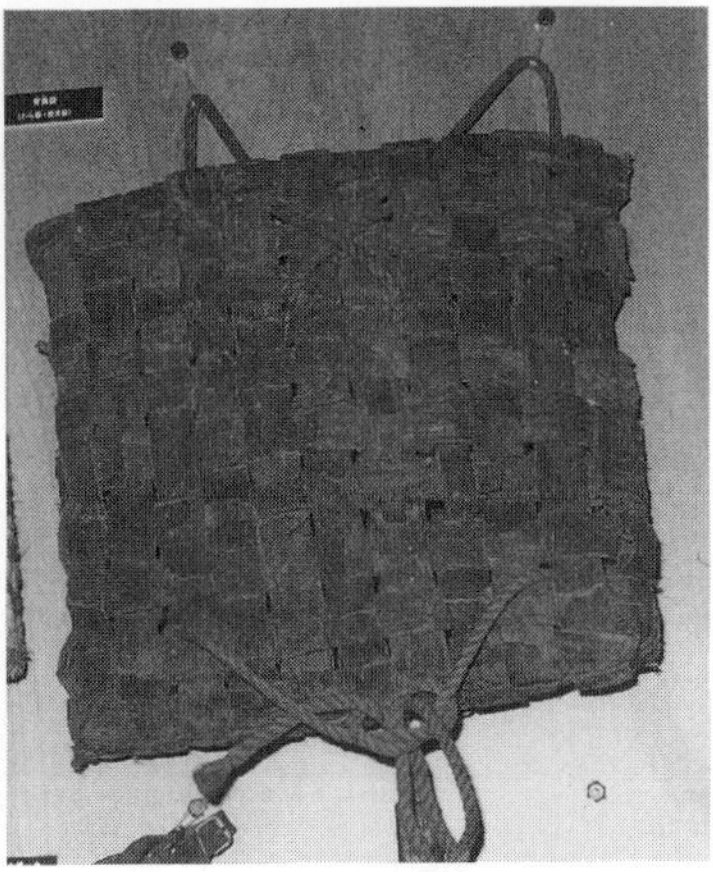

サクラの樹皮を編んで作ったねこだ（背負い袋）

この性質を知っていた北アルプス山麓の山村の先人たちは、カワウソの毛色に似たヤマブドウの蔓皮を剝ぎ、長さ四〇センチくらいに切ったもの一〇本ほどを竹竿の頭にしばりつけ、川下にざっこ網を置いて、この竿で川上のイワナやヤマメの潜んでいそうな淵脇の岩の奥を突いて、魚を追い出して捕った。この漁法を「かうそ捕り」と呼んでいる。この漁法は捕獲率が高く、淵にいる魚は皆即座に逃げ下り一網打尽に捕ってしまうので、今では漁業法で禁止されている。

青森県の西目屋村でもヤマブドウの皮で鵜《う》の姿をしたものを作り、竿の先に付けて川魚を追い出し、網に追い込んで捕る漁が行なわれていたし、奥会津にも同じ漁法があったという（名久井文明『樹皮の文化史』）。

火縄　ヒノキやスギの内皮をよく叩き、縄にしたものが火縄で、火縄銃にはなくてはならないものだったほか、山仕事で火をちょくちょく必要とする時にも用いた。

川綱　ウリハダカエデから採った繊維はシナノキからの繊維より丈夫で強いので、荷縄や馬の曳き綱に最適といわれた。繊維にシナノキの内皮のような穴がないので、水にぬれても強く、渡河用や舟の綱に用いた。また橋の身太《みのた》（太くて長い山取丸太の一本ものをそのまま使う橋桁《けた》の一種）に縛りつけて、たとえ洪水で橋が流れても身太だけは流れないよう、川綱として使う所が多かった。このほか、山形県や岩手県内では川綱に、**ヤマブドウ**の皮やヤマブドウの皮に**サルナシ**の皮を混ぜて作った綱を使う所もあった。

和紙の材料とネリ植物

和紙は日本が世界に誇れる産物の一つであるが、その生産は手漉《す》きによる家内工業的な姿が一千数百年前から続いて今日に至っている。

和紙作りはまず原料となる植物を一本一本伐って集荷し、蒸して皮を剝ぎ、干して保存し、寒くなる冬を待ってこの皮を水に浸して柔らかくし、外気で凍結させてから足で踏んだり刃物で表皮を除去する作業をする。そして夜露や雪の中で外晒しをして白皮とし、再び水に浸して柔らかくして木灰などを入れた釜で煮沸し、次にアク抜きを兼ね竹ざるに入れて豊富な流水の中で長時間かけて不純物を拾い除き、さらに漂白剤を使って漂白作業を行なって真白な球にし、ようやく紙漉きの準備が整ったことになる。まったく手のかかる根気のいる重労働で、しかも寒さの中での仕事である。

漉き屋での漉き仕事も、寒さの中で、細心の注意を払った、経験と勘にたよる高度な技術を要し、かつ孤独な手仕事だ。が、ここにも日本人の器用さと勤勉さを見ることができる。日本独特の「流漉法」の考案に驚くと共に、その素となるネリの、ノリウツギの内皮の発見は素晴らしいの一語につきる。

ネリはこれを添加することによって、漉いたばかりの湿った紙を、次々と重ねても、紙どうしがくっつくことのない特性を持つもので、外国の紙製造では見られない点だとのことである。

和紙を漉く（長野県大町市松崎）

①和紙の材料

古代の日本の製紙原料は、麻、穀《かじ》（楮《こうぞ》）と斐《ひ》（雁《がん》皮《ぴ》）であったが、特に麻が優勢で、初期のころは中国からの影響もあってほとんどが麻紙だったという。しかし麻は繊維処理がむずかしく、書写もしにくく、穀や斐に比べて強度も劣るので、次第に少なくなっていった。また斐は栽培がむずかしく自生地も限られた場所だけなので、自然、和紙の原料は穀（楮）にかたよっていった。

カジノキと**コウゾ**は共にクワ科の植物でよく似ていて、雑種ができやすい性質を持っているようで、どちらも元はかぞ（紙素）と言っていたようだ。そして紙や衣料の原料として自然ものでは足りないので、栽培している間に雑種ができ、現在コウゾ（楮）と言って栽培しているものは、実はカジノキとコウゾの雑種のようである。

では実際に江戸時代からコウゾから和紙を手漉きで作ってき、独特の雪晒し技術によって日本一丈夫な障子紙として名の通っている、長野県飯山市の内山紙の漉きに入るまでの様子を見てみよう。

コウゾは、栽培とはいっても、畑のくろ（畔）やはば（土手）などに植えっぱなしのものが多いが、手入れは毎年行なっている。紙の原料として伐るのは株から伸びた一年生のもので、葉が落ちた一一月中旬ごろから末までで、根元から鋭い鎌で伐り、束ねて家に持ち帰り、約一メートルの長さに切り揃え、釜に入れ、「どう桶」と呼ぶ桶をかぶせて約一時間煮る。煮えたら取り出して熱いうちに大勢の手で皮剝ぎをする。皮剝ぎは煮たコウゾの棒を一本一本左手に持ち、右手で剝ぐ。剝いだ皮は黒皮といい、軒下に吊して干す。

黒皮は雪が降って寒くなってから、庭先の流水や水槽に浸け、水を吸収させてから上げて、夜間はぜに架けて凍らせ、日中は日光に晒すこと二〜三日。次は皮搔《か》きで、土間に取り込んだ黒皮は、木台の上で一枚一枚、おかき庖丁で押さえては左手でひっぱって、お茶がらに似た死皮をとって白皮にしていく。この作業は一月中には終わらせる。

次は晒しで、この地方では庭先の雪の上一面に小束に結った白皮を広げ、雪をかけて四〜五日放置してはこれをひっくり返し、また雪をかけて放置する作業を繰り返し、白くなるまで雪晒しを続ける。これは長い経験から雪がすぐれた漂白作用を持っていることを知りえた、この地方独特の漂白法である。

雪晒しした白皮は再び水に一昼夜浸してから、ソーダ灰などを入れた大釜で約二時間煮る。煮た皮は桶に入れて水辺へ運び、豊富な流水の中で一枚一枚よく洗い、アクを洗い流しごみをとり除く。これはきわめて根気のいる冷たい水の中での作業で、朝から晩まで腰を二重に折ったままの姿勢が続くので、皆顔がむくんで大変だ。しかしこれではまだ漂白が完全でないので、最後はソーダ水に浸すなどして漂白を完全にし、さらにアク抜きとごみ拾いの水洗いを入念に行ない、白玉に固められて下ごしらえはようやく完了する。

②ネリ剤

中国から伝播した「溜漉法」という紙漉きの技術では、紙むらや厚さの調整がむずかしく、漉いた紙一枚一枚の間にも紙と紙がくっつかないように、紗《しゃ》という薄網を入れて乾燥させる必要がある。ところが、日本が独自に開発した「流漉法」は、上記の欠点がすべて取り除かれた素晴らしいものであるが、その秘密は漉きに先立って添加するネリ剤の効果によるものである。不思議なことにネリ剤が紙の原料を溶かした液の中に入れられると、紙の繊維は沈澱することなく浮遊し、漉簀の動きに従い粘性を増すと共に均一な分散も行なわれ、漉いたばかりの湿紙を次々に重ねても紙どうしがひっつくこともなく、魔法にかかったようなすぐれた効果が現われる。

ネリ剤には古くは**ニレ**の木や**ビナンカズラ**、**マンジュシャゲ**、**スイセン**、**スミレ**などいろいろ使われたようだが、最終的には**ノリウツギ**（糊空木）と**トロロアオイ**（黄蜀葵）の二種に落ちついてきている。

ノリウツギ（ユキノシタ科）は日本全土の湿り気のある山地や原野に生える落葉低木で、一般にノリノキ、ニレ、ネレなどと呼ぶ他、北海道ではサビタといっている。ネリには内皮を剝いで用いる。トロロアオイ（アオイ科）は中国原産の一年生草本で、今流行の若い果実を食用としているオクラの仲間で、紙漉きのネリ用に畑に栽培している。ネリには根を叩きつぶして用いる。

では実際に、山野に自生するノリウツギからネリ剤をどのようにして採り、利用しているかについて見てみよう。

ネリにするノリウツギの木は秋遅くに山へ採りに行く。春や夏に採ったものは効きが悪くてダメだという。また採ってくる木も長い経験の上から、幼木はダメで古い木ほど良い、それも幹や枝より株元や根の内皮にネリは多く貯えられていることを知っていて、根から掘ってくる。

使うのは内皮で、若い木や枝の内皮は緑色で薄いが、根元や根の部分のものは白色をしていて厚い。掘ってきたものは川へ浸して一〇日もおくと皮がむけやすくなる。川から上げて外皮を剝ぐと、糊になる内皮部分が五ミリくらいの厚さでついている。それをナイフや刃物で、削り節のようになるべく薄く削って、水に入れればとろとろとろした糊になる。

これを布袋に入れて漉《こ》して漉舟へ入れて、コウゾから採った紙の繊維に混ぜて搔き回すと、あの不思議な液ができる。ただ、この糊の量と紙の繊維の量との混ぜ具合、水に溶かし具合がむずかしく、それぞれの質や水の量、温度やその日の天候・湿度など、いろいろな条件が重なり合ってその時の紙の良否が決まるので、漉く人の経験や勘に頼るしかないという微妙な手作業、職人業である。

三　山野草の食用利用

日本人の食生活の歴史を見ると、縄文晩期までは「狩猟採集時代」で、自然のものを採ってきて食べるだけの生活だったが、それ以降になるとぼつぼつ栽培植物が見られるようになる。しかし「菜」の類については、栽培が見られるのは平安時代になってからと思われる。というのは、五世紀から八世紀にかけての歌を集めたといわれる『万葉集』には、いくつもの、山野に自生する食用野草を摘む情景を詠んだ歌が載っているからである。

妻もあらば摘みて食《た》げまし沙弥《さみ》の山野の上のうはぎ過ぎにけらずや　　柿本人麻呂（二二一）

（妻でもいたら一緒に摘んで食べもしよう沙弥の山の野の上のヨメナは盛りが過ぎたではないか）

あかねさす昼は田賜《た》びてぬばたまの夜の暇《いとま》に摘める芹これ　葛城王（四四五五）

（日中は田のことで忙しいので、夜になってようやく暇を見出して摘んだセリですよこれは）

春の野にすみれ摘みにと来し我ぞ野をなつかしみ一夜寝にける　山部赤人（一四二四）

（春の野にスミレを摘もうと来た私は野を去り難くて一晩寝てしまった）

これらの歌はいずれも春の芽吹きのころの食用植物を詠んだもので、当時はもっぱら野生のものを摘んで「菜」とし、親しんでいたようだ。自然食であり、季節に従い季節のものを食べていた当時は、きっと冬の間は生鮮野菜が不足し、春が待ち遠しかったことと思われる。そんなところから春が来ると、人びとはこぞって野へ菜摘みに出かけたようだ。そのころはスミレも食用植物の菜の一種として摘まれていたらしい。当時から現在も続いている行事に、「若菜の節」（ななくさの節句）があり、昔は「若菜迎え」という行事もあったほどで、日本民族は総体的に野草採食主義の民族なのである。

このように古くから利用されてきた「菜」の類には、美食化が進んだ現在でも、野趣豊かで味も匂いもよく、柔らかで充分食べられるものもあるが、調べてみると我々の祖先は、この他にも今では口にすることもはばかるような物、たとえば松の新芽なども食用にしていたようだ。しかし時代が進むにつれ、栽培野菜も豊富になって、優秀な食用野草類は別として、味が良くなく、採るのに大変だったり、食べるまでに手のかかるようなものは、次第に敬遠されていく傾向にある。

しかし農業技術も低く、収量の少ない昔の農業では、一度天候不順に見舞われると、途端に人びとは食糧不足に悩まされ、餓死する者も多く出る飢饉となり、藁や松の皮を搗いて餅にしたり、チガヤやヨシの芽を抜いて煮たり、トコロイモやクズの根まで掘って食べるなど、食べられるものは何でも食べて飢えを凌いだ。各藩でも『救荒本草』というような、食べられる野草の名前や、その調理の仕方などを書いた教本を配り救恤に努めた。米沢藩の『かてもの』や『農政全書』『食経』『諸菜譜』などが有名であるが、これらの書物に載っている食用野草に目を通すと、その数は六〇〇種を超えていて、その多さに驚く。と同時に、よくもまあ、食べられるか毒かを一種一種調べたものだと、その涙ぐましい努力に敬服する。

山　菜

①山菜について

「山菜」とは食用となる山野に自生する植物を総称する言葉であるが、この言葉は高度経済成長が始まった昭和三〇年代後半から聞かれるようになったもので、近代的・都市型の言葉である。山の人たちは今でも山菜などとは言わず、昔からの呼び慣れた言葉で呼んでいる。

北アルプス山麓の場合、山菜採りに行くことを、長野県側では全般に「山へ青物とりに」、新潟県糸魚川市方面では「ミヤマへ青物とりに」、富山県の立山山麓の芦峅寺では「山草とりに」、棚山では「山もんとりに」と言っているし、岐阜県朝日村青屋では「菜つみに」、野麦では「青物とりに」と言っている。新潟県と山形県との県境の朝日村では「山のものとり」、山形県の月山山麓では「山の青物とり」と言っている。

では実際に山菜としてどんなものを採ってきて食べているか、また市場に出荷されているか、どの地方が山菜の本場かを見てゆこう。

中部地方以北の本州と北海道地区で食べられている、山菜のおおよその種類を科別に示したのが一三一ページの表である。これで見るとシダ植物を除いても、四六科一七八種の多くがあがっている。これら全部が、どこにでも自生していて、全地域で食べられているわけではなく、主として北海道にしか自生せず

山菜の季節には食料品スーパーの店頭にもどっさりと並ぶ（山形県小国町）

北海道でしか食べられていないもの、たとえばエゾノリュウキンカやエゾニワトコ、海辺にしか自生していないアシタバやハマダイコン、ハマボウフウ、立山連峰など一部にしか自生がなく特定の地域でしか食べていないアサギリソウなどがある。また、各地に自生が見られるが、ある特定の地域でしか食べられていないカナムグラ、オタカラコウ、ツタウルシ、イノコズチ、イカリソウなどもあり、なかなか一概に枠にはめるのはむずかしい。また、表にあげたものの中には、市場にも出回っていたり、古くから一般に知られているポピュラーなものも十数種類はある。

筆者は山菜を尋ねて三十数年、北アルプスや上信越、朝日連峰の各山麓や東北・北海道の各県内を旅したり、山菜に関する本を読んできたが、結論として、キノコはマツタケをはじめとして、雪のない地方のものが雪国のものより香りが勝っているが、山菜に限っては絶対に、雪国のものの方が、雪のない地方のものに比べて、アクがなく、柔らかく、味も優れていると言える。それは、雪による漂白作用その他の結果によるものと

ムラサキ科	ヒレハリソウ（コンフリー）
ウルシ科	ヌルデ
サクラソウ科	オカトラノオ
トウダイグサ科	アカメガシワ
ミズキ科	ハナイカダ，アオキ，ヒメアオキ
ケシ科	ヤマエンゴサク，エゾエンゴサク
マタタビ科	マタタビ
ドクダミ科	ドクダミ
スイレン科	ジュンサイ
アケビ科	ミツバアケビ，アケビ
メギ科	イカリソウ
キンポウゲ科	ニリンソウ，バイカモ，エゾノリュウキンカ，エンコウソウ，カラマツソウ，サラシナショウマ
ヒユ科	イヌビユ，イノコズチ
アカザ科	アカザ，オカヒジキ，シロザ
ナデシコ科	ハコベ，ウシハコベ
スベリヒユ科	スベリヒユ
タデ科	イタドリ，オオイタドリ，スイバ，ギシギシ
イラクサ科	ミヤマイラクサ，エゾイラクサ，ウワバミソウ，ヤマトキホコリ，アオミズ
クワ科	ヤマグワ，クワ，カナムグラ，カラハナソウ

●単子葉類

ラン科	シュンラン
イネ科	チシマザサ
ツユクサ科	ツユクサ
ヤマノイモ科	ヤマノイモ
ユリ科	ノビル，アサツキ，アマドコロ，ユキザサ，オオウバユリ，エンレイソウ，オオバギボウシ，コバギボウシ，カタクリ，シオデ，タチシオデ，ヤブカンゾウ，ノカンゾウ，ヤマジノホトトギス，タマガワホトトギス，ギョウジャニンニク，ナルコユリ，オニユリ，コオニユリ，ヤマユリ，キスゲ，ユウスゲ類

●シダ植物

シダ植物	スギナ，ゼンマイ，ヤマドリゼンマイ，ワラビ，ヤマソテツ，クサソテツ，オオバショリマ，ジュウモンジシダ，ミヤマシダ，ミヤマメシダ

北日本の山菜リスト（シダ植物以外46科178種）

●双子葉類

キク科	モミジガサ，ヨモギ，ヤマヨモギ，エゾヨモギ，ハンゴンソウ，フキ，キクイモ，ヤブレガサ，ツワブキ，アキノキリンソウ，ノゲシ，オニノシゲ，アキノノゲシ，ヨブスマソウ，イヌドウナ，オオバコオモリ，タマブキ，オクヤマコオモリ，ゴマナ，エゾゴマナ，ユウガギク，オケラ，オニタビラコ，オヤマボクチ，コウゾリナ，ヨメナ，ノコンギク，ハハコグサ，ハルジオン，オオカニコウモリ，ヒメジョオン，サワオグルマ，サワアザミ，フジアザミ，ハマアザミ，ナンブアザミ，ノアザミ，モリアザミ，その他アザミ類，タンポポ類，アサギリソウ，オタカラコウ
キキョウ科	ツリガネニンジン，ソバナ，キキョウ，ツルニンジン
スイカズラ科	ニワトコ，エゾニワトコ，タニウツギ
オオバコ科	オオバコ
イワタバコ科	イワタバコ
ナス科	クコ
シソ科	オドリコソウ，キバナアキギリ
クマツヅラ科	クサギ
ガガイモ科	ガガイモ，イケマ
セリ科	セリ，ハマボウフウ，ミツバ，コシャク，オオハナウド，エゾニウ，シシウド，アシタバ，ノダケ
ウコギ科	タラノキ，コシアブラ，タカノツメ，ハリギリ，ウド，ヤマウコギ，ヒメウコギ，ウコギ
アカバナ科	オオマツヨイグサ，メマツヨイグサ，アレチマツヨイグサ
スミレ科	オオバキスミレ，スミレ，スミレサイシン，スミレ類
ブドウ科	ヤブガラシ
ミツバウツギ科	ミツバウツギ
ミカン科	サンショウ
マメ科	サイカチ，ナンテンハギ，ヨツバハギ，エビラフジ，ツガルフジ，カラスノエンドウ，クズ，フジ，イタチササゲ，ハリエンジュ
バラ科	ヤマブキショウマ
ユキノシタ科	ユキノシタ，トリアシショウマ，ダイモンジソウ，イワガラミ，ツルアジサイ
アブラナ科	タネツケバナ，ナズナ，ワサビ，ユリワサビ，オランダガラシ，ハマダイコン
ニシキギ科	マユミ，ツリバナ
マツムシソウ科	マツムシソウ

思われる。したがって山菜採りや山菜を食べに行くなら、スキー場のある地方へということになる。実際に山のものをこよなく愛してきたのは、雪国の山村の人びとである。

②種別利用状況

表にあげた一八八種の山菜について種別に、知名度と利用の多寡および、ごく限られた一部の地域のみで食べられている変わった山菜に区分してみると、

A　ごくポピュラーな、万人が知っているかスーパーマーケットで売っている山菜＝ワラビ、ゼンマイ、タラノメ、ウド、コゴミ、ネマガリダケの子、ヨモギ、フキ、セリ、ミツバ、サンショウ、ワサビ、オランダガラシ、ツクシ、スイバ（以上一五種）

B　Aに次いで知名度が高く、味の良いよく利用されている山菜＝モミジガサ、ヨブスマソウ、アサツキ、ナズナ、ノビルなど六〇種

C　特定の地域に限って盛んに食べられている特殊な山菜＝アサギリソウ、カナムグラ、ツタウルシなど一九種

D　表に載っている上記以外の山菜（現在あまり一般的に利用していない山菜）＝九四種

となる。

Aの一五種についてはここで説明する必要もないよく知られた山菜であるし、Dの九四種については利用率も低いし紙面の都合上ここでは割愛させてもらうことにし、Bの六〇種と、Cの一九種について、以下に見ることにする。

クワ、ヤマグワ（クワ科）　各地ともクワ、ヤマックワ。養蚕が盛んだったころの名残りの桑株が、畑の畔や土手に残っているのをよく見かける。枝先の新葉は春から夏過ぎまで伸びるので、光沢のある柔ら

かいものを採って、主として天ぷらにする。

ミヤマイラクサ、**エゾイラクサ**（イラクサ科）　北アルプス山麓でイラ、エラ、イラナ、新潟県、群馬県から東北の各県でアイコ、アエコ、北海道でイラクサ、カイクサ、イタイタグサ。山中の湿度の高い肥沃地を好んで群生し、葉や茎に刺毛や細毛があって、素手でさわると刺されて痛かゆく腫《は》れる。しかしゆでるとこの刺毛はまったく苦にならなくなり、くせもなくおいしく食べられ、東北では優れた山菜の代表種。

ウワバミソウ（イラクサ科）　全域でミズまたはミズナ。北アルプス山麓ではこの他にヨシナと呼ぶ所も多い。群馬、岩手、北海道ではアオミズやヤマトキホコリと区別するために、アカミズと呼んでいる所もある。谷川の水辺や地下水位の高い地を好んで群生し、春から晩秋まで食べられる山菜として知られている。くせがなくあっさりした味で、根元を叩いたミズとろろは盛夏に食べると最高。

ヤマトキホコリ、**アオミズ**（イラクサ科）　東北の各地や北海道でアオミズ。ウワバミソウによく似ていて、味も同じだが、茎が緑色なのでアオミズという。北国に多く、関東や中部地方には少ない。

ギシギシ（タデ科）　長野県でウマズイコ、ヘビズイコ、マクリッパ、新潟県でウシズイコ、群馬県でイヌスイバ、山形県でウマスッカナ、秋田県でヒコヒコ、ウマスカンポ、シノハ、北海道でウシノシタ、ワダイオウなどと、地方名は変化に富んでいる。ギシギシは早春の根生葉の中心部にある。鞘袋に入った角状の稚葉を食べるが、特有のぬらめきは岡ジュンサイと呼ばれるにふさわしい味で、さっとゆでて醬油をかけて食べるか、酢味噌和え、しょうが味噌和えなどとするが、秋田地方で特に好んで食べられている。

イタドリ、**オオイタドリ**（タデ科）　長野県から糸魚川市でタカバ、タカンバ、新潟県の山形県に近い所から東北全体と北海道でドングイ、ドングリ、ドックリなどの他、サシドリ、サシボともいう。飛驒や富山地方ではイタドリ、イタズラ、長野市から新潟にかけてはイタズイコ、ポンポンズイコと呼ぶ。茎葉

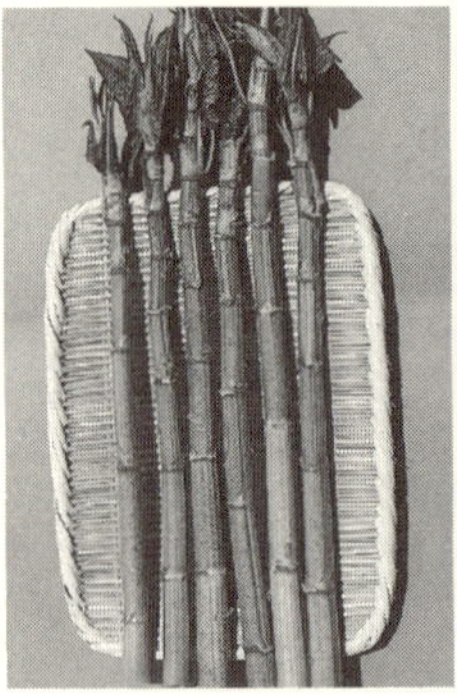

イタドリ

タラノメ

ゼンマイ

ネマガリダケ

フキノトウ

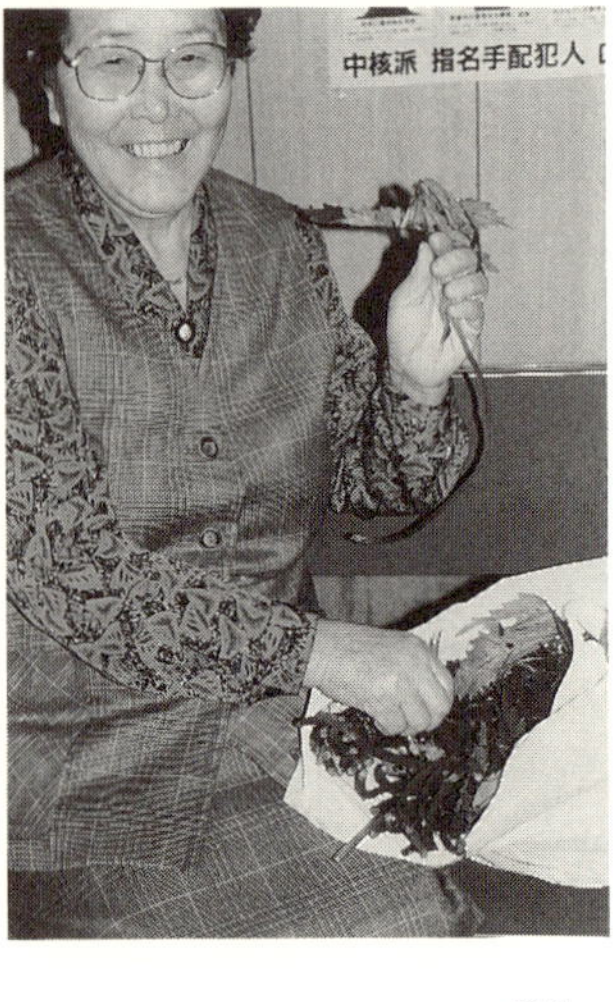

10月というのに駅前の店では，まだアオミズを売っていた（これを買って皮をむく婦人，青森県大畑線田名部駅の待合室にて）

が開く前の幼い棒状の茎を採り、生のまま利用したり塩漬けにしたりする。

アカザ、シロザ（アカザ科）　全地域でアカザまたはアカゾ。畑の雑草で一年草である。昔から一年に一度は食べるものだと言われている地域が多い。丈三〇センチくらいまでのものの葉を摘み、よく水洗いして葉についている粉状のものを取り除いてから料理する。なお、秋になって枯れた幹は杖にすると、中風除けだといわれている。

スベリヒユ（スベリヒユ科）　北アルプス山麓の長野、新潟、富山、飛騨地方ではスベリヒョー、スベリショ、山形県でヒョー、群馬県ではゴンベエ。夏になると急に畑にはびこる一年草で、昔から夏に一度は食べるものだといわれている。佐渡ではこのごま和えを盆には必ず仏様に供えるものだといわれている。

ハコベ、ウシハコベ（ナデシコ科）　全域でハコベ、ハコビまたはアサシラゲ、アサシラギという。畑の畔や堆肥を積んだ跡などの、土が肥えている所に一年中緑をして、小さな白い花を咲かせている。さっと軽くゆでて料理する。昔から催乳作用があり、産後の婦人によいといわれている。

ニリンソウ（キンポウゲ科）　北アルプスの長野県側でソバナまたはフクニラ、フクベナというが、北海道でもヤマソバ、ソババナまたはフクベラといっている。岩手県でもフクベラ。可憐な草花で摘むには惜しいが、群生する習性があり、しばしば大群落を作っているので、そのような所の人たちは鎌で刈ってきてさっとゆでて、お浸しとしている。何のくせもなく、あっさりした味が身上。

アケビ、ミツバアケビ（アケビ科）　全般にアケビまたはアクビかアケビノメであるが、新潟県とその周辺ではキノメと呼ぶ所もある。アケビの蔓の新芽を食べるのは新潟県が盛んで、主としてお浸しや煮浸しとして家庭で食べるほか、料理屋や旅館でも出している。

ナズナ（アブラナ科）　全域でペンペングサ、一部でガラガラ、シャミセングサ。早春のロゼット状の花茎が立つ前の根生葉を株ごと採ってお浸しとするほか、春の七草の一つとして粥に炊く。

ユキノシタ、ハルユキノシタ（ユキノシタ科）　全域でユキノシタ、イワブキ、イドクサ、長野県の一部でイシガキバナ。野生のものは山間の岩間に生え、ハルユキノシタは春先に花が咲く種。しかし人家の石垣などに栽培されているものもよく見かける。葉が柔らかいので一年中天ぷらの材料として利用している。

ハリエンジュ（マメ科）　全域でアカシアまたはニセアカシア。花房を採ってきて、天ぷらその他の料理に使う。道路や河川の土手に多く生えていて採りやすい山菜の一つだ。

ナンテンハギ、ヨツバハギ（マメ科）　全域でアズキナまたはアズキッパ、アズキノハ。ナンテンハギは小葉が二枚なので別名フタバハギという。ヨツバハギは小葉が四枚で、どちらも畑に栽培する小豆に姿形が似ているので、アズキにまつわる方言で呼ぶ所が多い。何のくせもなく、あっさりした味で、お浸しや卵とじなど、どんな料理にも合うので、飛騨地方では畑や庭に、野菜のように植えて愛用している人が多い。

コシアブラ（ウコギ科）　コシアブラまたはコンセツ、ゴンゼツの呼び名が多いが、アブラギ、イモギ、イモノキ、コサバラなどと呼ぶ地方もある。タラノキの仲間で高木となる木だが、けっこう林縁や林内に低木があり、全体に細くしなやかで刺もなく、タラの芽に比べてたくさんの新芽を小枝に付けるので、一本見つけると結構な収量になり、味もタラの芽より軽く淡白で、良いとこづくしの山菜である。和えものもよいが天ぷらが最高。

コシャク（セリ科）　全体にヤマニンジンまたはニンジンパと呼ぶ所が多いが、富山県でヤブニンジン、北海道でオオチャク、サグシャグ、ニュウ。葉の姿や切った時の匂いはニンジンそっくりだが、丈は一メートルにもなる。群生する性質があり、見つけると収量は多い。摘む適期は茎立ちから四〇センチくらいまでの、花の咲く前で、主として茎を食べる。塩漬けにして保存している山村の人も多い。

ハナウド、エゾニュウ、シシウド（セリ科） 長野から新潟県下でセーキまたはサイキ。岐阜、山形県ほか東北地方でサク。三種共によく似た、丈一・五メートルにもなり頂に大きな散形花序で、一つ一つの花は小さく白色の似たような花を咲かせる。主として若い葉の葉柄部を塩漬けしておき、必要に応じて塩出しして煮物などにする。ボリュームのある特有の味と香りのする山菜。

余談になるが、庄川の奥の五箇山や御母衣の辺は山奥の村で、加賀藩では江戸時代にここでひそかに黒色火薬の元になる塩硝を作っていたが、その原料としてサクやクロバナヒキオコシ、ヨモギなどを使い、農家の床下に穴を掘って製造していた。でき上がるのに七年もかかったといわれている。

ツリガネニンジン（キキョウ科） 全般にトトキ、トドキと呼ぶ所が多いが、このほか長野県下ではワクナ、ネーバ、チチクサ、新潟県ではアマナ、クルマノノバ、飛騨でネーナ、東北から北海道にかけてヌノバ、ノノバ、ミネバ、ツリガネソウなどと呼ぶ所もある。古い諺に「山でうまいはオケラにトトキ……」とあるそのトトキだが、美味なものが多い雪国の山菜の中では、それほどおいしいとは思わない。生育地が広く、全国的に知られた山菜の一つ。

ソバナ（キキョウ科） 長野から新潟県ではフキタチ、フクタチと呼ぶ所が多く、その他アマナ、ヤマキキョウなどと呼ぶ。飛騨ではアマナ、チチナ。群馬県でヒカゲワカナ、山形県でハゲトトキ。キキョウ科の特徴である、折るとそこから白い乳液が出る。何のくせもなくさっぱりした万人向きの味を持つ山菜。しかし名前の由来のように、そば立つ急な山の斜面など、限られた場所にしか生えず、群落を作ることもなく一本一本単生しているので、杣などの限られた山人のみの山菜のようだ。

オヤマボクチ（キク科） 全般にヤマゴボウ、ゴボウパ、ゴンボッパまたはウラジロと呼んでいる。方

モミジガサ

スベリヒユ

ヤブカンゾウ

オオバギボウシ

ナンブアザミ

コシアブラ

言名のように、栽培種のゴボウによく似た葉をしており、葉の裏が粉白色なのが特徴。昔の人はこの葉を干してもんでもぐさ状にして火口《ほくち》としたので名前もそこから。干した葉は保存しておき、蒸して草餅に入れるほか、干した葉をもんでもぐさ状にしたものは、昔からソバを打つ時のつなぎとして珍重されている。

ヨブスマソウ、オクヤマコウモリ、オオバコウモリ、オオカニコウモリ、イヌドウナ、タマブキ（キク科）　東北地方から北海道ではホンナ、ボーナ、ドホナ。長野県北部から新潟、富山県でウトブキ、ウドナ、ウトブナ、飛騨でコーモリナ、カサナ。この六種は、山菜として採るころはほとんど見分けがつかないくらい似ているし味も同じだ。ただイヌドウナは葉柄の元がスカート状に茎をだいているし、タマブキは葉柄の元にむかごがあり、葉の下面に綿毛がある点が他と違うくらいだ。東北地方でホンナ（ほんとうの菜）といっているように、山菜としては最高級クラスで、太くて柔らかく、くせのない万人向きの味で、生でも食べられ、市場にも出回っている。ただ深山から亜高山帯でないと生えていないので、素人には簡単に採れない難点はある。

モミジガサ（キク科）　東北地方でシドキまたはシドケナ、北アルプス周辺の各県や新潟県ではシズクナ、キノシタ、トーキチナ、モミジナ、飛騨でヨシナ。本種も深山の地下水位の高い林下のじめじめした地に生えるので、木下藤吉郎や滴にまつわる方言が付けられている。独特の強い香りと味を持つ山菜で、他の山菜とは別にゆでる必要がある。そのため好きな人と嫌いな人があり、この味こそ山菜の女王だと絶賛する食通も多い。

ハンゴンソウ（キク科）　東北から北海道でヘビアサ、イトナ、ヘビノイトなど、長野県でアサナ、ヤマソ、アサガラ、新潟県でウドナ、キリンソウ。葉がアサの葉によく似ているので、アサにまつわる方言が多い。葉は七つに深裂しているので、北海道では七つ葉とも言っている。ボリュームもあり味の良い山菜であるが、アクが強いので、よほどしっかりアク抜きをしないと、採ってきてすぐには食べられない。そこで、ほとんどのものは塩漬けにしておき、後日塩出ししてお浸しや煮物に入れて食べている。

ツワブキ（キク科）　全域でツワ。福島から新潟県以南の暖かい地方の山野や海辺の丘などに自生するが、庭に植えられているものも見かける。フキと同じく地上部の全草が食べられる。

ナンブアザミその他山岳地のアザミ（キク科）　全域でアザミ、ヤマアザミ、タケアザミのほか、飛騨でホーバアザミ、富山県でボーアザミ、新潟県只見でキタローアザミ。八ケ岳や南アルプスの山岳地帯のアザミには食用に適さないものもあるようだが、北アルプスや東北の山に自生するアザミは、葉の切れ込みや刺も少なく、雪渓の雪の消えるのを追って採りに行くと、八月まで採ることができ、柔らかく味も上等で、刺身よりおいしいと言う人もいるくらいだ。

サワアザミ（キク科）　長野、新潟、山形県でゴボウアザミ。普通のアザミ類は丈三〇センチくらいの幼いものの葉を取り除いた茎をお浸しとしたり煮て食べるが、本種は茎立ちする前の根生葉の葉柄と中央脈だけを食べるアザミで、山で葉身部分をすっこいて捨て、食用部分だけを背負ってくる。ゴボウの味と香りがするアザミだ。

オオバギボウシ、**コバギボウシ**（ユリ科）　飛騨地方と新潟県以北の東北から北海道で一般にウルイ、富山県でギビキ、ゲブキ、長野県でコーレ、コーレッパ、佐渡でギリナ、ヤマカンピョウ、飛騨の一部でギンバリ、ウルイナ、北海道の一部でギバ、ギボ、カエルバ。オオバギボウシは岩混じりの斜面に、コバギボウシはじめじめした湿地に群生する性質がある。両種とも葉が完全に開く前の幼いものの葉柄を食べる。特有のぬらめきを持った淡白な味と歯ごたえの山菜で、干瓢《かんぴょう》の味に似ているので、山カンピョーの名がある。

ヤブカンゾウ、ノカンゾウ（ユリ科）　東北地方から北海道にかけてはカッコナ、カッコと呼ぶ所が多い。富山から飛騨ではアマナ、ショーブナ、長野から新潟県でピーピーナ、ピーピー草、ギボキナ。ヤブカンゾウは人家近くの土手などに群生して八重咲き、ノカンゾウ、ユウスゲ、ニッコウキスゲなどは山地性で一重咲き。いずれも幼い葉が、十二単衣を着た婦人の襟元のように重なって出ている。根元深く、地下の白色の部分から刃物で切り取って、ぬたにするとネギぬたと同じ味がする。

ユキザサ、オオバユキザサ（ユリ科）　全域でアマナ、北海道ではアズキナと呼ぶ所もある。深山の上部から亜高山帯に自生し、七月ごろ雪の消え際から芽を出し伸び始めた、まだ葉が開く前の筆状の茎を摘む。ゆでてお浸しにすると甘く、アスパラのような味がある。山小屋の人や岳人など、通の人だけが知っている山菜。同じような環境に、よく似た草で毒草のタケシマランが同生しているので採る時には注意が必要だ。

ノビル（ユリ科）　東北地方でヒルまたはヒロコ、北アルプス山麓の長野、新潟、富山、岐阜県でノビロ、ノンビル、ネンブル、ネンブリなど、群馬でノノヒロ。人家近くの畑の土手などに生え、春に雪消えと同時にネギ苗のような芽を伸ばしてくる。味噌煮の時などに全草を採って水洗いし、ぬたなどにして手伝ってくれた近所の人にふるまうのは山村の昔からの風物詩だ。

アサツキ（ユリ科）　東北地方から北海道でアサドケ、アサドキ、アサトキ、エゾネギ、北アルプス周辺の各県でアサツキ、アサズキ、ヒル、ネビロ。生育地は前種のノビルと同じで、春の早い時期のものは両者よく似ているので、一般にあまり区別せずに採ってきて料理している所が多く、味や料理法も同じである。アサツキの方が群生や叢《そう》生する性質がある。

ギョウジャニンニク（ユリ科）　富山県、飛騨でヤマニンニク、新潟県でコビエニンニク、アイヌネギ、

オオウバユリの根茎から採った粉で作った保存食のトゥレプアカム（北海道白老アイヌ資料館蔵）

北海道でもアイヌネギ、エゾネギ、キトビル、ヤマビル、岩手県でエゾネギ、ハビル、ヒトビロ、群馬県でオゼビル、乗鞍山麓でタケビル。ニンニク臭が強い山菜なのでそれにまつわる方言が多く、アイヌの人は本種をオオウバユリと共に、主食のように愛用していた。

ウバユリ、オオウバユリ（ユリ科）　北アルプス山麓の各県と新潟県から山形県にかけてはヤマカブまたはヤマカブラ、岩手県でウベエアロ、ズベエアロ、北海道でウンバイロ。ユリの仲間なので地下の塊を食べる。地下の塊は葉柄が地下に伸びて鱗茎となったもので、花茎が伸びたものにはない。掘るのは幼いものに限り、本種の鱗茎は他のユリのような苦味もなく、大変美味でアイヌの人たちはこれを常食にしている。

オオアマドコロ、オオナルコユリ（ユリ科）　長野から新潟県でヘビユリ、ヤマスズラン、山形、青森県、北海道でキツネノチョーチン、北海道でヘビスズランとも、岩手県でアマドコロ。両者はよく似た植物で、特に山菜として採るころの葉の開く前の筆状の時には区別がつかない。味もそっくりで、グリーンアスパラのように甘く柔らかで美味だ。ただ採る時注意したいのは、よく似た植物に毒草のホウチャクソウがあり、同じような環境の所に生えているので間違えないこと。

シオデ、タチシオデ（ユリ科）　北アルプス山麓の各県と新潟から山形県でショーデ、シュウデ、東北地方から北海道でショデコ、ヒデコ、ソデコ、富山県の一部でソボヨ。比較的遅く、山野の木々が青葉になってから芽を出すのが本種で、タチシオデは鉛筆くらい太く立派だ。まったくアクがなく、そのまま味噌汁に入れたり煮物とするが、特有のぬらめきが身上。

クズ（マメ科）　全域でクゾ、クゾッパ、クゾバフジ、クドパ。本種の根からは良質の澱粉＝クズ粉が採れる。その産地として奈良県の吉野や宇陀郡の山村と、九州地方がある。また本種の根は薬用としても知られ、風邪薬の「葛根湯」はクズの根が主成分である。クズの蔓は春から秋まで伸び続け、三〇メートルにもなる。山菜としては蔓の先の黄緑色をした若い葉を採って天ぷらなどにするが、秋まで利用することができ、秋に近づくほど甘味が乗って美味だ。

③ここならではの山菜

ヤマヨモギ（キク科）　北アルプス北部でヤマヨモギ。深山の渓流沿いに自生するヨモギで、普通のヨモギと異なり、茎にも葉にも綿毛がまったくなく、美しい鮮緑色をし、茎はつやつやしている。ヨモギと同じように群生し、太くて柔らかく伸びがよい。丈三〇センチくらいまでの幼いものを手折り、葉を取り除いて茎だけを用いる。お浸しや浅漬けとして食べるが、くせやアクがまったくなく、淡白な中にも油こさがあり、他に類を見ない味が身上。

アサギリソウ（キク科）　富山県井波町でカンガラナ、クワガラナ。ヨモギの仲間の高山性植物で、北アルプスの富山県側には比較的多く見られ、乾燥地に生えているが一般的でない。井波町の院瀬見、蓮代寺など山手の集落の人たちは、東の山からこの幼いものを採ってきて、和えものとしてよく食べるが、他地区での食用例は聞かない。

オタカラコウ（キク科）　新潟県糸魚川市西海でウシボキ。葉の開ききらない幼いものの葉柄だけを、山の水辺の自生地から採ってきて塩漬けにしておき、後日必要な時に塩出しして煮付けとしたり、煮物に入れて食べる。ボリュームがあり、ハナウドのような味でおいしい。

マツムシソウ（マツムシソウ科）　長野県伊那谷でキクナ、上水内郡でダズナ、木曾谷でネエナ。本種は越年性の一年植物で、ロゼット状に葉を広げた根生葉はキクに似た葉をしている。これを根際から採ってきて料理する。強い苦味があるので充分アク抜きして水に晒すと、菊の香に似た野趣豊かな味がする。昔は米の増量材として飯に入れて盛んに食べた。これを菊菜飯とか、だず菜飯といった。

カラマツソウ（キンポウゲ科）　乗鞍山麓の長野県側でデッパラ、飛騨や御岳山麓の長野県側でアマナ、平湯でショーケナ。山菜として食べるのは葉が開く前の茎の頂がにぎり拳状の時、手折る時に、ぽんと心地よい音がするようなのでないとダメ。この姿が妊婦の腹に似ているのでデッパラの名がある。主としてゆでてお浸しとする。ちょっと青臭いが、アスパラのような甘味があるのでアマナとも呼んでいる。

バイカモ（キンポウゲ科）　長野県から新潟県でキンギョモ、キンギョグサ、グンダレ、山形県など東北の一部でカワマツ、カワマズ。きれいな湧水の流れにのみ自生する本種は、清流の指標植物とされている。年ごとに本種の見られる小川が全国から減ってきていることは悲しいことで、あまり採って食べたくない山菜の一種だ。家の近くに豊富な湧水があり、本種が群生している所では昔から食べている。さっとゆでて三杯酢、とろろかけ、からし和えなどに、冬でも雪の積もらない流れから採ってきてすぐ料理できる山菜。

カナムグラ、**カラハナソウ**（クワ科）　長野県の御岳山麓の開田村でカナムライ、カナムギラ、乗鞍岳山麓の奈川村でカワラモグラ、カラモモ、塩尻市小曾部でカナモグラ。両者とも蔓植物で、春に蔓の伸び始めの、まだ葉が開く前の、蔓の先がワラビ状の時に採ってきて食べる。蔓には刺毛のようなざらつきが

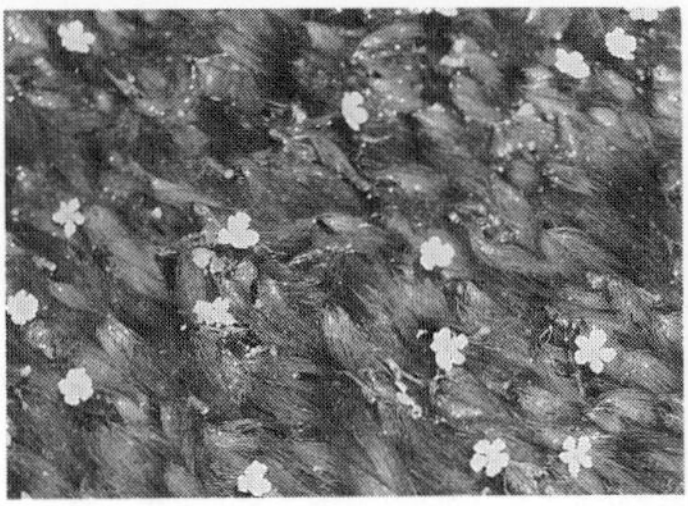

バイカモ

オタカラコウ

オカトラノオ

シロバナエンレイソウ

イタチササゲ

アサギリソウ

あるが、ゆでると苦にならない。長野県の一部の地域のみで盛んに食べている変わった山菜だ。

ミヤマメシダ（シダ植物）。北アルプスでタケワラビ、ヤマコゴミ。本州の中北部の亜高山から高山帯にかけて自生するシダで、コゴミに似るが、摘み時の丈一〇～三〇センチのころは葉柄には黒いゴマ粒大の鱗片がたくさん付いている。北アルプスの山小屋で昔から食べている山菜で、食べる時はこの黒い鱗片をよく洗い落としてから料理する。汁の実、ゆでてお浸しによく、姿はコゴミに似ているが歯切れよく、味はワラビに近い。

イタチササゲ（マメ科）　長野県下でエンドナ、ソデフリナ、ヤマエンド。本種はフォッサマグナ要素の植物で、自生は特定地域に限られているようだ。姿形がエンドウによく似ているので、別名をエンドウソウというが、山菜としての摘み時のころは、特に似ていて、小葉はエンドウより大きいが形や色、茎に付き具合や巻きひげもそっくりだ。長野県内の北アルプス山麓をはじめ、茅野市や佐久地方で幼いものの地上部全体を採って食べる。口当たりも味もよいといっている。

エビラフジ（マメ科）　長野県と飛驒でアズキナ、新潟県根知谷から富山県でフジナ。本種は本州の中部地方の山麓に自生する多年草で、大きな株になって春先にはそこから数十本の新芽が出る。ヨツバハギに似るが小葉は多数で、葉に細毛がなくなめらかで鮮緑色。丈一〇～三〇センチの幼いものの地上部全草を摘んで、主としてお浸しや卵とじとする。本種を最も愛用している所は白馬山麓と黒部谷で、白馬村の貞麟寺のお花見には例年本種のお浸しの重箱を持参するのが習わしだし、宇奈月では四月一五日の八幡様のお祭りに皆でフジナの料理を作る習わしになっている。

ツリバナ（ニシキギ科）　富山県の黒部川谷の宇奈月や朝日町でコケナ。ツリバナは谷川筋の半日陰のような斜面に生え、低木で枝もしなやかで柔らかい。春には枝一杯に柔らかい新葉が開くが、開いたばかり手ですっこいて集め採る。の鮮黄緑色をした柔らかい小さな若葉を、一枚一枚摘むのはめんどうなので、枝をたわめて元から先へと、

オンタデ（タデ科）　長野県の御岳山でタケナ。高山の砂礫地に生えるイタドリに似たタデ科の植物で、丈は八〇センチ以下で葉は大きい。長野県の御岳山や加賀の白山に多く、古くから白装束姿の登山者の多い山小屋で「岳菜」と呼び、葉を摘んできて味噌汁の実とした。なめらかで舌ざわりのよい淡白な味だ。

ツタウルシ（ウルシ科）　新潟県糸魚川市木地屋でモチウルシ。ヤマウルシの新芽を天ぷらにして食べる話は聞いているが、ツタウルシの新芽を食用としている地域は、筆者の知る限りでは糸魚川市の木地屋と大所集落だけである。ここでは六月にツタウルシの新葉を採ってきて、小麦粉と混ぜてフライパンで焼いたものを「ウルシ餅」と呼び、とてもおいしいものだといって今でも作って食べている。

エゾノリュウキンカ（キンポウゲ科）　北海道でヤチブキ、コガネバナ。奥羽地方から北海道にかけて、湿地や亜高山帯の沢縁に小群落を作って自生している。夏には丈八〇センチにもなり黄金色の花が咲くが、食用にするのは若い茎葉で、そのまま汁の実にしたり、ゆでてお浸し、酢味噌和え、二杯酢などとする。大きくなるにつれ苦味が強くなってくる。

エンレイソウ（ユリ科）　佐渡でガゼツナ、ミツナ、ヤマミツバ、妙高高原でネコノホウズキ、長野県の木曾や南安曇郡でミツバ。扇風機の羽根に似た三枚葉の本種は、若いうちは地上部の全草が、熟したものでは果実が食べられる。食用としているのは新潟県や長野県の一部などで、柔らかいので軽くゆでてお浸しや和えものとする。

イノコズチ（ヒユ科）　佐渡でフシダカ、コマノヒザ。人家近くの土手や畑の土手などで普通に見かける雑草だが、若いうちは食べられる。今も食べているのは佐渡の一部で、夏のホウレン草ともいわれ、ゆ

でて水に晒したものは味もホウレン草そっくりである。主としてお浸しや和えもの、天ぷらにする。

イカリソウ（メギ科）　飛騨でクワナ、ママトリグサ。葉が開ききると茎はマッチ棒のように細くて堅くなるから、芽が出てまもなくの、葉がまだ開ききらないうちの柔らかいものを採り、ゆでて水に晒し、からし和え、ごま和え、油いためなどにするほか、花は熱湯にくぐらせて三杯酢にすると美味、飛騨地方でよく食べている。

オカトラノオ（サクラソウ科）　群馬、長野県内でヤマズイコ、ムカシノスイコ、ウシズイコ。方言名のようにスイバに似て、生で食べられ、すっぱい味がする。若芽、若葉はゆでて水に晒し、お浸しとする。花は天ぷらによい。

食用・薬用の木の実・草の実

野生の木の実や草の実にも、食べられるものや薬になるものがたくさんある。太平洋戦争のころまでは山村の暮らしは貧しく、子供たちはろくなおやつももらえなかったから、グミが熟すとグミの藪に、スモモの果実が大きくなってくるとその木の下に、アケビが熟するようになるとアケビ藪を尋ねて歩いたものだ。

北アルプス山麓には古くから「しわい伯母の所へ行くより秋の山へ行け」という諺があるが、秋の山へ行くとハシバミ、ヤマブドウ、クリ、クルミなど、食べられる木の実がたくさん成っていたり落ちていた。また木の実や草の実には、トチ、キハダ、ヘビイチゴなど薬になるものも幾種類かあり、昔から民間薬として利用してきた。

次ページの表は北日本に自生する植物の実で、生食できたり果実酒として利用できるもの、および薬用

北日本の食用・薬用木の実・草の実（34科101種）

バラ科	ゴヨウイチゴ，カジイチゴ，クサイチゴ，ベニバナイチゴ，モミジイチゴ，ニガイチゴ，クマイチゴ，ナワシロイチゴ，エビガライチゴ，クロイチゴ，コバノフユイチゴ，ヘビイチゴ，ノウゴイチゴ，ハマナス，ヤマザクラ各種，ウワミズザクラ，スモモ，ヤマナシ，アズキナシ，カマツカ，ズミ，エゾノコリンゴ，オオウラジロノキ，イヌリンゴ，クサボケ，ナナカマド類
アカザ科	ホウキギ
ナス科	クコ
ヒシ科	ヒシ，コオニビシ
ユリ科	エンレイソウ，サルトリイバラ
リンドウ科	ツルリンドウ
イチイ科	イチイ，カヤ，チャボガヤ
イヌガヤ科	ハイイヌガヤ
ガンコウラン科	ガンコウラン
ツツジ科	アカモノ，イワナシ，コケモモ，シラタマノキ，ナツハゼ，クロウスゴ，クロマメノキ，スノキ，ウスノキ
ヒノキ科	ネズ，ミヤマネズ
モクレン科	サネカズラ
ヤドリギ科	ヤドリギ
イチョウ科	イチョウ
ウルシ科	ヌルデ
カバノキ科	ハシバミ，ツノハシバミ
グミ科	アキグミ，ナツグミ，トウグミ，ナワシログミ
クマツズラ科	ムラサキシキブ
クワ科	クワ，ヤマグワ
クルミ科	オニグルミ
クロウメモドキ科	ケンポナシ
ミカン科	キハダ，サンショウ
スイカズラ科	ガマズミ，ミヤマガマズミ，オトコヨウゾメ，ウグイスカグラ，ヤマウグイスカグラ，ゴマギ，マルバゴマキ，ニワトコ，エゾニワトコ
トチノキ科	トチノキ
ニレ科	ムクノキ，エノキ，エゾエノキ
ビャクダン科	ツクバネ
ブナ科	ブナ，クリ，シラカシ，ツクバネカシ
ミズキ科	ハナイカダ，ヤマボウシ
ユキノシタ科	スグリ，コマガタケスグリ，ザリコミ
アケビ科	アケビ，ミツバアケビ
クロウメモドキ科	クマヤナギ
マタタビ科	マタタビ，ミヤママタタビ，サルナシ
ブドウ科	ヤマブドウ，エビズル，サンカクズル，ノブドウ
マツブサ科	マツブサ，チョウセンゴミシ

となるものの主なものを科別に列記したもので、その合計は三四科一〇一種である。これらの中には、クリ、トチ、オニグルミなどのように今でもある程度利用しているものと、クワの果実やグミ、木性イチゴ類のように、昔はよく子供たちが採っておやつに食べたが、今はほとんど利用されなくなったものもある。また標高の高い所に自生し、一部の人たちだけに利用されてきたベニバナイチゴ、ガンコウラン、コケモモなども含まれている。

本稿は、これら全種について利用の仕方や生育状況などについて詳細に述べることを目的としていないので、ここでは以前はよく食べたり薬としていた里山の主なもののみに限り、その特徴や利用状況について、古き良き時代を想い浮かべながら、各地域の方言も加えて述べることとする。

①生食や果実酒とするもの

クサイチゴ（バラ科）　長野、新潟県でワセイチゴ、秋田でエンジョジジエチゴ。草状の茎は細くて柔らかいイチゴで、六月には赤熟するので早稲イチゴとも呼ばれている。大変よい味と香りがする。

モミジイチゴ（バラ科）　長野、新潟、岩手、山形、群馬、静岡県でキイチゴ、長野、飛騨でバライチゴ、新潟、富山、石川、青森県でサガリイチゴ、青森、群馬、長野、岐阜、石川県でアワイチゴ。山麓や低山帯の林道端や林縁で普通に見られる木性イチゴで、六月には黄金色をして熟し、下垂してよく目につく。栗のように黄色をして味がよいので栗イチゴ、黄イチゴとも呼ばれている。

ニガイチゴ（バラ科）　一般にゴガツイチゴ。山野で普通に見られる木性イチゴの一種で、丈は五〇センチ以下。六月には果実が赤熟するので五月苺と呼ばれている。果実の液は甘いが、核が苦いので苦苺の名が付けられている。

クマイチゴ（バラ科）　一般にキイチゴ、ヤマイチゴ、ナツイチゴ、ベライチゴ。低山から一五〇〇メートル近い高所で普通に見られる木性イチゴ。夏に果実が赤熟するので夏苺、山苺、木苺と呼ばれている。

ナワシロイチゴ（バラ科）　一般にカワライチゴ、バライチゴ、イチゴバラ、ツルイチゴ、ハイイチゴ。川原や土手、原野、道端など、人里近くで普通に見られる蔓性のイチゴで、子供たちに一番なじみの深いイチゴ。地上を這って蔓が伸び、果実は夏休みの時期に赤熟する。

エビガライチゴ（バラ科）　長野県でウラジロイチゴ、群馬県でナツイチゴ、飛驒でツルイチゴ。エビの殻というより毛ガニの殻と言った方がふさわしい毛だらけのイチゴで、方言のように葉の裏が白毛におおわれ、夏に赤熟する。

クロイチゴ（バラ科）　低山帯の上部を中心に、林内や林縁、林道の端などに見られる木性イチゴ。夏に果実が紫色から黒熟するのが名前の由来で、イチゴとしては珍しい色をしている。

ハマナス（バラ科）　一般にサナス、サンナス。主として北海道と日本海沿いの海浜や砂山に自生しているが、近年は内陸部の庭園にも植えられているのをよく見かける。夏に朱黄色の果実が熟し、生食できるしジャムにも加工できる。アイヌの人は生食のほか、未熟なものはゆでて魚油をつけて食べたという。また秋田ではこの果実の熟したものを採り、紐に通して数珠にし、仏前に供える習わしがある。

スモモ（バラ科）　果実の大きなものは長野県でハダンキョウ。北アルプスの乗鞍岳山麓の長野県側や飛驒側には本種の野生木が多いが、大樋鉱山で働いた人たちがおやつに食べた、本種の果実の種子を捨てたのが育ったものだという。この他山村では五〇年前には本種の木を多く見たが、皆子供たちのために植えられたものである。しかし今は、これらの木々は樹齢を重ねて枯れ、その後子供たちも食べなくなったので補植されず、ほとんど見られなくなった。スモモの果実は一般に野生種は直径一・五〜二センチであるが、三センチ前後の大きなものを長野県下ではハダンキョウと呼んでいる。養蚕が盛んだったころは、季節雇用の娘さんたちも好んで生食したが、その面影も今はない。

オオウラジロノキ（バラ科）　長野県下でオオズミ、ヤマリンゴ、飛騨地方でヤマズミ、富山県宇奈月でカタナシ。あまり一般的でなく、生育は少ない。リンゴの原種とも思われる落葉高木であるが、どこの地方にも里山に一～二本はあって、昔から子供のそさび（おやつ）として広く知られている果実である。葉の裏面が白い綿毛でおおわれているところからの命名で、一〇月には果実は黄紅色に色づき熟して落果するので、これを拾ってきて冬まで軒下に置くと、黒変して渋味がとれて甘くなる。

ウワミズザクラ（バラ科）　群馬、長野、静岡、岐阜県でクソザクラ、青森、秋田、山形県でコゴノキ、コンゴー、北海道、岩手、宮城、福島、群馬県でコンゴーザクラ、新潟、福井、長野県でミズメザクラ。サクラの仲間だがブラシ状の穂になって白い小さな五弁花がたくさん咲く。花後にできる果実は秋に紅熟するが、これをホワイトリカーに漬け杏仁子《あんにんご》酒とする他、塩漬けとした花穂や若い果実は、噛むとほろ苦味と適度な芳香があり、新潟県下では「あんにんご」（杏仁子）と呼び、お茶うけや酒の肴にする他、焼魚に添えたりして珍重する。

ズミ（バラ科）　一般にコナシ。里近くの川原、原野、土手、湿地などに普通に見られる本種は、一般にコナシと呼ばれている。秋になり熟してくると小さな果実は紅色を帯びてくるが、このころはまだ渋味が強い。霜が来て落葉すると、果実も完熟して褐色になり、柔らかくなって渋味もとれ、甘味が乗ってくる。これを集めてだんごにして食べたものである。

エンレイソウ（ユリ科）　長野県でギリマキ、グルミ、新潟県でネコホーズキ、ヘリモチ、山形県でグルミキ、青森県でマンタブ、北海道でヤマソバ。本種は図鑑には有毒植物の一種と書いてあるが、広く民間では昔から若葉や熟した液果を食べている。液果は熟すと紫黒色になり柔らかく、径一・三センチくら

スモモ

ナワシロイチゴ

コケモモ

ズミ

ミヤマガマズミ

アケビ

オオウラジロノキの果実

いあり生食できる。

イチイ（イチイ科）　静岡、群馬、岐阜、長野、新潟県と東北地方でアララギ、新潟県と東北地方全域でオッコ、北海道や東北地方と静岡県でオンコ、岩手、山形、宮城県でキャラ、新潟、長野県でトガ、長野、山梨県でミネゾ。広い範囲に自生が見られる本種は、地域によっていろいろな方言で呼ばれている。雪に強い性質を持っているので、雪国で生け垣として植えられているのをよく見る。果実は夏から秋にかけ紅熟し、液果となり甘く、生食できるので広く知られている。

イワナシ（ツツジ科）　長野県でジナシ、ジミカン、モチノキ、ヒラコウジ、新潟県でジナシ、東北地方でコケモモ、イワグミ。低山から亜高山帯にかけ、尾根筋の酸性土壌地に自生する本種の果実は、夏に熟するが未熟でも生食でき、適度の酸味がきいた味は子供たちに喜ばれた。飛驒の古川町では、珍しい酒の友として酒膳によく出される。

アカモノ（ツツジ科）　長野県でイワハゼ、シバチチコ、アカモモ、飛驒でハゼボボ。低山帯の上部から亜高山帯にかけ、日当たりのよい、近くに高木のない林縁などを好んで群落を作る本種は、夏に果実が赤熟し生食できる。世界遺産に登録された合掌造り集落のある岐阜県の白川村では、六月ころからこの果実を採ってきて、ハゼボボと呼んで食べている。

ナツハゼ（ツツジ科）　岩手、青森県でアマネ、長野、愛知県でキンタマハジキ、秋田、山形県でクロワン、青森、秋田県でコハジャ、コハゼ、新潟県でハチマキズミ、長野県でコンマラ、コンマラハジキ、シリダシ。倉田悟『日本主要樹木名方言集』には本種の方言名が一〇九載っていて、全国的に親しまれている樹木であることがわかる。しかしそのほとんどは果実の特徴によるもので、主としてこの果実の先端が、あたかも鉢巻きをしたように萼が残存していることによるもので、見方によっては「尻出し」や「まら」に見えるところからの名前もつけられていて面白い。

本種は夏にはぜる（熟す）ので名前があるように、低山の尾根筋などに多く自生していて、夏休みに採って生食できるので昔から子供たちに人気がある。

コケモモ（ツツジ科）　長野県でカンロバイ、コケノミ、山梨県でヤマナシ、ハマナシ。亜高山帯から高山帯にかけ、尾根筋や明るく開けた露岩地などに、人知れず群落を作っている本種は、秋には一センチ足らずの果実が赤熟し、甘酸っぱい味がして、生食できるが、シロップ漬けが珍味。富士山麓ではヤマナシといい、昔は江戸へ大量に売り出して名声を博し、これが県名になったという。

グミを採る子供たち

クロマメノキ（ツツジ科）　長野県でアサマブドウ、ジブドウ、コウザンブドウ、群馬県で高原ブドウ。本種は浅間山の六里ケ原その他に大群落を作っていて、採集希望者が多いので、営林署では入札で採る人を決めて売っているという。ヤマブドウより酸味が少なく、美味でアルコール分があり、たくさん生食すると酔う。ジャムに作ってもおいしいので、各地で古くから山村民に愛されている山の果実である。

ハシバミ、ツノハシバミ（カバノキ科）　長野、新潟県でハシマメ、カシマメ、飛騨、富山県でカセバ、富山県宇奈月でシロネソ。果実の形からハシバミを女ハシマメ、ツノハシバミを男ハシマメと区別して呼ぶ所もあるが、これは両者が自生している地域で、どちらか片方しか自生していない場合は区別して呼ばない。両者とも苞《ほう》をむいて堅果を取り出し生食するか、干してから炒って保存食とするが、いずれもピーナッツかココナッツに負けない味だ。

アキグミ（グミ科）　長野、岐阜、石川、新潟県、東北地方でカワラグミ、カワラゴミ、山梨、長野県、東北地方でヤマグミ、グミ、岩手、宮城県でカラグミ。河原や河原に続く原野などに主として見られるので、河原グミと呼ぶ地方が多い。果実は九月には赤熟し始めるが、甘味が乗ってくるのは霜が来て葉が落ちてからだ。このころ藪の下にござを敷いて、上から棒で叩くと面白いように落ちる。塩水に漬けた浅漬けをケーキやサラダに添えたり、シロップ漬けが喜ばれる。

ナツグミ、トウグミ、ナワシログミ（グミ科）　全般にグミ、タワラグミ。いずれも低木で、ナワシログミは暖地系の常緑樹で、秋に花が咲き翌年の初夏に赤熟するが、他の二種は春に花が咲き夏に赤熟する。太平洋戦争のころまでは、どこの家といわず食生活が貧しかったから、子供も大人もよくグミを食べた。グミの木を屋敷内に植えてある農家も多く、グミの木のない家の子供は、グミの木のある家の子供がうらやましくてしようがなかったものである。近年はグミの果実を採って食べる者もなく、どこのグミの木も熟すままに、地面は落果したグミで真赤である。

クワ、ヤマグワ（クワ科）　果実を長野県でクワズミ、カズミ、カミズ、トドメ、飛驒、新潟県でクワイチゴ。果実は六月下旬から七月上旬にかけ、緑→赤→紫黒色に熟し、甘く美味なので、子供たちは木に登り、衣服や唇を紫色に染めながら無心に実をもぎ採って食べたものだ。今の子供は、クワの実が食べられることも、いつ熟すかも知らない。

ケンポナシ（クロウメモドキ科）　一般にケンポ、ケンプ、ケンプナシ、ケンポナシ、テンポナシ。霜が幾回か降る晩秋のころになると、甘いケンポナシの果梗が地面に落ちる。それを待って子供たちは木の下に集まったものだ。かじると甘過ぎるというか、甘ったるく感じるこの果梗は、砂糖が簡単に入手できないころは、干して煮物などの甘味を出すのにも使った。

ガマズミ、ミヤマガマズミ、コバノガマズミ、オトコヨウゾメ（スイカズラ科）青森、岩手、秋田、宮城県でジュミ、ジョノミ、青森、秋田、山形県でジョーミ、東北地方でゾミ、ゾーミ、群馬、長野、栃木、茨城、福島、宮城県でヨツズミ、静岡、愛知、長野、岐阜県でヨーズミ、ヨードメ、ヨーゾメ、新潟県でズミ、ジミ、アカママ、飛驒、富山県でクロネソ、クロネッソ。倉田悟『日本主要樹木名方言集』には、ガマズミの方言として二〇二の名が載っている。人びとの生活とかかわりがいかに深いかを知ることができる。①果実が赤熟し生食できたり染料になる。②岐阜、富山県などでクロネソと呼ぶように、薪などを結束するのに縄のように使う。③幹や枝が細くて堅いので、菜箸や民具の柄によい、など広く各方面に利用できる木である。

ウグイスカグラ、ヤマウグイスカグラ（スイカズラ科）青森、岩手、長野、東京都でグミ、長野県でタウエグミ、東北地方、茨城、栃木、長野、愛知県でナワシログミ、岩手、宮城、長野県でヤマグミ、ヤマゴミ。以前は里山の林下や藪地に多く自生していたが、花が美しく低木で果実も赤熟して食べられるので、掘り取って持ち帰り、庭に植える人が多く、今ではほとんど山でも見かけなくなってしまった。果実はグミによく似ており、田植えの季節に赤熟するので、ヤマグミ、田植グミと一般に呼ばれている。

エノキ、エゾエノキ（ニレ科）一般にエノキ、エノミ、エノミノキ、ヨノミ、ヨノキ、ヨノミノキ、ユノミ。両者とも高木で大豆粒大の果実がなり、一〇月に熟して落果する。生食できるので、強い風が吹くとこの木の下へ子供たちは実を拾いに集まったものだが、今はそんな風景も見られなくなった。果実はそれほど美味でなく、果肉も薄く甘味も少なく、粉っぽいが、そんなものでも子供は結構満足だった。

チャボガヤ

サルナシ

トチ

イチョウ

オニグルミ

天日で干しているオニグルミ

マタタビタマバエが産卵して変形したマタタビの実

クリ（ブナ科）　一般にクリ、ヤマグリ、シバグリ。クリは青森県の三内丸山遺跡で知られているように、縄文時代から建築材としたり、重要な食糧源として、当時既に栽培が始まっていたらしい。クリは木の実の中では珍しくアクがなく、すぐ生食できたり、味もよく保存も簡単なので、広く庶民に利用され、愛されてきた。年輩の方なら誰でも子供のころクリ拾いに行った思い出があるだろう。ところが今は、九月下旬から一〇月上旬のクリの落果時期にクリの木の下に行って見ると、誰も拾わないまま落栗が地面一杯に秋の陽を受けて輝いている。こんな風景を見ると異様にさえ感じるこのごろである。

ブナ（ブナ科）　青森、山形、長野県でコノミ、ソバグリ。ブナの実は数年に一度しか成らない。しかしアクもなく味がよいのでコノミ、実の形が蕎麦の実に似ていて、クリのような味がするのでソバグリなどと呼んで珍重してきた。

ヤマボウシ（ミズキ科）　新潟、富山、石川、岐阜県でイツキ、東北地方でヤマガ、東北地方と新潟、群馬、埼玉、神奈川県でヤマクワ、ヤマグワ、山梨、静岡、長野県でヤマックワ、飛騨でヤママンジュウ。標高一〇〇〇メートルくらいまでの里山でぼつぼつ見かける本種は、九月上旬には紅熟し始め、ボリュームのあるイチゴに似た味は、おいしい果実として古くから知られている。

アケビ、ミツバアケビ（アケビ科）　一般にアケブ、アクビ、アキビ、アケベ。アケビは最も広く民衆に知られた秋の山の幸である。熟して開口した果実の果肉は甘く生食に適し、肉厚の果皮は油いため、袋煮などいろいろな料理がある。

サルナシ（マタタビ科）　全般にコクワ、コクブ、コクボ、シラクチ、シラクチズル。果実の大きさは小さいが、キウイフルーツによく似た味のする本種は、山の果実の中では一級の味で、生食もよいが果実酒にしたら最高の味となる。昔から知られた美味な果実だ。

ヤマブドウ（ブドウ科）　飛驒、長野県でブドウ、ヤマブンド、新潟県でオオブドウ、ミヤマツ。ヤマブドウは、ワインブームでいま脚光を浴びている花形選手。特有の酸味がワイン作りには大切とのこと。生食やジュース、ジャムにと、利用範囲は広い。

エビズル、サンカクズル（ブドウ科）　長野県でエビ、エブ、イブ、ミヤマツ、飛驒でクサエビ、新潟でエブ、スエビ、クロブドウ。両者共に小形のヤマブドウで、果実も小さい。しかし味はヤマブドウより優れて、酸味が少なく甘味が多く、山村では昔からヤマブドウと同じように利用している。

②手を加えて食用とするもの

ホウキギ（アカザ科）　一般にハーキグサ、ホーキグサ。庭や軒下に生える一年草で、一度種を蒔くと種がこぼれて毎年発芽する。秋まで放置して乾燥させたものは草ぼうきとする。夏に未熟な細かな実を採り、煮つけたり、漬物とするが、タラコかキャビアのような極細粒の果実が、食べる時に口の中で潰れる歯ごたえが何とも言えない懐かしさのある草の実だ。

ヒシ、コオニビシ（ヒシ科）　一般にヒシ、ヘシ。湖や大きな沼に自生するヒシやコオニビシの実は、「水栗」と呼ばれるように、栗のようにおいしく栄養価も高い。昔はよく食べたものだ。北海道の塘路《とうろ》湖では、九月になりヒシが稔ると、神に感謝するヒシ祭りが行なわれているが、かつてはヒシは土地の人にとって大事な食糧であった名残りである。同湖の湖畔には古い砦跡がいくつかあるが、これはヒシの収穫をめぐって対岸の村どうしが戦った跡だという。野生の食糧をめぐる悲しくも厳しい歴史物語である。

カヤ、チャボガヤ（イチイ科）　全域でカヤ、ガヤ。カヤは太平洋気候圏の植物で中木、チャボガヤは日本海気候の雪国の植物で低木だが、果実の姿や味は両者ほとんど同じである。「カヤの味は俳句の味」といわれ、渋味のきいたえもいわれぬ複雑な奥深い味がする。灰汁に漬けたり蒸したりして渋味をぬき、干して冬季間の子供のそさびとしたり、回虫駆除の薬としたことを思い出す。

イチョウ（イチョウ科）　一般に果実をギンナンという。銀杏《ぎんなん》は焼いて食べる他、茶碗むしをはじめいろいろな料理に使う。異臭を放つ果肉を取り去るには、土の中に一〇日ほど入れて果肉を腐らせてよく水洗いし、干すとよい。

オニグルミ（クルミ科）　一般にクルミ、飛驒でマクルビ、富山でクルビ。クルミはクリなどと共に、縄文時代からずっと食べ続けられてきた木の実である。九月中旬には熟し、一〇月には落果する。生食もできるが、一般には、落果した果実を拾い集め、しばらく置いて果皮を腐らせてから水洗いして殻を干して保存しておき、必要に応じてこれを焼いて口を開かせ、中身の子葉を取り出して用いる。

栄養価が高く、昔から「弱った時のクルミ餅」と言って、子葉をすりつぶして餅につけたものは、山村の最高のごちそうだった。ところが昨今は、作るのに手間がかかるので、誰もクルミを拾わなくなった。農村の食文化や伝統食もどんどん消えていくこのごろで、寂しい限りである。

トチノキ（トチノキ科）　全域でトチ。トチの実は、水田を持たない山村の人たちにとっては、大事な食糧源だったようで、トチノキ林は地域の共有として入会権を設定、山の口を決めて管理している所が多かったし、個人持ちの木もあって、嫁にくれる娘にトチノキを付けてやる習わしのムラもあった。

トチの実は一本の木からの収穫量も多く、ボリュームのある魅力ある食べ物であるが、サポニンやアロインを含んでいてアク抜きを充分しないと食べられないので、食べるまでに時間と手間のかかるものである。そのわずらわしさから、食糧事情の良くなった昨今では、珍しいものとしてたまにトチ餅などを作る程度となってしまった。

トチのアク抜きには水晒し法と加熱法があり、そのいずれかまたは両者を併用するなど全国まちまちで

抜き方 ②	アクが抜けると	簡易食用法	トチ餅作り
これを木灰8対トチ10の割合で桶の中でまぜ，熱湯を入れ1昼夜おく	アクが抜けると黄色くなる，かんでみても苦くなくなる	桶から数個出し，くだいて残り飯に混ぜカユに炊く（アク抜きの確認を兼ねる）	もち米1升にトチ300gを入れて一緒にふかし，もちに搗く
これを鍋に入れて熱し，煮立ったら灰を入れ，火を止め3日間おく	一つとり出し，焼いてみて粉になればOK		もち米1升にトチ1升でふかして搗く，昔はトチを多く入れた
灰を熱湯でかいたのに混ぜ，桶へ入れて3日程おく	桶から1粒出して焼き，ぱらっとこわればOK		桶から前日とり出し，もち米を蒸かしている途中で入れる（米2升にトチ5合）
皮のまま煮て臼でつき皮をとり，実を網袋に入れて川に7日くらい漬ける〔コザワシトチ法〕	ぼろぼろとこわれて粉のようになる	コザワシトチを川から上げ，カユに煮る時にアクか重曹を入れて煮る	灰掻トチを鍋から出して，もち米と一緒に蒸して搗く
これをすり鉢へ入れ熱い灰をかけ，その上へ熱湯をかけ2～3日おく	黄色くなる		水でよく洗い，もち米と一緒に蒸かして餅に搗く
木灰と1対1の割合で混ぜ，どろどろにして2晩おく，これを30分蒸す	クリのような黄褐色になる		臼に入れ杵でつぶしながら練り，そこへ蒸かしたもち米を入れて搗く
鍋に入れて1時間煮，桶に入れて灰と熱湯でかき混ぜ3晩おく（灰1.5対トチ1.0）	これを水で洗い渋皮をとり，また湯で洗うと苦くなくなる		もち米1升にトチ1升を蒸し，餅に搗く

トチのアク抜き法

採録地	実を拾ってきたら	皮むき	アクの
			①
長野県小谷村大網	1晩水に漬け，庭で10日程干し，しわが出たら袋に入れ格納	水か湯に2日漬け，これを一つ一つ皮むき器でむく	網袋に入れ流川に入れ，白いアクが出なくなるまで10日程おく
長野県下水内郡栄村秋山 『草木の話』p. 66	庭でしわが出るまでよく干す	湯に入れて1日おき，皮むき器か歯でむく	袋に入れ川に1週間程漬けておく
長野県木曾郡南木曾町漆畑	庭で30日も干すと渋が浮いてくる	桶に入れ熱湯をかけて10時間おき，一つずつ石の台で金槌で打ちむく	袋に入れ桶に入れ，流水に打たせ12日くらいおき，泡を出つくさせる
長野県下伊那郡南信濃村下栗 『続山村小記』p. 87		1〜2日水に漬けておき，これをゆがき煮立つ時に出し，石の台で石で打つ	灰の中へ入れて煮，洗ってさらに水で煮る〔灰掻トチ法〕
埼玉県両神町両神	中身をとり出し庭で1週間くらい干し，1斗缶に入れて格納	2〜3日水に浸し，上げたら煮え立つまで暖め，石の台で石で打ち割る	網袋に入れて流水に15日くらいおく，アクが抜けると白くなる
福島県南会津郡下郷町南倉沢	庭で1カ月くらい，しわが出るまで干す	2晩水に浸し，鍋で暖めてからトチ割板でむく	網袋に入れ2晩流水に浸す
富山県東砺波郡利賀村利賀	庭で1カ月くらい干す	2晩水に浸し，湯に漬けてから石の上で叩きつぶし皮をとる	1週間袋に入れて流水にさらす

抜き方	アクガ抜けると	簡易食用法	トチ餅作り
②			
これを袋に入れ流れ水の中に浸して幾日もおく			ソバ粉にまぜて焼餅として食べる，トチたんころという
3日間流水に浸しておいてしぼる		お茶か菜汁をかけて食べる（コザワシという）	
桶に入れて灰を混ぜ，熱湯をかけて10日くらいおき，水で洗い2時間水に漬けておく			せいろでむし，臼でつぶし，その上へもち米の蒸したのを入れて搗く
鍋で木灰を煮立て，これへ実を入れ1昼夜以上おく		ナシ	せいろでもち米と蒸かし，餅に搗く
鍋で3～4時間ゆっくり煮，別鍋に灰を熱湯でこねておき，桶に両方を入れてまぜ，1日おく	翌日出して洗う，これをイロリで2～3個焼いてベタベタにつぶれるとよくアクが抜けた証拠だ		トチの粒粉ともち米を蒸かして搗く
重曹を入れたぬるま湯（トチ1升に10～15g）に入れ1.5日おく（いくらおいてもよい）	芯まで赤くなる，すこしでも白いと苦くてダメ		桶から出して水洗いし，水の中に1昼夜浸けておき，上げて米1.5升にトチ5合の割合で，もち米を先に蒸し，後からトチを入れて蒸し上げる

トチのアク抜き法

採録地	実を拾ってきたら	皮むき	アクの
			①
岐阜県大野郡高根村野麦	庭で干して	から臼で叩いて皮をむく	桶に入れ灰と混ぜ，熱湯をかけてふたをし，幾日もおく
岐阜県吉城郡神岡町跡津川		つぶして皮をとる	煮て臼でつき，カキの渋汁をまぜ，木箱に布を敷いて入れる
		つぶして皮と渋をとる	12日くらい水にさらす
新潟県両津市和木	共有林のトチ林から山ノ口明けで一斉に拾う，拾ったものは4～5日水に浸し，1カ月くらい干す	水か湯に3日くらい浸し，さらに鍋にかけ煮立つまで暖め，金づちで一つずつくだく	網袋に入れ，流水に1週間くらい，アクが出なくなるまで浸す
石川県石川郡白峰村『木の実』p. 165	拾ったらすぐ水に7日くらい浸し，庭でよく干し，しわが出てカラカラと鳴るまで干す	桶に入れて熱湯をかけ1日浸す，これを鍋で暖め，金づちで一つずつ割る	布袋に入れ，流水に15日くらい漬け，泡が少なくなるまでおく
富山県東礪波郡上平村五箇山菅沼	1日水に浸してから天日でよく干し，収納しておく	沸騰すこし前の湯まで煮たら，石台で金づちでたたいて割り，むく	網袋に入れて7日くらい流れ川にさらし，桶に移す

ある。要はなるべく手間をかけずに、短時間にアク抜きのできることを望んで各地で考え出された方法が、親から子へと代々伝わったのだろう。筆者が過去に聞きとり調査などによって調べた一二カ所について、簡単に比較できるよう整理して表とした（一六二〜一六五ページ）。

一般にアク抜きはトチ餅を作るのを主目的に行なっているが、簡単な食べ方としてコザワシや粥などの料理がある。これは簡単な食事の一種で、アク抜きしたトチにお茶か菜汁をかけて食べるだけのもので、したがってアク抜き法もすこし簡単になっている。

ツクバネ（ビャクダン科）　ツクバミ、ハゴノキ。豆粒大の果実は、その先に「羽根突き」の羽根に似た四枚の苞を持っていて、植物の名前や方言もそこから付けられている変わった低木だ。自生はあまり多くないので、利用も「姿揚げ」程度にして、大事にしてあげたい植物だ。

③薬とするもの

現在のように西洋医学が普及していず、医者も少なく、医療費も全額自己負担だった昔は、病気になってもなかなか医者にかかることができなかった。それで昔からの生活の知恵や、長い経験からの発見による民間薬が、代々受けつがれて伝統として残ってきた。そんな薬のうち、ここでは木の実や草の実で、民間薬として伝えられているものをとりあげた。

ヘビイチゴ（バラ科）　一般にヘービイチゴ、エボバナ。一般に毒だと言われている本種の果実は、毒ではないがスポンジ状で、生食には適さない。薬としてもっぱら用いられており、神経を鎮め、熱を下げ、通経剤として煎じて飲む他、果実を潰した生汁は火傷の薬としても知られている。

イヌガヤ、**ハイイヌガヤ**（イヌガヤ科）　一般にヒヨビ、ヒョービ、ヒョーブ、ヘボガヤ、オトコガヤ。大まかに区分すると、イヌガヤは太平洋側、ハイイヌガヤは日本海側の雪国に自生する。両者共に熟果からは、石油ランプが一般に普及する以前には、灯明用の油を採っていた。熟果は液果に近いもので、ペントザン、フルフラールなどの樹脂とタンニンを多く含み、ホワイトリカーに漬けると特有の樹脂香のある薬酒ができ、強壮、血圧降下、制ガン作用に効果があるといわれる。

クサボケ（バラ科）　一般にシドミ、ジナシ、ボケ。果実の生薬名を和木瓜《わもっこう》といい、昔から薬用にしている。輪切りにして干したものは煎じ薬として、貧血や脚気、風邪の咳の時に用いる他、ホワイトリカーに漬けた薬用酒は疲労回復や貧血症によいとされる。

ノブドウ（ブドウ科）　長野県でウマブドウ、メクラブドウ、新潟県でドクブドウ。ブドウの仲間では異色のブドウで、熟すまでに緑→赤紫色→青碧色にと色変わりし、生食には適さない。しかし液果は薬効高く、ホワイトリカーに漬けたものは、風邪の時ののどの痛みや、腫れ物、打ち身、虫さされ、リューマチなどの痛みに効果があるとされる。

マタタビ、ミヤママタタビ（マタタビ科）　一般にマタタビ、ワタタビ。花後にできる果実は小指の爪くらいな大きさで砲弾型をし、秋に黄褐色に熟すが、マタタビタマバエが産卵した実は変型してちりめん南瓜状に育ち、黄熟せず八月には落果する。

「猫にマタタビ」と言うが、人間にとっても不思議な薬効があり、強壮、強精作用があるほか、冷え症や腰痛、神経痛、利尿にも効果がある。生薬名を「木天蓼《もくてんりょう》」といい、マタタビタマバエが付いて変型した果実の方が薬効が高く、干して粉末にしたり、ホワイトリカーに漬けて服用する。

マタタビの蔓を探すには梅雨時に、渓流沿いの林道を車で走ると、この時期マタタビの葉は白くなっているので、その在処を遠くから眺めて知ることができる。これをメモしておいて秋に尋ねるとよい。

マツブサ（マツブサ科）　長野、富山県でマツフジ、飛騨でゴミシ。熟果はヤマブドウに似ているが、松脂臭があるのでマツフジとかマツブドウと呼ばれている。フジはフジ蔓のことで、太い蔓植物で、この蔓も薬効高く、生薬名を「松藤」といい、風呂に入れると体が暖まる。液果は生食もできるが、果実酒にしたものは、鎮痛、安眠に効果があると言われ、古くから民間で利用されている。

食用特産品

①漬わらび

ワラビといえばまず山菜が頭に浮かぶ。春に芽を出し、伸び始めた幼茎を採ってお浸しや煮物、汁の実などとするもので、万人が知っている山菜。その時期には「蕨狩り」などが行なわれ、賑わったものだ。『万葉集』にも、

石《いわ》ばしる垂水の上のさわらびの　もえいづる春になりにけるかも

とあり、このころすでに食用としていたことが想像される。

ワラビは農民ばかりでなく、都市の町民や武家の間でも愛用されていたようだ。『信濃史料』によると、寛永十（一六三三）年八月の記録に、安曇郡成相新田（現豊科町）の問屋の塩漬わらびや杉板などの荷送りの伝馬の数を定めた古文書が残っているし、北安曇郡の庄屋であった何軒かの家には、松本藩へ上納した漬わらびに関する古文書が残っている。その中から二つ紹介すると、

〔その一〕　池田町の元庄屋だった家に残る文書から

松本から伝馬にて四ケ庄（現在の白馬村と小谷村）の漬わらび用の樽二一樽を、継ぎ荷にて申し送った。四ケ庄の漬わらびには現在の美麻村の地域も入っていて、毎年採集して四ケ庄へ届け、漬けてもらうよう

になっているが、今後は直接漬けて藩へ届けたいので、樽を届けてほしい（高附武男氏談）。

〔その二〕　小谷村千国・郷津信康家古文書

元禄十一寅年五月　御漬蕨桶割　控

千国庄屋　七郎右ヱ門

大中小廿壱桶

屋丁　百参拾弐軒　弐歩五毛

千国・小谷　軒

同百八拾六軒八歩弐厘

外ニ半軒塩島新田弥右衛門当年より相勤

〆百八拾七軒三歩弐厘惣軒合而三百拾九軒五歩七厘也

大四本

中九本

小八本

小桶ニなおし廿九本半也（以下略）

他の文書を見ると、小桶は二斗樽、中桶は三斗樽、大桶は四斗樽とあるので、大中小合わせて二一本は小桶に直して二九・五桶になる。

二斗樽には頭の有毒部分を切り除いたもの二〇〇把は漬けられるので、毎年四ケ庄全体では五九〇〇把くらいのワラビを漬けて藩へ上納するのが慣例だったようだ。ちなみに今も四ケ庄に伝わる話に、庄屋の家では毎年漬わらびの頭を取り除いた不用の部分を入れるだけで田の肥料が充分まかなえ、他に肥料はいらなかったというから相当な量だったことが想像できる。

②わらび粉

ワラビの根茎は打ちくだいて縄にする他、わらび粉を昔から採った。わらび粉は荒く製したものはわらび餅にしたり米や雑穀と混ぜて救荒食にしたし、よく製したものは傘や提灯を貼る糊として需要が多かった。北アルプス周辺の山村では、わらび縄もわらび粉もムラの産業とし、生業としている所が多くあった。岐阜県飛騨地方の総合誌『斐太後風土記』（明治六年刊）によると、わらび縄を産業としている村が九カ村で生産量一万五二八八束、わらび粉を生産している村が三二カ村で生産量一五一石三斗一升とある。また同書には、わらび粉について次のようにも書かれている。

益田郡阿多野郷なる奥山中一二ケ村、秋神七ケ村等にて蕨粉を製するには、家毎におしなべて春は雪消えの頃より、村々稗苗を植付くる頃まで三〇～四〇日間、秋は秋上けの後より雪の降り積るまで四〇～五〇日の間、村方によりては三～四里も奥山に小屋をつくり、老壮の婦女・娘どもに至るまで其の小屋に住居して、盛壮《セイソウ》の女等は昼は終日《ヒネモス》、鍬《クワ》、備中《ビッチユウ》、真鍬《マグワ》等もて、蕨根を掘りて小屋に持運び、其の根を石上にて昼夜となく槌もて打砕き、それを敷布又は簀《ス》を敷ける底なし箱に入れて、槽上に居て水を汲みかけ、しきりに掻き立てれば、蕨汁、敷布の目、又は簀を潜《クグ》りて、槽に満ちたるころ、彼の箱は他の槽上に移し、日に乾しあくれば、漉土《コシツチ》の乾ける如く乾上りたるを取て、粗《アラ》きはおのが食料とし、精密なるは菅莚《スガムシロ》もて作りたる叺《カマス》に五斗づつ入れて、それを集め、男は牛に負はせて他国へ持出て売しとなり。塩茶にかへて其の村々の産業とす。

採集したワラビ

カタクリ

クズ

わらび粉を採るためにワラビの根を打ったわらび打石の面影（安曇村番所にて）

平成二年六月に筆者は、『斐太後風土記』に載っている秋神地区のある、岐阜県大野郡朝日村と、その隣の高根村を訪ねた。

秋神では「蕨根掘りは昭和四六年までやった。スズラン高原を中心に掘り、わらび粉を製して売った。主に和傘用の糊に使ったが、和菓子にも使ったらしい。四八年には最後の記念にわらび粉採りの全容をスライドに撮った」と集落の一人は話してくれた。

高根村でわらび粉採りをやったのは、主に日影、大古井、中洞、野麦で、野麦峠のある野麦集落の中谷政雄氏（明治四三年生）は、当時の様子を次のように語ってくれた。

太平洋戦争が終わったころはムラ中が掘った。初めはいい金になり、わらび粉一升で米三升が買えたが、皆が掘るようになったら値下がりして、わらび粉一升に米一升となった。

掘るのは雪消えから六月までと、九月から雪の降るまでの間で、場所は共有地の牧場が中心だった。朝は四時に起き、二時間ほど昨日掘ったのをたらしてから朝飯を食べ、山へ行き夕方まで掘って、掘ったのを背負って帰ってきた。帰ってくると、朝たらしたもののカスと今日掘った分を水に入れて洗い、打った。夕飯を食べると、また八時まで、休まずに打った。

打つとは、水で洗ったワラビ根を、石の上に載せて木槌でとんとん打って細かくくだく作業で、打ちくだいたものは舟（もみ舟という）に入れてかき回して華《はな》（わらび粉になるねばりのある成分）を洗い出し、別にクロベかサワラの板でつくった長さ一メートル、幅五〇センチくらいの箱の底に竹か棒で編んだスノコを敷き、その上へワラビを打った時に出るスジを一〇センチの厚みに敷いて、そこへ打って華を抽出した液を柄杓《ひしゃく》でくんでは流しかける作業を繰り返し行なう。そうすると、荒いごみ（スジ）はここに留まり、良い液だけが下へ垂れて落ちる。この作業をたらすと呼んで、上に留まった荒いごみは手で取って別の竹籠に入れ、一杯になったら洗根と一緒にもう一度打ってたらす。

こうして、太い一本丸太をくり抜いて造ったもみ舟に一日たらして溜まった液は、静かにしておくと華が下に沈澱し上は水だけとなるので、舟をかたむけて上水を捨て、もう一日たらして華の量を増して上水を捨て、華を底から杓子でかき取り、また水を加えてかき回し、今度はさらに目の細かい篩《ふるい》にたらして一晩置くと、黒華と白華の二層に分かれて沈澱する。この上水を捨て、黒華と白華に分けてかき取り、黒華は自家用食とし、白華は蚕かごに紙を敷いてその上へ広げて干して仕上げ、販売用とした。

わらび根掘りは、馴れた人は一日でわらび粉三升が採れるくらい掘ったが、馴れない人は一日掘っても一升くらいだった。大事なのは華が多く採れる根かだめな根かをまず見分けることで、表土をはいでワラビの根二〜三本を爪でこそげてみて、その粘り具合で良い華が多くあるかないかを判断した。

わらび根掘りは乗鞍山麓の安曇村のスズラン高原でも大正のころまで盛んに行なわれていた。わらび粉精製の過程とやり方は飛驒地方とほとんど同じで、ただ容器などの名称が違う程度である。詳しくは拙著『北アルプス乗鞍物語』(ほおずき書籍)をご覧いただきたい。

③葛粉

クズは昔、大和国栖《くず》地方の人がこの根から葛粉を採って売ったので、この草を一般にクズと呼ぶようになったという。葛粉は良質な澱粉で、奈良の吉野、大宇陀、和歌山の田辺、九州の熊本、新潟の小千谷、佐渡、北アルプスの飛驒および信州側の山村などが主な産地だった。

『斐太後風土記』によると、明治の初めごろの飛驒地方では、「葛粉の産額は四一石五斗五升で一六ケ村」とある。当時葛粉はくず湯、くずあんかけ、葛餅、葛まんじゅう、葛きり、葛焼きなどに使った。

葛粉は昭和二〇年ころまでは各地で採っていたが、製するのに大変なので次第にすたれ、現在も採っているのは奈良県の大宇陀町や九州の熊本などの一部の山村だけである。この両地方のクズを産する山は砂質の良質土で、野球のバットくらい太くてまっすぐな根が地下に伸びていて掘りやすく、直経三〜五センチの太さの蔓を見つけて、地面近くを切ってその断面を見て、真白で黒いシミや斑が入っていないのを選んで掘るという。断面に黒点や斑があるものは根にもこれがあって、葛粉にしても白く仕上がらずよくないとのこと。葛根掘りは冬の仕事で、掘ってきた根は味噌つぶし機のような機械にかけて細かくつぶして水槽に浸すが、昔は平らな石の上に置いて槌でつぶして水槽に浸していた。

昭和二〇年ころ盛んに葛粉を採っていた下伊那郡上村下栗での葛粉の製法は次のようだった。

根を掘って来て洗わずにそのまま平らかな石の上に載せて槌でわたわたになる迄叩き、容物の中の水へ入れてよく揉んで絞り糟は捨てる。この水を笊で漉し、一夜ねかして置くと下へ粉が居付く。この上水を流し、又水を入れて掻きたて布袋で漉して居付かせる。これを繰返していく。この居付かせることを「すえる」というが、すえるには、鍋や釜のように底が円味のあるものが具合よく、桶は角ばっていていけぬ。そしてだんだん小さい容物へいれていく。漉《こ》されるので土や泥はとれてしまい漂《さ》らされるのでアクがとれ白くなってくる。三、四回もすえると、下へ白いところ、上へ黒味のあるところと分れてくるから、庖丁で仕分をしてわける、ハナとノロミである。このハナを更に水にとかしてすえるとハクになる。何度も繰返して真白になったものが上等なのであって、仕上げには、布を上へ掛け木灰を載せ水分を吸取らせて固める。上等な葛粉《くずのこ》であって病人にもよい。クズノハナ又はモチノハナとよんでいる。ノロミは固まったのを火で乾かして熱灰へ埋《い》けて焼いて食べると美味しく、又、固まったものを小片にして糯粟と一緒に蒸して餅につくと実に美味しく、グズバモチと言っている。

(向山雅重『続山村小記』から)

こうして採った葛粉は、食材が満ちあふれている現在は、葛きりや葛あんかけなどの高級和菓子として使う程度となってしまったようだ。

④かたくり粉

カタクリの地下茎からも良質の澱粉が採れる。子供のころ風邪をひいた時など、あのどろっとして甘いかたくり粉の溶いたのを飲ませてもらったことを思い出す。

かたくり粉を採るのは、カタクリの葉が枯れてなくなってしまう前の、五月末から六月中旬ころに地下茎を掘り採る。皮を除き石臼で搗きくだいて水を加えてかき回し、木綿袋でこし、数回水をかえて沈澱させて順次白い層に仕上げ、干して澱粉に製する。

かたくり粉作りは古くから民間で行なわれていたようで、長野県大町市野口の元山庄屋だった西沢家に残る古文書の中に、製法の覚書がある。現代口語に直して紹介しよう。

かたくりの粉の製し方の覚

掘った地下茎はざるに入れてよく洗い、臼で搗いてできるだけ細かにつぶし、水に入れてよくかき混ぜ、麻袋で漉《こ》して別な桶に溜《た》めてこ澄ませる（底に沈澱させる）。上水やアクを捨て、底にかたまった華を搔き取ってまた水を加えて搔き回し、麻袋に流し込んで漉し、澱粉質を底に沈澱させる。

この作業を三〜四度も繰り返し行なう。そして白い層が底にできたら上水を捨て、生のうちにへらで白い澱粉質の層をすくい取り、むろぶたにこぬかを入れた上に□□を敷いて、そこへ広げてよく干す。

次にこの干したものを搗きつぶして粉にしてよく干し、臼で挽いて絹篩《ふるい》でふるう也。

右のように御隠居様より伝えるところ也。

文化二（一八〇五）乙丑四月五日

今はカタクリは貴重な存在となって、この可憐な花の野生の姿が見られる場所も少なくなってきている。カタクリが群生している所では、観光名所としてカタクリ祭りなどを開いて客寄せに利用するようになった。

四　民間薬と植物

人は生身の体であるから、常に健康であるとは限らない。時には風邪をひいたり腹痛を起こすなどの病気をすることもあるし、切傷や打撲などの外傷を受けることもある。軽い症状の時には家庭に置いてある富山の置き薬や農協の薬屋の売薬を飲んだり傷口に貼ったりして治療するが、重い時には病院に行って医師の診断や治療を受ける。

もっともこれは、昨今の医療や保険制度の発達普及した時代のことで、太平洋戦争以前にはこれらが普及していなかったし、治療費は全額本人負担であったから、貧乏人は病気をしてもなかなか医者にかかれなかった。だから農山村ではそんな時には、古くからムラや家に伝承されている、草木や動物などの民間薬を用いて治療してきた。

この民間薬や療法は、人類始まって以来の、長い生活の中から探し出し、知り得た生活の知恵である。それらの中にも、たとえばゲンノショウコ、オオバコ、ドクダミ、フキなどは全国的なものだが、ノキシノブ、ヤシャブシ、ヤマブキなどは特定の地域でしか利用されていない植物である。また野生植物ばかりでなく、アンズ、イチジク、イチョウなどの栽培植物も大いに利用されており、両者を合わせた種数は大変な数になる。筆者の手元にある薬草の本を見ても、『信濃の民間薬』（医療タイムス社）では一二三科五〇〇種が、『佐渡における薬草』（上野己之吉）では四一七種、『薬草全科』（家の光協会）では二〇八種、『薬用植物事典』（村越三千男）四九五種が載っていて、その多さに驚く。

次ページ以下の表は、長野県内の各地（『信濃の民間薬』）、新潟県佐渡地方（『佐渡植物民俗誌』）、秋田県下（『秋田の薬草』）と、筆者の植物民俗ノートからそれぞれの地域で利用している薬草（野生植物のみ）について一覧にしたものである。これで見ると、長野県内で民間薬として利用している植物は一三八種、佐渡地方では一三五種、秋田県で八九種などで、野生植物全体では八九科一九三種の多きにのぼっていて、先人たちの叡知に頭の下がる思いがする。

しかし地方別に見ると、先にも述べたように、それぞれの地域特有の利用植物があるようで、たとえば長野県下で薬草としている植物は、秋山郷では五〇種、木曾谷で四一種、阿智・喬木村で六七種、遠山郷で六一種、奥裾花で三八種、佐久地方で五二種、小谷村で三八種となっていて、全域で共通に利用している種はドクダミ、ゲンノショウコ、ユキノシタだけで、他の植物は利用している所と利用していない所があり、それぞれの地域では病名によって利用する薬草が昔から伝統的に決まっているようである。

しかし昨今は、近代医学や保険制度の充実した生活の陰に隠れて、これらの民間薬や療法は忘れ去られようとしている。昔から地域に伝承されてきたこの貴重な民俗的文化遺産の消失は、大きな損失と思われてならない。そこでここでは、皆が知っているポピュラーな薬草を除いて、先人たちが暮らしや生活の中から探しえた、これはと思われるものを取りあげてみたい。

民間薬として使用している植物名と利用地区分

科名	植物名	秋山郷	木曽谷	下伊那 阿智・喬木	下伊那 遠山郷	奥裾花	佐久 蓼科山麓	佐久 南牧・川上	小谷	佐渡	秋田県	北海道(アイヌ)	主な利用部位と適応症 ( )内はその他の地域
アオイ	ムクゲ			○							○		葉：吸い出し，下痢，胃腸炎
アケビ	アケビ類	○		○	○	○	○		○	○	○		果肉：回虫駆除，産後
アカザ	アカザ									○	○		茎葉の汁：虫歯，毒虫，血圧
アカネ	ヘクソカズラ									○			茎葉：毒虫，果実：凍傷
	アカネ									○	○		根：利尿，強壮，解熱
イチヤクソウ	イチヤクソウ									○	○		葉：肺病，切傷，虫害
イチイ	イチイ		○		○					○			果実：咳止め，葉：糖尿病
	カヤ				○				○	○			果実：虫下し
イチョウ	イチョウ			○						○			こぶの汁：催乳，葉：魚の目
イネ	シナノザサ			○			○	○					葉：うるしかぶれ，神経痛
	スズメノテッポウ			○									全草：腎臓
	タケ			○	○			○		○			皮：解熱，利尿，脚気
イラクサ	イラクサ	○								○			茎；いぼ，魚の目，虫害
イワタバコ	イワタバコ				○								全草：結核，婦人病
イワタケ	イワタケ			○	○								全草：下痢，便秘
ウマノスズクサ	ウスバサイシン		○							○			茎：切傷，口中の臭気，根：解熱
	フタバアオイ									○			根茎：去痰，ぜんそく

ウコギ	ウコギ									○	○		根：強壮，腰・腹痛
	ウド	○	○			○	○		○	○		○	全草：肺炎，肋膜炎，頭痛
	タラノキ	○		○				○	○	○	○		樹皮：便秘，糖尿病
	トチバニンジン	○							○	○	○		根茎：強壮，健胃，解熱
	ハリブキ		○										根の皮：腸カタル（安曇村）
ウラボシ	ノキシノブ			○									全草：がん
	ワラビ	○	○		○								根：マムシかまれ，下痢止め
	シシガシラ									○			全草：腫物，くさびき（鬼無里村）
ウリ	キカラスウリ									○	○		根：健胃，血の道，実：あかぎれ
	アマチャズル				○		○	○					全草：高血圧，糖尿
	カラスウリ			○	○								果実：しもやけ，根：ぜんそく
オオバコ	オオバコ	○	○		○	○	○		○	○	○	○	全草：せき，便秘，かぶれ，腫物（富山県音沢）
オトギリソウ	オトギリソウ	○	○				○	○		○	○		全草：胃腸，切傷，打僕
オミナエシ	オミナエシ									○			地下茎：流行眼，タダレ目
オモダカ	サジオモダカ			○						○			全草：湿疹，利尿
ガガイモ	ガガイモ									○	○		茎葉：強壮，強精，腫物
カエデ	メグスリノキ	○	○										皮：はやり目（新潟津南町，群馬県）
カキノキ	カキ	○		○	○	○	○	○		○	○		葉：痔，果実：せき，酒酔
カツラ	カツラ	○											木部：水虫
カバノキ	ヤシャブシ	○											実：血の道
カヤツリグサ	カヤツリグサ									○	○		全草：腎臓，むくみ，健胃
キキョウ	ツリガネニンジン									○	○		根：健胃，たん切り
	キキョウ		○	○	○					○	○		根：ぜんそく，咳止め
	ツルニンジン					○			○	○		○	根：強壮，強精，腫物

科名	植物名	秋山郷	木曽谷	下伊那 阿智・喬木	下伊那 遠山郷	奥裾花	佐久 蓼科山麓	佐久 南牧・川上	小谷	佐渡	秋田県	北海道(アイヌ)	主な利用部位と適応症 ( ) 内はその他の地域
キク	カワラヨモギ									○	○		茎葉：黄疸，利尿，腎臓（長野県下）
	サワヒヨドリ									○			根：産前産後，婦人病
	メナモミ									○	○		茎葉：腫物，腰痛，リュウマチ
	ヨメナ									○	○		全草：利尿，腫物
	ヨモギ	○	○	○	○	○	○	○	○	○	○	○	葉：外傷，止血，虫よけ（富山音沢，岐阜平湯）
	オナモミ									○	○		茎葉：風邪，痔，頭痛
	ジシバリ										○		茎葉：から耳薬，ちくのう（長野）
	アザミ類		○					○		○			葉：神経痛，胃，催眠
	オケラ						○			○	○		地上部：健胃，根：強壮
	タンポポ						○	○		○	○		つぼみ：胃，利尿
	ツワブキ			○						○	○		葉：吐剤，吸い出し，火傷
	ハハコグサ				○					○	○		全草：痔，去痰
	フキ	○	○	○		○		○	○	○	○		根・葉：外傷，止血
	アキノキリンソウ									○	○		全草：腎臓，膀胱炎
キンポウゲ	アキカラマツ	○		○				○					全草：腹痛（岐阜平湯）
	オウレン類	○	○	○	○		○		○	○	○		根茎：胃腸，腹痛，眼病（富山音沢）
	センニンソウ				○	○	○						葉：扁桃腺
	サラシナショウマ										○		根：黄胆，健胃，強肝
クスノキ	アブラチャン								○				実：マムシに噛まれた時
	クロモジ			○	○								枝：虫歯予防（富山音沢）
クマツヅラ	クサギ									○			葉：足のただれ

グミ	アキグミ			○	○					○	○		果実：解熱，葉：肺炎
クルミ	オニグルミ			○						○			実皮：水虫，糖尿病
	クルミ			○	○					○			同上
クロウメモドキ	クロウメモドキ									○		○	果実：下剤
	クマヤナギ									○	○		つる・葉：胆石，肋膜炎
	ナツメ			○	○		○			○			果実：トゲ抜き，咳止め
クワ	イチジク									○	○		果実：のど痛，葉：婦人病
	カナムグラ									○	○		茎葉：健胃，整腸
	クワ				○	○	○	○		○	○		葉：血圧，果実：ヒステリー
ケシ	クサノオウ						○			○		○	地上部：かいせん，風邪，虫毒
	タケニグサ		○	○		○				○			全草：いぼとり，たむし，腫物（東部町）
ゴマノハグサ	キリ				○			○		○			炭にして：下痢止め，イボとり
サトイモ	カラスビシャク	○			○				○	○	○		球茎：血の道，解熱，つわり（長野県下）
	ショウブ	○	○	○		○	○	○		○			全草：しもやけ，強精，咳止め
	セキショウ	○	○	○									全草：神経痛，リュウマチ
	テンナンショウ類		○	○	○	○	○		○	○		○	根：解熱，脚気，胃カタル（安曇村）
サルナシ	サルナシ				○					○			実：利尿，催眠
	マタタビ	○	○	○	○	○	○		○	○	○		つる・果実：神経痛，冷症
サルノコシカケ	サルノコシカケ類	○		○	○		○	○				○	全体：がん，寝汗，胃薬
シソ	ウツボグサ				○	○				○	○		全草：膀胱，淋病
	カキドオシ				○						○		葉：蜂さされ，糖尿病（大町市）
	ハツカ		○	○	○	○		○		○			葉：ひきつけ，ちくのう，健胃
	ヒキオコシ			○					○	○	○		葉：胃腸，腹痛
	イブキジャコウソウ									○			全草：神経興奮剤，神経痛（長野，白馬）
	メハジキ									○	○		全草：産前産後，婦人病，眼病
	ナギナタコウジュ									○	○		茎葉：発汗，利尿

科名	植物名	秋山郷	木曽谷	下伊那 阿智・喬木	下伊那 遠山郷	奥裾花	佐久 蓼科山麓	佐久 南牧・川上	小谷	佐渡	秋田県	北海道(アイヌ)	主な利用部位と適応症 ( ) 内はその他の地域
スイカズラ	スイカズラ		○		○	○	○	○		○	○		全草：浴用，口内炎
	ニワトコ			○		○	○		○	○	○		木部：打撲，リュウマチ，腎臓（富山音沢）
スギ	スギ	○			○	○			○	○	○		葉：しもやけ，やに：あかぎれ
スベリヒユ	スベリヒユ		○		○	○				○	○		全草：かぶれ，高血圧
スミレ	スミレ			○						○		○	根：血の道，催眠，腫物
セリ	シシウド						○			○			根：風邪，疝気
	ノダケ									○			同上
	センキュウ類	○	○							○		○	根茎：風邪，血の道，頭痛
	チドメグサ		○						○	○			葉：切傷，たむし
	トウキ類			○						○			全草：鼻，婦人病
	ドクゼリ	○		○						○		○	葉：歯痛，ウジ殺し，リュウマチ
	ハマボウフウ									○	○		根：解熱，鎮痛
	ハマニンジン									○			種子：強壮，冷症，腰痛
ゼンマイ	ゼンマイ	○											全草：貧血，催乳
ソヨゴ	ハイイヌツゲ									○			葉：利尿
タデ	イタドリ			○	○		○			○	○		根：便秘，腎臓，葉：止血
	ギシギシ	○			○			○		○	○		葉根：便秘，火傷，たむし（飯山市）
	オオイヌタデ										○		茎葉：胃潰瘍，神経痛
	スイバ									○			茎葉：かいせん
	ミチヤナギ									○	○	○	全草：黄胆，腹痛，腫物
	ヤナギタデ	○		○						○			全草：解熱，肺炎，ひきつけ

ツツジ	アセビ				○								葉：シラミ殺し
	ハナヒリノキ	○				○			○	○		○	全草：便所のウジ殺し，毒矢（長野県下）
ツヅラフジ	アオツヅラフジ				○					○	○		根：膀胱炎，リュウマチ，風邪（長野県下）
ツユクサ	ツユクサ									○	○		茎葉：のど痛，腫物
トウダイグサ	アカメガシワ				○					○	○		葉：黄疸，樹皮：がん
トクサ	トクサ	○											地上部：虫歯予防
ドクダミ	ドクダミ	○	○	○	○	○	○	○	○	○	○		葉：できもの，鼻づまり，吸出し（富山音沢）
トチノキ	トチノキ	○				○			○	○			若芽：たむし，実：打身
ナス	クコ	○		○		○	○				○		葉・果実：強壮，冷症
	ハシリドコロ	○											根茎：鎮痛
	ホウズキ	○	○	○	○	○				○			全草：腹の冷え，神経痛，腹痛
	イヌホウズキ									○			葉：たむし，解熱，たん切り
ナデシコ	イワツメクサ		○										全葉：万病の薬
	ハコベ	○	○	○	○	○	○		○	○	○	○	全草：胃腸，盲腸，催乳
ニガキ	ニガキ									○	○		皮：胃腸（富山芦峅）
ニシキギ	ニシキギ			○						○			木部：とげ抜き（長野県下）
ノウゼンカズラ	キササゲ		○	○	○					○	○		果実：腎臓，利尿
ハマウツボ	オニク	○											全草：婦人病，強壮
バラ	ヘビイチゴ							○		○			果実：解熱，リュウマチ
	ダイコンソウ									○	○	○	全草：利尿，腫物，むくみ
	キンミズヒキ			○						○	○		全草：血の道，収斂剤，下痢止め（高根，安曇）
	クサボケ						○	○					実：咳止め

科名	植物名	秋山郷	木曽谷	下伊那		奥裾花	佐久		小谷	佐渡	秋田県	北海道（アイヌ）	主な利用部位と適応症 （　）内はその他の地域
				阿智・喬木	遠山郷		蓼科山麓	南牧・川上					
バラ	サクラ類	○											樹皮：咳止め
	ノイバラ						○	○	○	○	○		種子：便秘の下剤
	ヤマブキ		○										茎：切傷，葉：血止め
	モミジイチゴ									○			果実：ぜんそく
	ワレモコウ									○	○		根：吐血，胃潰瘍，痔
ハリタケ	コウタケ	○	○	○									全体：ひびきれ，冷症，がん
ヒガンバナ	スイセン		○	○		○			○	○			根：打身，扁桃腺，歯痛
	ヒガンバナ				○					○			鱗茎：打撲，解熱，腫物
ヒノキ	ネズ		○										樹皮：ぜんそく
ヒユ	イノコズチ									○	○		根：利尿，産後諸病
ヒルガオ	ネナシカズラ			○						○	○		全草：いぼとり，実：強壮剤
	ヒルガオ						○			○	○		全草：糖尿，利尿
ヒルムシロ	ヒルムシロ						○			○			全草：下痢，中毒消し
フウロウソウ	ゲンノショウコ	○	○	○	○	○	○	○	○	○	○	○	全草：風邪，腹痛，下痢（音沢，平湯）
ブドウ	エビズル			○						○			実：貧血，虫さされ，葉：下剤
	ノブドウ	○				○		○	○				葉：虫さされ，実：のど痛，神経痛
ブナ	クリ		○	○	○	○				○			葉・皮：うるしかぶれ
	ナラ			○									実：寝冷，たむし
マツ	アカマツ	○	○		○	○	○	○	○	○	○		葉：強壮，ぜんそく，打撲

マツ	カラマツ						○	○					ヤニ：切傷，できもの
マツタケ	シイタケ	○	○		○								全体：がん予防，鼻の病
マメ	カワラケツメイ				○						○		全草：かすみ目，疲れ目
	メドハギ									○	○		茎葉：腎臓病
	クズ				○					○	○		花：二日酔，根：強壮
	クララ			○		○		○	○	○	○		全草：食あたり，健胃剤
	サイカチ				○	○				○	○		果実：利尿，莢：のど痛
ミカン	カラタチ			○									トゲ：排膿
	キハダ	○	○		○	○	○		○	○	○		中皮：胃腸，万病の薬，腹痛
	サンショウ	○	○	○	○	○			○	○	○		葉・実：つかれ目，虫下し，健胃
ミズキ	アオキ			○					○	○	○		葉：排膿，火傷，腫物（富山音沢）
ムラサキ	ヒレハリソウ	○		○							○		葉：がん，冷症
メギ	イカリソウ				○		○			○	○		地上部：強壮，強精
	ナンテン	○		○	○		○						種子：眼病
	メギ			○	○				○	○			実：下剤，枝葉：洗眼
モクセイ	イボタノキ			○						○	○		ロウ：咳止め，イボとり
モクレン	チョウセンゴミシ			○						○		○	実・つる：神経痛，リュウマチ，健胃
	ホオノキ	○									○		樹皮：胃腸，利尿，リュウマチ（富山音沢）
	マツブサ	○			○	○			○				つる：保湿，血の道（富山音沢）
	タムシバ									○			樹皮：頭痛，利尿
ヤナギ	ネコヤナギ									○			茎：腰痛，切傷（岐阜平湯）
ヤドリギ	ヤドリギ					○							茎葉：性病，神経痛（富山芦峅）
ヤマゴボウ	ヤマゴボウ			○	○								根：腎臓
ヤマノイモ	ヤマノイモ			○				○		○	○		根：産後，強壮，健胃

科名	植物名	秋山郷	木曽谷	下伊那 阿智・喬木	下伊那 遠山郷	奥裾花	佐久 蓼科山麓	佐久 南牧・川上	小谷	佐渡	秋田県	北海道(アイヌ)	主な利用部位と適応症 ( )内はその他の地域
ユキノシタ	ノリウツギ				○								葉：止血
	ユキノシタ	○	○	○	○	○	○	○	○	○	○		葉：火傷，しもやけ，できもの，解熱（平湯）
	エゾアジサイ									○			花：解熱，痔
	ズダヤクシュ									○			全草：ぜんそく
	ダイモンジソウ									○			葉：腎臓
ユリ	ノビル									○	○		全草：催眠，打身
	ホウチャクソウ												根：腫物（戸隠）
	アマドコロ			○						○	○	○	根茎：慢性胃弱，腫物
	サルトリイバラ			○		○				○	○		根：強心剤，腎臓，痛風
	ナルコユリ						○			○	○		根：リュウマチ，滋養強壮
	ヤマラッキョウ						○						根：熱さまし
	ユリ類			○	○				○	○	○		根：結核，去痰，健胃
ラン	サイハイラン								○	○		○	球根：あかぎれ，胃腸（長野安曇村）
	ツチアケビ								○				実：婦人病
リンドウ	センブリ	○	○	○	○		○	○		○	○		全草：胃病，健胃（富山音沢）

切傷・止血薬

山仕事や農作業の折に切傷をすることがよくある。そんな時には即座に現場で間に合う止血薬の薬草を採って傷口に付け、手拭を裂いて患部を縛るなどの応急手当をした。

こんな時の止血薬として使われたものにキク科の**ヨモギ**の葉、**フキ**の葉、タデ科の**イタドリ**の葉のいずれか近くで入手できるものを採ってもんで患部へあてる地方が多く、このほか木曾谷、北安曇郡小谷村などや佐渡地方ではセリ科の**チドメグサ**の葉を、下伊那郡の遠山郷ではユキノシタ科の**ノリウツギ**の葉を、木曾の開田ではバラ科の**ヤマブキ**の茎の汁を傷口へぬるという。

打身・打撲

打身・打撲や骨折等の薬草としては全国的に、漢名を接骨木と書くスイカズラ科の**ニワトコ**が知られている。昔は農業用としてほとんどの農家で馬が飼われていたが、馬の捻挫《ねんざ》がよくあったので、その温湿布用にどこの家でも畑の土手にニワトコを植えてあった。

そのほか比較的多く各地で用いられているものに、ヒガンバナ科の**スイセン**と**ヒガンバナ**がある。両者は共に地下の鱗茎をすりおろして小麦粉でねり、紙にのばして患部へ貼る。また上田地方ではマメ科の**ネムノキ**の木部を黒焼きにして、小麦粉でねって貼る法が伝承されている。

胃腸カタルなど急性下痢

胃腸カタルなど急性の下痢症の下痢止めの薬草としては、比較的多くの地域でバラ科の**キンミズヒキ**の根を煎じて飲んでいる。また乗鞍山麓の番所ではウコギ科の**ハリブキ**の根の皮を、富山県黒部川流域の音

ヨモギ

ドクダミ

オオバコ

ヒメアオキ

キンミズヒキ

メグスリノキ

チドメグサ

沢では**イタヤカエデ**の樹皮を煎じて服用し、その効能の高いことを評価している。

腫れものの吸い出し

「ねぶつ」などと呼ばれる、皮膚の下の深い所に芯があって腫れて痛む病気の膿の吸い出しの薬草としては、ミズキ科の**アオキ**の葉を用いる地方が多い。下伊那地方や秋田県ではアオイ科の**ムクゲ**の葉を火にあぶって同様に患部に貼る。また戸隠や鬼無里村では、ケシ科の**タケニグサ**の葉を焼いてその粉を小麦粉とねって紙にのばして貼ったり、シダ植物の**シシガシラ**（シシガシラ科）を黒焼きにして石灰と混ぜて貼るなどの療法がよく行なわれている。

とげ抜き

とげは小さなものでも刺さると痛いものだ。頭が皮膚の上に出ていないと、抜くこともできない。そんな時、昔の人はこのとげを自然の力で頭を皮膚の上へ出させ、抜きやすくする法を長い間の生活の知恵で導き出した。

ナツメ（クロウメモドキ科）　長野県の下伊那地方の阿智・喬木ではこの果実の皮をとり患部へ貼りつけるか、干したものを傷口へ貼る。また遠山地方では果実をすって患部へ塗る。

ニシキギ（ニシシギ科）　長野県下伊那地方や佐渡ケ島では、木部を黒焼きにしてその粉を飯粒とねって患部へ貼る。一〜二時間もすると痛くなってくるので、貼った紙をはぐと、局部が白くなってとげが浮き出しているので簡単に抜くことができる。

目　薬

かすみ目、ただれ目などの眼病には、メギ科の**メギ**や**ナンテン**の枝葉や種子を煎じて、その液で洗眼したり湿布をする。また、マメ科の**カワラケツメイ**の枝葉も同じように用いられている。また、カエデ科の**メグスリノキ**の皮を煎じて飲む法も全国的に広く行なわれていて、新潟県津南町秋山にはメグスリノキをご神木とする目薬神社もある。

いぼ取り

手などにできたいぼも薬草を用いて取り除いた。ケシ科の**タケニグサ**の茎を切ると出る黄褐色の液を患部へ付けるとか、**ネナシカズラ**（ヒルガオ科）の蔓をつぶした汁を患部へつけたりするほか、長野県秋山郷では**イラクサ**（イラクサ科）の茎の皮を剝ぎ、出てくる汁をつけた。

がん予防と制がん

近年は成人病としてがんによる死亡率が高く、人びとの関心の的であるが、昔からがんはあって、民間薬ではサルノコシカケの仲間の**コフキサルノコシカケ**や**カワラタケ**、**カイガラタケ**などが制がん薬として用いられており、今でもその人気は高い。このほか下伊那地方では、ウラボシ科の**ノキシノブ**を干して飲んでいる。

扁桃腺

風邪の時など扁桃腺が腫れて、つばを飲むにも痛いことがあるが、こんな時、長野県下ではキンポウゲ科のセンニンソウの葉を手首のところに貼る。生葉のない時には葉を干しておいて、それを温水に浸して使う。貼った所は一時的に火ぶくれになるが、不思議とのどの痛みはとれる。

あかぎれ

歳をとってくると手の皮膚に若さや弾力がなくなり、冬のお勝手仕事などをすると皮膚の一部が切れて血がにじんで痛くなることがある。これを「あかぎれ」と言うが、こんな時には昔の人はスギの木から出るヤニやラン科のサイハイランの球根をすりおろし、それを傷口へ塗って治療した。どちらもニカワ質のねばっこい液である。

やけど

火傷にあった時には、長野県の一部の地域ではユキノシタ科のユキノシタの生葉を採り、薄皮をとって患部へ貼る。また佐渡では熱いお湯でやけどした時には、ミズキ科のアオキの葉をもんで出た汁を塗るか、干しておいた葉を粉にしてゴマ油でねって患部へ貼った。

アイヌの民間薬と民間療法

アイヌの人たちは、どんな草でも木でも人間のために役に立つよう天上の神様から命じられて地上に降りたもので、人が病気になった時は病魔を追い出したり遠くへ連れて行ってくれるものと信じて薬草を選んだり、薬草を使った療法をしてきた。以下は更科源蔵の『コタン生物記』を参考にさせてもらった。

アイヌの人たちが切傷の止血に用いている植物に、スミレ科のスミレ、キク科のヨモギ、ノコギリソウがある。共に葉をもんで傷口に当て、包帯をする。

打身には、ツツジ科の**ハナヒリノキ**の煎じ汁で洗ったり湿布する。またミソハギ科の**エゾミソハギ**の茎葉を石で暖め、これを患部に貼ったり、タデ科の**ミチヤナギ**の茎葉を当てて湿布する。

腹痛や下痢止めには本州各地と同じく、**ゲンノショウコ**の全草を干しておき、煎じて飲む。

膿《うみ》をもった腫れものには、サトイモ科の**ミズバショウ**の葉を貼ったり、ツゲ科の**フッキソウ**やキク科の**ノブキ**の葉を火にあぶって柔らかくして貼った。またユリ科の**マイズルソウ**の葉をつばで貼ったりする療法もとられている。

便所に発生するオオハナアブの幼虫のウジには、キンポウゲ科の**カラマツソウ**を細かく切って投げ込んで退治していた。

つかれ目や目を突いた時などは、カバノキ科の**ヤマハンノキ**類の煎じ汁やメギ科の**ヒロハヘビノボラズ**の内皮を水に浸した液で洗眼したり湿布した。

あかぎれには本州と同じく、ラン科の**サイハイラン**の塊根をすりおろし、練ってつけた。

強い便秘にはクロウメモドキ科の**クロウメモドキ**の枝を煎じたものを飲むか、果実を二〜三粒飲むと必ず通じがついた。

鼻血が出た時にはウラボシ科の**クジャクシダ**の葉を採り、これをもんで丸めて鼻の穴に入れておくと、鼻血はまもなく止まるという。

五　染料植物とその利用

以前の農山村では、自家用の衣類はほとんど自分のところで織った布で作り、染めも自分で行なうか、藍など自給できないものは「あい屋」とか「紺屋」と呼ぶ染めの専門業者に頼んで染めていた。今日世界の主流となっている合成染料が創製されたのは一八五七年、イギリスにおいてで、比較的その歴史は浅い。これが日本に普及するまでは日本では草木の葉、樹皮、果実などを煮出し、その液に浸して染める植物染めという方法が一般に行なわれていた。しかしずっと古い昔は、花や葉などの汁を、直接布にすりつけて染める方法がとられていたようだ。

万葉人の染色法と染料植物

五世紀の初めのころから八世紀の中頃までの歌を編纂したという『万葉集』は、奈良時代末に成立したが、このころにはまだ媒染材による発色や色の固定という技術は開発されてなく、布を染めるには直接染めたい色の花や草の葉の汁をすりつけて染めていたらしい。それは『万葉集』の次のような歌から推測できる。

①すみのえの浅沢小野のかきつばた　きぬにすりつけきむ日知らずも（一三六一）
②つき草に衣はすらむ朝露に　ぬれてのちにはうつろひぬとも（一三五一）
③なはしろのこなぎが花をきぬにすり　なるるまにまにあぜかかなしけ（三五七六）

①はカキツバタの花を、②はツユクサの花を、③はコナギの花をすりつけて衣を染めることを示唆してい

る。いずれも当時の染色法を知る手がかりとなる歌だ。奈良時代までの染色法はこのように幼稚なものだったから、洗うと色も落ちてしまうものが多かったようだ。

民間での染色と利用植物

合成染料が一般に普及する大正時代の中頃までや、物資が欠乏した太平洋戦争のころは、農山村での染めはもっぱら草木を材料とした草木染めであった。

草木染め（昭和の初めまでは植物染めと言った）は草や木の花、実、葉、樹皮、根などを煎じた液に直接布を浸すこともあるが、多くはこれに灰汁《あく》、明礬《みょうばん》、酢、タンニン、硫酸銅などの媒染剤（染料を固定発色させる物）を加え、いろいろな色を作って染めるもので、合成染剤で染めたどぎつい色に比べ、落ちつき、深み、味、やさしさを持ち、親近感のある色に仕上がる。できた布は利用した植物や、その地域の風土色を持つ滋味のあるものだ。

それでは色別に、長野県内で用いられてきた染色用植物について見てみよう。

①赤色系

アカネ（アカネ科）　根を煎じて液の熱いうちに、灰汁で処理した布を浸すこと数回で、次第に色濃く染め上がる。灰分が多いと赤味が、少ないと黄味が強い色になる。

クルミ（クルミ科）　クルミの葉や樹皮からは、媒染剤を変えることによっていろいろな色を作り出すことができる。そのうち樹皮を煎じた液に灰汁を媒染剤としたものは赤紫色となる。

シソ（シソ科）　葉を集めてしぼった液に入れるだけで赤色に染まる。

ソヨゴ（モチノキ科）　葉を煮出した液に浸すだけで赤茶色に染まる。
ウメ（バラ科）　樹皮を煎じた液を石灰で処理すると茶味のある赤色染液となる。
なおアイヌの人たちは、ヤマハンノキの枝を煎じて赤黄色、カシワ、エゾマツの樹皮を煎じて赤色の染料としていた。

②茶色系

クリ（ブナ科）　葉、花、樹皮、いがなどの煮出し汁の中へ布を入れて煮ると淡茶色に、石灰水の中へ浸すと濃い茶色に染まる。
クヌギ（ブナ科）　芽の煮出し汁の中へ入れると茶色に染まる。
クルミ（クルミ科）　葉を煮出した汁を灰汁で処理すると茶色となる。
ズミ（バラ科）　一般にコナシと呼んでいる低木で、樹皮の煎じ汁に浸すだけで茶色に染まる。
ハンノキ（カバノキ科）　実を煮出した汁に入れると茶色に染まる。
サクラ（バラ科）　樹皮を煎じた汁に浸すと茶色に染まる。
カリヤス（イネ科）　カリヤスの煎じ汁に鉄媒染で茶色に染まる。
ウワミズザクラ（バラ科）　樹皮を煮出した汁に浸けると濃茶に染まる。
アズキ（マメ科）　果実を煮た汁に布を入れて煮ると茶色に染まる。
ウメ（バラ科）　樹皮や材を煮出した液を石灰で処理すると、赤味を帯びた茶色となる。
ウルシ（ウルシ科）　葉を干しておき、これを煮出してその汁に浸すと茶色に、さらに鉄媒処理すると黒茶となる。
クチナシ（アカネ科）　しぼり汁の中に浸すと黄褐色に染まる。

クワ

シソ

カキツバタ

ヌルデの五倍子

ハンノキ

ヤマウルシ

キハダ

ズミ

リンゴ（バラ科）　樹皮を煎じた液に浸すと青茶色に染まる。

③黄色系

アカネ（アカネ科）　アカネ染めの時に、灰汁を弱くすると黄色が強い赤色となる。

オウレン（キンポウゲ科）　バイカオウレン、セリバオウレンなどの根をきざんで煎じた液に浸すと赤味のある黄色に、酸媒染で鮮黄色に染まる。

カリヤス（イネ科）　初秋に刈り取り日に干しておき、煮たてた液を明礬処理して黄色になる。

キハダ（ミカン科）　この木の中皮自身が黄色をしており、古くから染料として知られ、媒染剤を使わなくても鮮黄色に染まる。

クルミ（クルミ科）　樹皮を煎じた液に浸すと黄褐色に染まる。

ナラ（ブナ科）　樹皮を煎じた汁に浸すと黄褐色に染まる。

メギ（メギ科）　根を煎じた液に浸すと黄色に染まる。

イワシモッケ（バラ科）　根を煮出した液に浸けると黄色に染まる。イワシモッケは蛇紋岩質のところでないと自生していないので、この根の利用は一部の地域だけであった。

ヘビノボラズ（メギ科）　樹皮を煮出した汁に浸すと黄色に染まる。

ズミ（バラ科）　樹皮を煎じた汁を灰汁処理し黄色に染まる。鉄媒染するとウグイス色になる。枝や葉では黄茶、金茶になる。

クチナシ（アカネ科）　果実を煮出した液に浸すだけでも黄色に染まるが、灰汁処理するとよりよい色となる。

なお、八丈島名産の黄八丈は**コブナグサ**（イネ科）の煮汁で染めたものである。

④緑色系

ヨモギ（キク科）　葉を煮出した汁に浸すと緑色に染まる。

ニガキ（ニガキ科）　樹皮を煎じた汁で染めると黄緑色となる。

カリヤス（イネ科）　初秋に全草を刈って干したものを煮出し、石灰処理すると茶緑色に染まる。

クルミ（クルミ科）　果皮を煮出した液を灰処理すると緑褐色に染まる。

ハンノキ（カバノキ科）　樹皮や果実を煎じた液に浸すと鉄色に染まる。

⑤青色系

リンゴ（バラ科）　樹皮を煮出した汁に浸けると青茶色に染まる。

なお、アイヌの人たちは、**アオダモ**の木の汁で青色に染めている。

⑥紫色系

クワ（クワ科）　果実のしぼり汁に浸すと紫色に染まる。

クルミ（クルミ科）　葉を煎じた汁は鉄媒染で紺紫色になる。

ツユクサ（ツユクサ科）　花のしぼり汁で紫色に染まる。しかし水にぬれると落ちやすい。

ムラサキツユクサ（ツユクサ科）　花のしぼり汁で濃い紫色に染まる。

シソ（シソ科）　葉のしぼり汁に浸けると紫色に染まる。

アオダモ（モクセイ科）　小諸市などでは、この木を「あいの木」と呼んでいる。この木の皮をはいで水に浸すと藍色となった、と聞いた。指くらいの太さの小枝を叩きつぶして水に浸すときれいな紫色になり、この液に浸けるだけで紫色に染められる。

クロマメ（マメ科）　果実の煮汁は紫黒色をしている。これは機織のとき布に目印を付けるのに用いた。

水で洗うと落ちるからだ。

ズミ（バラ科）　木皮の煮汁を鉄媒染し、これに麻を幾回か浸すと紫色になる。

⑦灰色系

ウメ（バラ科）　樹皮または材を煮出し、鉄媒染で処理すると灰黒色の液となる。

キリ（ゴマノハグサ科）　材を炭に焼き、これを粉にして水溶液を作ると銀ねずみ色の液となる。

クリ（ブナ科）　樹皮、葉、花を煮出し、鉄媒染処理するとねずみ色に染まる。

クルミ（クルミ科）　果実の皮を煮出した液を鉄媒染すると灰黒色に染まる。

クロマメ（マメ科）　果実を煮出した汁を鉄媒染するとねずみ色に染まる。

⑧黒色系

カリヤス（イネ科）　刈り取って干しておいたものの煮出した汁を、鉄媒染で黒褐色に染めた。

クロマメ（マメ科）　豆の煮汁に浸し黒色に染めた。

スギ（スギ科）　葉を煮出しその汁に浸すと淡黒紺色に染まる。

ヤマウルシ（ウルシ科）　葉を煮出した汁に浸すと黒色に染まる。

ヒメヤシャブシ（カバノキ科）　果実を煮出しその汁に浸すと黒色に染まる。

クルミ（クルミ科）　樹皮を煮出した液を鉄媒染すると黒褐色になる。

カラコギカエデ（カエデ科）　樹皮や葉は黒色染料として、自家用よりもコーモリ傘の黒染用に各地で出荷していた。

ナラ、クヌギ（ブナ科）　樹皮や実、芽の煮出した汁は鉄媒染で黒色に染まる。

ヤハズハンノキ（カバノキ科）　果実の煮出し汁は鉄媒染で黒色に染まる。

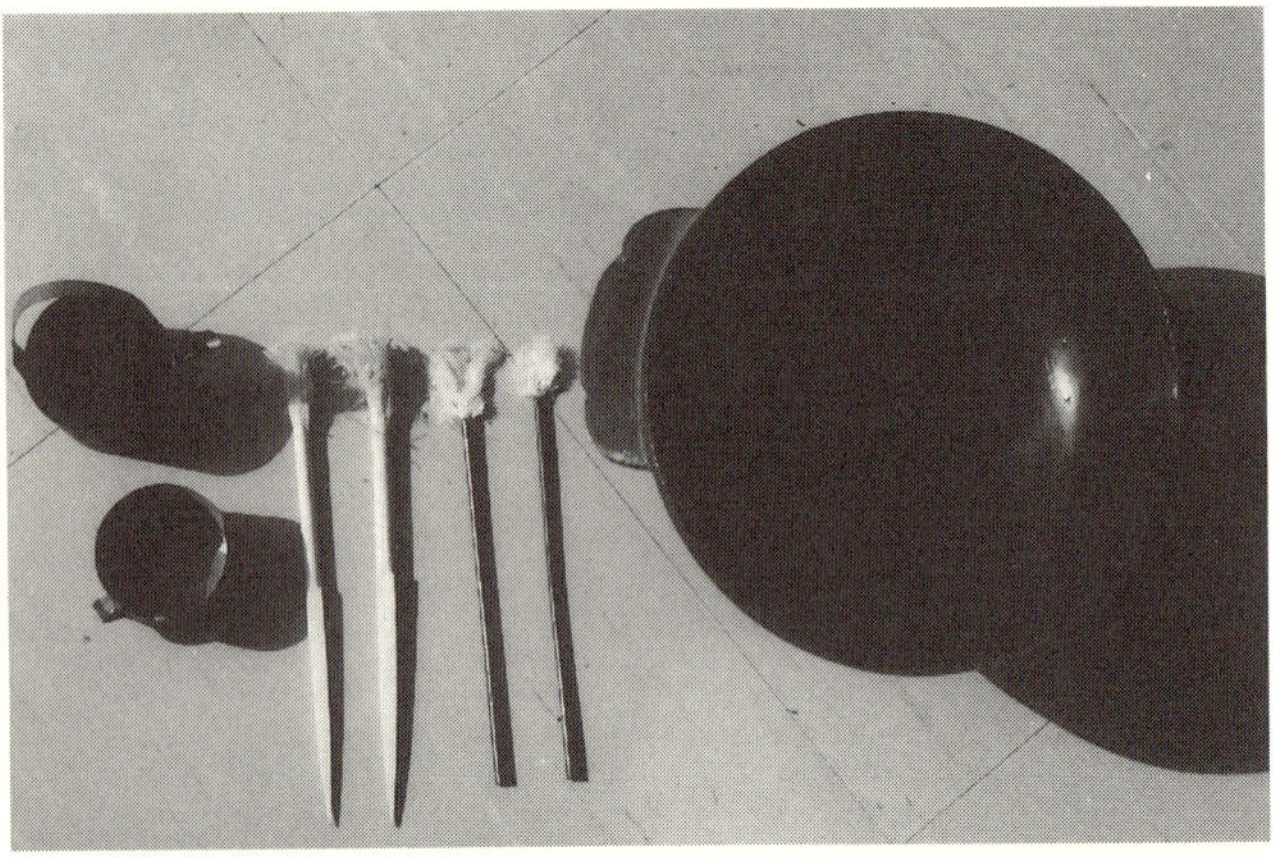

お歯黒用具一式（左から液と粉入れ、刷毛、洗いたらい）

なおアイヌの人たちは、クロユリの花やオニグルミの皮、カツラ、カシワの樹皮、アオダモ、ヤマウコギの実の煎じ汁で黒色の染めをしていた。

お歯黒の材料植物

大正のころまで、既婚婦人の象徴だった「お歯黒染め」の風習は、古代からすでに行なわれていたようで、中世のころには一時男性も染めたという。

明治三〇年前後に生まれ、一六～二二歳で結婚した婦人一〇人ほどに聞いたところ、約半数の方はお歯黒をしていたという答えだった。お歯黒染めとは歯を黒く染めることで、鉄を酸化させた液（鉄漿《かね》）をお歯黒ともいい、この液に酸化を促進させるために麹《こうじ》や甘酒などを少量入れて作った。お歯黒染めはまず五倍子《ふし》粉を歯につけ、次にこの液を塗ると黒く染まる。

お歯黒染めには鉄漿液と、これを小分けして入れる容器と五倍子粉の入った容器、これらを歯にぬる刷毛と、それを洗う水を入れるたらいが必要で、これらはセットで結婚式当日、鉄漿《かね》親（長野県の一部では羽根親と呼ぶ）が新婦に贈る。式終了後、いろりの端で、鉄漿親がまず自分の歯に塗って見せ、次いで新婦に塗ってくれる。そして、新婦は翌日からは、これを見習って自分でお歯黒染めをするのが習わしだったという。

お歯黒染めは、五倍子（タンニンの一種）を鉄媒染で黒色に染めるもので、五倍子粉は袋に入った市販品もあったが、ほとんどの農山村では、家の近くで自給できるいろいろな植物の実などを採ってきて作っていた。五倍子は**ヌルデ**（ウルシ科）の葉に、ヌルデミミフシが寄生して生じる虫えい（虫こぶ）で、殻にタンニンを多量に含んでいてふしとも言う。が、そうたくさんあるものではないので、一般にはタンニンを含む次のような植物の実を代用として使っていた。

キブシ（キブシ科）早春に枝の先に尾状に垂れ下がって黄色の小花が多数咲き、花後できる果実は豆粒大となって秋に熟す落葉低木。タンニンを含むので木ぶし、黄ぶし、木藤の名がある。

ヤシャブシ、**ヒメヤシャブシ**（カバノキ科）山中の土手や斜面に生え、ヤシャブシは丈七メートルくらいになる亜高木で、径二センチぐらいの実が、ヒメの方は丈五メートルくらいで径一センチくらいの果実が数個垂れ下がって熟す。ブシの名が付いているように、タンニンを球果に含む。

カラコギカエデ（カエデ科）湿性地を好んで生えるカエデの一種で、葉は黒色染料となった。この葉を煮出し、汁を煮つめてお歯黒用のタンニンを採った。

ハンノキ（カバノキ科）この木の実にもタンニンが含まれているので、秋にこの実を採り五倍子の代用とした。

このように五倍子の代用とするタンニンを多く含んだ木の実にはいろいろあるが、人びとは長い経験の中でたくさんの植物の実を実験し、これはよし、これはダメというように、帰納法的に、タンニンを多く含む植物を探し出したものと思われる。

ふしの粉は渋いので、鉄漿水を塗る前にこの実を噛んでから、刷毛やネズコの皮で塗ったが、慣れないと渋さで口の中が腫れ、つの口（口を尖らせる）をせずにはいられなかったという。しかしお歯黒染めをした歯は黒く美しく、歯並びがきちっとしまるので、おしゃれ気のある人は昭和になってもやっていた。

六　毒流し・鳥もち・蠟・接着剤・火口など

殺虫剤・駆虫防虫剤

今は薬効高く効きのよい化学薬品の殺虫剤や駆虫防虫剤がたくさん出回っていて、ちょっと振りかけるだけで害虫がすぐ死んだり、発生しなくなるばかりでなく、身のまわりや住宅内の衛生状態や気密性が良くなったので、ノミやシラミや便所のウジも発生しなくなった。

ところが昭和三〇年代までの農山村では、衛生状態もあまりよくなく、建物の気密性も悪かったから、頭にシラミのいる子供が多かったし、ほとんどの家の便所には夏になるとウジが発生するのが普通だった。ノミや蚊・ハエはどこの家にもいた。これらの害虫を退治したり駆除するのに、昔からの伝統的な野生植物を使った幼稚な駆除を行なっていた。化学薬品の手に入らない時代だからやむをえなかったとは思うが、完全に駆除することはできなかったことを覚えている。

①頭ジラミの駆除

アオツヅラフジ、**カミエビ**（ツヅラフジ科）〔南北安曇郡、大町市ほか〕。実を黒焼きにし、頭にすり込んで用いた。本種の実にはトリロビン、ホモトロビンなどのアルカロイドを含み、化学的にも殺虫効果があるという。

コマユミ（ニシキギ科）〔青森、埼玉、新潟県〕、**ニシキギ**（ニシキギ科）〔長野、埼玉、福島、群馬県〕、**ヤブサンザシ**（ユキノシタ科）〔長野県〕。以上三種の実は有毒で、いずれもアルカロイドの一種を含み、黒焼きにしてシラミ殺しに用いた。そのほか**アセビ**の葉を煎じて髪を洗うことも行なわれた。また下にハエ捕り紙をおき、髪の毛を目の細かな「すきぐし」という櫛（ツゲで作った木曾のお六櫛が有名）ですくと、髪の中にいたシラミはハエ捕り紙の上に落ちて動けなくなるなどの方法も併用して駆除に努めた。

②便所のウジ殺し

ハナヒリノキ（ツツジ科）〔山形、新潟、富山、長野、群馬、青森、岩手県〕、**タケニグサ**（ケシ科）〔長野県上水内郡、信濃町、松本市内田〕、**クララ**（マメ科）〔山形、新潟、長野県〕。以上三種はいずれも地上部を細かく切ってウジの発生した便槽へ投げ込む。このほか便所のウジ殺しに用いたものに、**カキドオシ**（シソ科）、**アカソ**（イラクサ科）、**レンゲツツジ**（ツツジ科）、**ヤマトリカブト**（キンポウゲ科）がある。用い方は前記の三種と同じだったが、あまり多くの地方で利用されなかった。

③回虫（腹の虫）駆除

昔は人糞を肥料としてよく使ったので、回虫の卵は野菜などに付いて人の口に入り、腹の中に寄生して大きなものでは三〇センチにもなり、ほとんどの子供の腹の中に回虫がいた。回虫症などの病気を起こすこともあり、そのため学校では、毎年一回この虫の駆除のために、海藻の一種の**カイニンソウ**を煮出して全校児童に飲ませた。苦くまずいものだった。また山村では昔から、**カヤ**や**チャボガヤ**の実を採って干しておき、冬に子供のおやつとして食べさせるところが多かったが、この実は回虫予防薬としても知られ、「腹に虫がわかないように、一年に一度は食べるものだ」と言われていた。

④やぶ蚊駆除

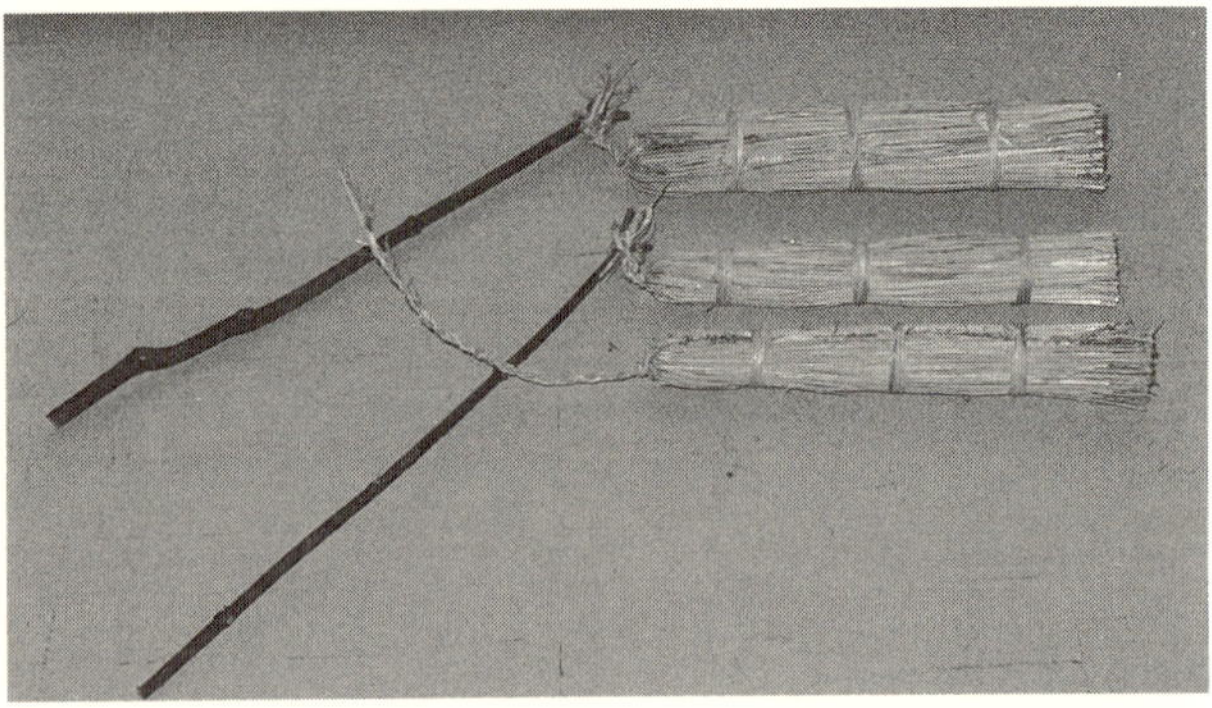

蚊遣り（かっこ）　火をつけて煙を出し、棒を腰に差して農作業をした（主な材料はカワラハハコとぼろ布）

初夏の朝草刈りのころになるとやぶ蚊が多くなり、田の草、畑の草とりも蚊になやまされた。蚊は手といわず顔といわず、すこしでも隙間があると入り込んできて血を吸う害虫で、血を吸われた跡がはれ、赤く残っていつまでもかゆいものである。

そこで蚊予防に家の内では蚊帳を張って寝、草刈りや田の草など屋外での仕事の時は「蚊遣《や》り」を作ってこれに火をつけ、煙を出しながら作業をした。が、それでもなかなか完全には駆除できなかった。「蚊遣り」は長野県北安曇地方や大町では河原に生えている**カワラハハコ**を採ってきて干しておき、これにぼろ布を混ぜて牛乳瓶くらいの太さにして藁で包んで結束し、棒を付けて腰に挿せるように仕上げた。これを「かっこ」と呼び、草刈りや田の草とりの時にはこれに点火し、煙を出していぶらせ、腰に挿して作業をした。かっこは三時間くらいはくすぶって煙が出続けるので、煙を嫌う蚊やブユは近寄ってこなかった。

三重県一志郡の山村でも布きれを裂いて点火し、竹筒に入れて腰にさげ、蚊やブユを駆除するものを「かっこ」と呼んでいる（『綜合日本民俗語彙』）。そのほか新潟県中頸城地方では**アスナロ**の生葉を、福井県、京都府、岡山県では**ネズミサシ**の生葉を焚いていぶした。ネズミサシの生葉を蚊よけに焚く習慣は中国にもあり、伊勢神宮でも行なわれていたと記録にある。
また蚊やアブは馬にもよく付いて吸血したので、アカマツの葉を枝ごと採ってきて、煙を出してくすぶらせ、駆除する所もあった。

毒流し

便所のウジ殺しやシラミ殺しの薬に植物の葉や実を使うことは前述したが、イワナやカジカなどの渓流魚も、魚に対して毒性のある植物を使って獲ることがあった。

①**オニグルミ**の木からはユグロンという他の植物の成長をはばむ物質が出るといわれる。たしかにこの木の下には高茎植物は育たない。またこの木の葉、皮、果皮には魚に対し有毒物質を含んでいて、渓流魚の「毒流し漁」がこれを使って行なわれていた。今は漁業法で禁止されている漁法である。

クルミの実が熟する前の青ぐるみのころ、この果皮や葉や小枝を採ってきて、これに**サンショウ**の皮を混ぜて臼でつき、細かくしてから鍋で煮つめ、だんご状にする。これをもみ壊しながら流れに流す。しばらくして毒が効いてくると、下流にいる魚は苦しくなって白い腹を見せながらもがき、水面近くへ現われる。これをタモ網ですくったり、弱ったものは手づかみにして捕える、といった漁法である。

②真夏の渓流の渇水期のころを見はからい、**サンショウ**の木を伐ってきて皮をはぎ、細かく切ってソバ殻を焚いた灰（他の灰ではダメ）を混ぜてどろどろになるまで一晩中煮つめ、これを木灰でこねて握り飯くらいな大きさのだんごにする。これを流れの中でもみほぐしながら水に溶かして流す。やがて効いてくると、イワナが白い腹を見せながら水面近くへ飛び出してくるので、簡単につかまえられた。

富山県宇奈月町の愛本辺では、サンショウは皮をむいて臼でつき、灰を混ぜて流すだけで結構イワナや

カヤ

コマユミ

サンショウ

オニグルミ

クララ

エゴノキ

ヤマグルマ

アマゴ（サクラマスの仔）が獲れたという。

③長野県駒ケ根地方では、**ネムノキ**の葉と**クルミ**の皮と**サンショウ**の実や葉をつぶして藁灰を混ぜてだんごにし、川に流して魚を獲っていた。

④**フジウツギ**（フジウツギ科）も有毒植物で、漢字で酔魚草と書き、ドクナガシグサと呼んでいる地方もある。地上部の全草を採って、川原の石の上で細かく砕いて川に流すだけでよいという。枝葉には刺激性の精油質とサポニンの一種を含んでいて、これを砕いて流すだけで魚が中毒して浮き上がってくるという。

⑤**エゴノキ**はかじるとエグ味があるところからつけられた名で、果皮をつぶして川に流すと水が白濁するので、米のとぎ汁に色が似ていることから関東地方ではコメミズと呼んでいる地方も多い。果皮をつぶして川に流すと川水は白濁して、そこにいる魚が酔って浮いてくるとのこと。

鳥もち

鳥黐《もち》は粘りの強い物質で、主として小鳥などを生け捕る時に用いる。小鳥を捕らえるには、長い棒の先にこの鳥もちを塗って、小鳥がよく来て止まる生木の枝などに立てかけておく。この棒の先に止まった小鳥は、羽根の一部がこれに触れると、ねばって羽根が開かなくなり、あばれるとよけい羽根にもちが付いて飛べなくなるというもの。

鷹の飼育や鷹狩りが盛んだった幕藩時代には、鷹の餌を専門に捕る「餌差《えさ》し」という職業もあったし、鷹を生け捕る役の「鷹打ち」という職業人もいて、どちらも餌とする小鳥を捕るために鳥もちの需要も多かったようだ。また鷹狩りが廃止になった明治以降は、民間の小鳥愛好者の間に鳥もちを使って小鳥を捕らえて飼育する人があり、鳥もちの需要があった。

鳥もちは化学的に合成することもできるが、一般的には植物から採った。モチノキ、タラヨウ、ヤマグルマ、それにツチトリモチの四種である。

モチノキ（モチノキ科） 樹皮をはいで鳥もちを作るところから名前がつけられた。常緑の小高木で、山形、宮城県以南の、太平洋側の山地に分布し、長野県内には自生はない。樹皮は暖かくなって木に水の上がってくる四～五月に剝ぎ、外皮は捨てて内皮を水の中に三～四カ月漬けておき、軟らかくなったころ取り出して臼でつき、水洗いして仕上げる。

タラヨウ（モチノキ科） 常緑の高木で、静岡県以西と四国・九州の暖かい地方に分布し、長野県内では大桑村と阿智村には僅かに自生が見られる。この木の皮からの鳥もちの採り方は、次のヤマグルマと同じである。

ヤマグルマ（ヤマグルマ科） 常緑の高木で、深山の岩場などの足場の悪い斜面に自生する。分布は新潟、栃木県以南で、葉が車軸状に輪生するところから名前がつけられた。

鳥もちはこの木の皮から採る。皮をむきに山へ行くのは、木に水が上がり皮がむきやすくなる六月からで、自生している場所は急斜面の悪場なので、体を確保するためのロープを持って採りに行く。

剝ぎ取った樹皮は池へ漬けておくと腐ったようになってくるので、ころあいを見て水から上げて洗い、臼に入れてつくと、内皮がこなれてねばねばしてくる。外皮やごみを取り除いてさらによくつき、水の中でよくもみ洗いして仕上げる。

鳥もちは何回でも使えるので、小鳥を捕る時などの長い棒に付ける時は、手元の方は物干し竿のような棒を使い、先の方は鳥もちを塗りつけたり取り除いたりが簡単にできるよう、生木の小枝に鳥もちをつけて（乾いた棒だと付いたもちを取り除くことができない）、元棒の先に結びつけて使う。小鳥ばかりでなく、カモ類など、夜水辺に来て餌をあさる水鳥なども、鳥もちを塗った小枝を水辺にセットして捕った。

ツチトリモチ、ミヤマツチトリモチ（ツチトリモチ科）　どちらも丈一〇センチ前後の、キノコの仲間かと思われるような寄生植物で、ツチトリモチは暖かい地方のハイノキ属の木の根に、ミヤマツチトリモチは標高一五〇〇メートル前後の高所のカエデ科の樹木の根に寄生する植物である。

どちらも根茎をつぶして古くから鳥もちを採っているので、そのような名前がついた。しかし自生数は少なく、ほとんど見かけることのない植物である。よくもこんな植物までもと、昔の人の努力に頭の下がる思いがする。

いぼ取りや戸滑り用の蠟を採る木

このごろは見かけなくなったが、太平洋戦争のころまでは、よく手などにいぼのできている人がいた。こんな小突起物でも皮膚にできていると気になるもので、このいぼを取るための呪《まじな》いや療法があった。いぼの基部を糸でしばり、熱して溶けたいぼた蠟をつけるというもので、材料のいぼた蠟はイボタノキなどから採ってきた。

また障子や帯戸などが滑りやすいように敷居に塗ったり、家具のつや出しや、そりや小すきに雪がつかないようにするために塗った蠟も、トネリコやイボタなどの木から採った。

いぼた蠟はこのように、生活の中でいろいろ役に立つ物質であるが、イボタロウカタカイガラムシという名前の、カメムシの仲間の昆虫がイボタノキ、ネズミモチ、ヒトツバタゴ、トネリコなどの木にガマの穂状にびっしりと寄生し、蠟物質を分泌したものを集めたもの。蠟物質は、この虫の雄が、七月ころから取りついた木の樹皮に白粉状の物質を分泌し、秋に羽化していなくなった後に残ったもので、セリルアルコールとイボタセリルアルコールとのエステルが主成分で、薬用にもなるという。イボタロウカタカイガラムシが取りつく四種の樹木は、いずれもモクセイ科の植物である。

イボタノキ（モクセイ科）　丈一メートル前後の落葉低木で、枝を多く分枝し、葉は小判形で長さ二センチ前後。畑の境などにも植えられているが、低山に多く自生する。名前はいぼを取る蠟を採る木から。

ネズミモチ（モクセイ科）　関東・東海以西の、カシノキの育つような暖かい地方の木で常緑の小高木だが、生垣などにもよく植えられている。名前はこの木の果実がネズミの糞に似ていることから。

ヒトツバタゴ（モクセイ科）　一つ葉のタゴ（タモ）の木という意味の名前で、中部地方の木曽川流域と対馬にだけ自生が見られる高木。タモの仲間で四～五月に咲く白いばらばらした花は、遠くから見ると雪が降ったように見事である。

トネリコ（別名タモ）（モクセイ科）　多くの仲間を持つ樹木で、**ヤチダモ**は樹高二五メートルにもなる高木だが、**アオダモ**（コバノトネリコ）は三メートル程度の落葉低木。トネリコは戸滑り粉からの名前で、戸滑り粉はいぼた蠟のこと。

接着剤を採る植物

近ごろは接着剤も合成剤の良いものが出回っていて、木、ガラス、陶器など種類ごとに専用のものが市販される便利な世の中になったが、太平洋戦争以前はろくなものがなく苦労した。家庭生活でもお膳の足が折れたとか、急須のふたを欠いてしまったなど、接着剤があれば修理して使えることがよくある。が、そんな時、昔の人はとても良い接着剤を植物から採って使うことを知っていた。

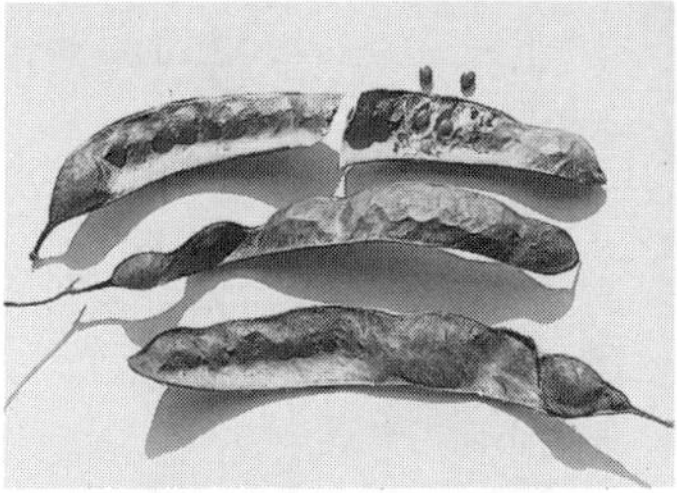

サイカチ

オヤマボクチ

リョウメンシダ

ギシギシ

サイハイラン

イボタノキ

サイハイラン（ラン科）　白馬山麓でホークリ、青森、福島県でハックリ。花の咲いた姿が軍陣を指揮する「采配」に似ているところからの名で、ホークリやハックリは根茎を焼いて食べるとほくほくして栗のようにおいしいことに由来する名前。球根をすりおろしたものはねばりがあり、あかぎれの薬とするが、製本の時の糊にしたり、こわれた物の接着剤や接木の時の接着剤として使う。製本の糊にすると、紙を食べるシミ（昆虫の一種）が絶対に付かないと白馬山麓では言っている。

アイヌの人たちもこの球根を漆器や磁器の欠けたものをつなぐのに使っていた。

ナツズイセン（ヒガンバナ科）　夏に咲くスイセンからの名前。花の咲くころには葉はすでになく、突然花茎が伸びてきて花が咲くのでワスレグサと各地で言う。地下にあるラッキョウに似た鱗茎は、すりおろして木製家具の接着剤として、ニカワの代用に各地で使っている。

ヒガンバナ（ヒガンバナ科）　秋の彼岸のころに真赤な花を咲かせる本種も、地下に鱗茎があり、昔からこれをすりおろして接着剤として使っている地方が多い。『古事類苑』所収の「広益地錦抄」にも、「この玉を細かにすりて粘におろし交ぜ、屏風、唐紙の下張りにするといつまでもむしばむこと無し……」とあり、サイハイランと同じくシミの食害を受けることがないと言っている。

火口材

火口《ほくち》とは、火打石と火打金を打ち合わせて出る火花を火種として、火の基を作る時に使う粉炭などの、火のつきやすい物質をいう言葉で、マッチやライターで着火する現代では死語である。物資の欠乏した太平洋戦争のころには、たばこに火をつけるのに火打石と火打金を使っている人を見たが、明治時代にマッチが普及する以前は、この方法が普通の採火方式だったから、どこの家庭にも用具が常備されていた。

火口材とする麻稈を軒下に立てかけた農家

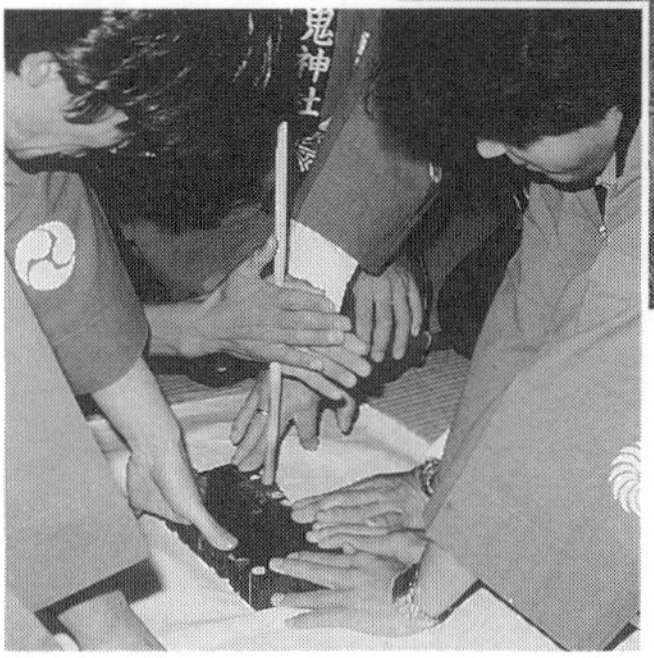

火切り法によって採火する青鬼神社の祭礼

火口には火のつきやすい粉末状の軟らかい物質がいろいろ用いられた。一般的にはアサの繊維を剥ぎ取った後の麻稈や**キリ**の木の炭を粉にしたものや、**ススキ**や**ガマ**の穂綿などが使われたが、木曽地方などでは**ホクチキノコ**と呼ぶマスタケの老化したものを焼いた粉炭が用いられたし、新潟県南魚沼地方では朽木の穴に生じる木粉などを焼いて粉にして用いた。また**オヤマボクチ**、**ヤマボクチ**（共にキク科）の冠毛や葉を取って干し、手でもんでもぐさ状にしたものも昔は使われたので、ホクチという名前がついている。古い時代の名残りをとどめている植物名である。

この他にも**エブリコ**というキノコも使われたという。エブリコとは火がつくといつまでもえぶる（くすぶる）ので名がついたキノコである。また**イチビ**の茎から繊維を採った後の稈や**チガヤ**の穂毛なども使われた。

付け木・マッチ材

マッチが日本で初めて製造されたのは明治八年だが、一般に普及するのは同二〇年ごろからという。それまでは一般の家庭では、夜も火種を絶やさずにおき、朝起きると、薄板などの先に硫黄を溶かして付けた「付け木」を火種に付けて火を得るか、火打金と火打石を打ち合わせて火花を出し、それを火口にとって火を起こすかした。

また祭りの時などには古来から伝わる「切火」という、木と木を摺り合わせて火を得る方法などがとられていて、火を得るまでに大変な時間や手間がかかった。

マッチが普及するとその便利さに驚き、人びとは「早つけ木」と呼んで賞賛した。マッチの軸木には、軟らかく粘りのある**ヤマナラシ**、**ドロノキ**、**サワグルミ**、**アカマツ**などが主として用いられた。また付け木は主として材を薄く剝いで作るので、剝ぎやすく燃えやすい**ヒノキ**、**スギ**、**サワラ**などが主に用いられた。

切火は有史以前から広く全世界で行なわれている法で、今も祭礼などの際に行なわれている。木曽郡木曽福島町の神社の神事ではヒノキの板に**ウツギ**の干した棒をもみこむ法が伝えられているし、北安曇郡の白馬村青鬼神社ではヒノキ板と**コウゾ**を干した棒、同郡八坂村大平の三峯神社の祭礼にはヒノキの板に**ヨモギ**かコウゾを干した棒が使われている。

棒をヒノキの板に当て、若い衆が交代で休む暇なくきりもみの要領で、約五〇センチの摺棒がおよそ半分の長さになるまで、およそ三〇分しっかりもまないと発火しない。昔の人はこのように、火を得るのに大変苦労してきた。

洗剤

手足や身体の汚れを洗い落としたり、洗濯や髪を洗う洗剤は、一般的には石けんを用いる。が、石けんが普及するのは昭和になってからで、農山村ではなるべく金を使わないよう、洗剤にはいろいろなものが使われてきた。古くから使われてきたものに木灰の汁、こぬかなどのほか、植物では**ムクロジ**(ムクロジ科)の果皮、**エンジュ**(マメ科)の莢、**サイカチ**(マメ科)の莢や**ヘチマ**(ウリ科)の茎から出る液などが用いられた。

ヘチマの液は洗剤というより美肌水で、主としてひげ剃り後の顔などに付けた。サイカチの莢は水に漬けておくと赤い水が出、泡も立って洗剤としてばかりでなく、風呂に入れると体が暖まってよいものだった。

落とし紙と捨木

キャンプの時など青空の下でするうんちを男子は「きじ打ち」といい、女の子は「お花摘み」などという。こんな時、落とし紙のない時は附近に生えている**フキ**、**ギシギシ**、**イタドリ**など、葉身が広く表面がなめらかで柔らかく、丈夫な草の葉を選んで利用するのは昔からの生活の知恵である。山村で尻ふきに紙を使うようになったのは、昭和になってからである。昔は紙は貴重品で、障子紙に使うくらいで、昭和一〇年ごろは新聞を購読していない家庭の方が多かった。

向山雅重さんの『山村小記』(昭和四九年刊)に「すてぎ」という一文があるので引用させていただく。

昭和八年九月二十四日、信州下伊那郡上《かみ》村上程野矢平の某家の大便所にあった「すてぎ」は長さ五寸位、太さ人指し指位の木の割りっぱなしであって、この新しいのが一方の箱に入れてあり、使用後のものが他の箱へはいっていた。

このあたりでは、昔は皆この「すてぎ」を使っていたが、だんだんと世がひらけてくると紙が多くはいって来たので、「すてぎ」は廃れて一般に紙になって来たと言っていた。先ず古い障子紙のはがしたもの、古新聞紙、それから養蚕用の蚕座紙の使いふるし、これは少し硬《こわ》いが物体《もったい》ないから使っているということである。

一体に昔は「すてぎ」の外に粟稈《あわがら》、楮稈《かぞ》、荏稈《え》、からむしの稈、麻稈《お》、茅などを四寸位に押切《おしぎり》で切って使ったもので、これらを「ぞうき」又は「ぞうきぼう」（上伊那赤穂町・宮田村）とよんでいた。使用後は必ず他の箱へ入れて糞壺《つぼ》へ落すようなことはしなかった。……

昭和十五年十月二十三日、木曾蘭《あららぎ》村広瀬の一民家の便所にあったものは、長さ五寸五、六分。幅七、八分。厚さ五、六厘。多くは檜の柾であって「ようぞぎ」と呼んでいた。

筆者が昭和五六年に取材した乗鞍山麓の番所でも、大正の初めころまでは**サワラ**の木を割った、長さ六寸、幅八分、厚さ一分の割小板を使っていた。この捨て木は大人でも子供でも誰でも暇を見ては作り、束ねて籠に入れておき、使用済みのものは別の籠に入れて保管し、時期を見て穴を掘って埋め、けっして燃やすようなことはしなかった。それは火は聖浄なもので、汚れたものを焚くなどはもってのほかだという考えからで、昔からそうしているとのことであった。

落とし紙の代用としてはこのほか、藁を小束にして使うとか、縄を腰の高さに下げておき、使用しては次第に引き出す仕掛けにしたものや、フキの葉をたくさん採ってきておいて使うとか、秋口は落ちた柿の葉を使うなどした。長野市篠ノ井辺では川藻を干して使った所もあったし、秘境で知られる秋山郷ではカクマと土地の人が呼ぶシダの一種の**リョウメンシダ**を秋に刈って、これを陰干しにして一年中使ったという。

またアイヌの人たちも、『アイヌ植物誌』によると、**オオイタドリ**の葉をたくさん採ってきて干しておき落とし紙に使ったというし、更科源蔵さんの『コタン生物記』によると、**コシャク**（セリ科）の葉を干して用いたという。桜紙のように柔らかで当たりのよいものだったらしい。道東地区の人は**サルオガセ**を落とし紙としたり、鍋を洗うたわしの代用として使ったという。

七　一本ぞりの発明

そり（橇）は雪の上や時には無雪期の山で、材木や薪、萱などを土場や家まで運搬したり、平地では生活物資を運んだり、子供たちの雪上遊具として用いられてきた。

そりは構造的に①二本ぞり、②一本ぞり、③芝ぞりなどに分けることができる。①の二本ぞりは一般的なそりで、スキーの板に似た、雪面に接するそりの台木が二本からなるそりで、前後二カ所に枕があり、ここへ横木を固定させてその上に荷物を乗せて曳くようになっているもの。②の一本ぞりは台木が一本からなるそりで、台木の幅が広く、枕部分には荷台と舵とり用の腕木を兼ねたV字状の又木を取り付けてあり、主として急斜面で使用するそり。③の芝ぞりはネマガリダケを幾本も揃えてすのこ状にしたり、山で伐った枝を揃えて元を結わえ、末の方をむしろ状にして、荷物を載せられるようにした軽便そりである。

①と③はいずれもそりの長軸の方向に曳いて動かすもので、そり自体安定しているが、曳くのに力を必要とする。また幅が広いので、急斜面では①はそり道を作るのに労力を多く要する上に、このような斜面での運搬には適していない。これに対し②の一本ぞりは、荷を積んだ時に不安定となる他、曳くのに労力

を要するので、平地での運搬には向かないが、急斜面ではスキーの横滑りの要領で、主としてそりの長軸に対し横に滑らせるという、まったく奇想天外な滑らせ方をする、発想の異なる特異なそりである。そこで本稿では、誰が考え出したかつくづく発想の素晴らしさに頭の下がる思いのする、この一本ぞりについて述べてみたい。

一本ぞりの仕組みと操作法の特徴

一本ぞりは今流行のスノーボードのような、幅広い一枚の板状の滑走面をもつ台木に、V字状の荷台を兼用した舵とり用の腕木を付けたそりであることと、滑走の方法がそりの長軸に対して、主として直角に、つまりスキーの横滑りの技術を使って、急斜面をエッジングさせながら横に滑り下りていくという、二本ぞりでは考えられない滑走法を特徴とする。

構造は地域によって多少相違はあるものの基本的な点は同じなので、長野県北安曇郡白馬村の歴史民俗資料館に展示されているものの寸法図、および写真を中心に説明する。

①滑走台　台木と呼ばれる部分で、長さは一・五〜二・〇メートル、両端が反《そ》り、幅は二〇〜二五センチで厚さは薄い部分は二・五〜三・五センチだが、両サイドと中央部は長軸にそって筋状に盛り上がっているので、断面は状となっている。その盛り上がりと幅は普通のところは三×三センチ程度だが、腕木を固定する附近は六×六センチと高く、ここに横溝を穿って腕木の元部をはめ込み、さらに両サイドの凸部には縄を通す穴があけてあり、麻縄を通して台木と腕木を固定するようになっている。

②荷台兼用の腕木　主として材木を載せる荷台兼用の腕木は、滑走台の中ほどの二カ所に取り付けるようになっている。この位置は先端から五〇センチくらい、腕木と腕木との間は五〇〜九〇センチくらいで

一本ぞり（ヨグソミネバリ製）

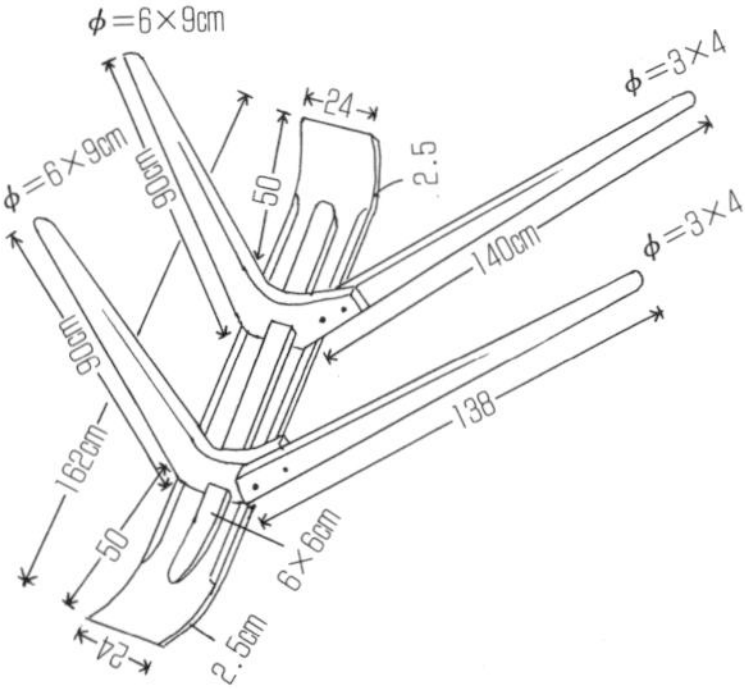

一本ぞりの寸法（白馬村歴史民俗資料館蔵）

一本ぞりによる材木の運搬風景（北安曇郡小谷村）

サワグルミ

ミズメ

ある。

また腕木は九〇～九五度の角度で牛の角状に開き、片方は長さ九〇センチくらいであるが、他方の腕木は二・三～二・四メートルと長く、前後の腕木の先端部は左右の手でそれぞれ握って、そりを操作するようになっている。

さらに腕木は一・〇～一・二トンもの材木を積む荷台を兼ねているので、台木に固定する部分は頑丈でしっかりしていなければならない。材はナラなどの堅木の又木の天然ものの一本どりを最高とする。しかしなかなかそのようなものはないので、二本の木をつないで使う場合が多い。そんな時には二本の腕木の接続部分は、ボルトなどで締めて固定する。
③そり道作り　そりでの材木運搬は、まずそり道作りから始まる。一本ぞりの場合、急斜面の運搬を得意とするので、なるべく荷を集材する土場へ向かってフォールラインを直に下るようにし、フォールラインの入口までは斜滑降でいくようにそり道を作る。二本ぞりに比べて荷台部分の幅が狭いので、道作りは楽で簡単である。
④荷積みとそりの操作法　直径四〇センチ以上、長さ三・〇～四・五メートルの長尺材は、腕木の長い方を載せる材木近くの山の斜面に倒して置き、この上をてこを使って材を又部まで移動させ、腕木の先を持ち上げるだけで荷積みは完了する。
そりの滑らせ方は、腕木を前後に動かして荷の重心をとり、斜めに進める時はスキーの斜め前横滑りの要領で、重心を前下になるようにすると、ほとんど力をかけずにそりは前方下の方へ滑ってくれる。

フォールラインの入口に到着すると、今度はスキーの横滑りの要領で腕木を前後にかげんして動かし、斜面の勾配に応じて滑走面をエッジングさせることにより、スピードを思うようにコントロールできる。

力もほとんどいらず、まったく素晴らしい走法である。

分布域と伝播の状況（一本ぞりのルーツ）

筆者が一本ぞりを初めて見たのは昭和二〇年の冬で、長野県北安曇郡白馬村の南小学校近くの、小谷村から婿養子に来られた方の庭に立てかけてあるものだった。一見異様なそりだと思い、持主の方に尋ねてみると、小谷地方には昭和一〇年代に糸魚川市方面から入ってき、三カ村の全域で使っているとのこと。このそりは平地や緩斜面での運搬には適さないが、急斜面の多い小谷地方には適しており、その後小谷地方ではずいぶん普及したとのことであった。

翌年の冬には一本ぞりを使っての材木運搬の現場を見ることができ、その素晴らしい横滑り技術を中心とした操作テクニックに魅了され、一体こんな技術をいつごろ、どこで誰が考案したものか、そのルーツを知りたいと思った。そして機会あるごとに長野県側はもちろん、新潟、富山、飛騨地方で、このことを聞いて歩いた。その結果の概要は次のようだった。

①長野県側　小谷村および白馬村は前述したとおりで、白馬村ではその後徐々に一本ぞりの使用は広まったが、材木そのものが外材におされてほとんど搬出がなくなり、そりによる運搬も見られなくなった。大町市から南は安曇村から御岳山麓の開田村まで聞き取り調査をしたが、一本ぞりは知らないとのことで、この地方には伝播していないことがわかった。

②新潟県　糸魚川市小滝の伊藤留治さん（明治三八年生まれ）は、「子供のころにはもう使っていた、V字になった荷台をつめと呼ぶ」と教えてくれた。同市梶山では、昭和一五年ごろから流行し、次第に使う人が増えていったという。

能生谷へ流行し始めたのもこのころで、早川谷へは昭和二〇年ころ、能生谷から婿入れして来た人が、真光寺へは昭和二九年に早川の岩倉から婿養子に来た松木清司がこの技術を伝えた。

③富山県　新潟県との県境の境川谷と、木地師のムラ棚山では、そりといえば一本ぞりオンリーで、昔から使っているとのこと。

岐阜県に近い庄川奥の利賀村利賀では昭和一〇年ころから一本ぞりを使い始めた。ここへの導入のきっかけは、岐阜県大野郡清見村で使っている一本ぞりの具合の良いのを見て、これを真似て作ったのが始まりである。

④岐阜県　郡上では昭和一〇年頃にはすでに使っていた。河合村では昭和一五年ころ郡上から持ち込まれて流行った。宮川村へは昭和二〇年ころ富山県の庄川方面から持ち込まれたという。上宝村では昔は一本ぞりを使わなかったが、双六谷へは丹生川から、清見村の職人が持ち込んで使うようになった。この人たちは手ぞりと言っていた。

高根村ではバッチぞりと呼び、他地方の一本ぞりとはすこし構造や使用法の違うものを大正の頃まで使っていた。このそりは長さ三～四尺、幅六寸で、荷台はV形の天然木を台木にさし込み、主として長材の鼻だけをそりに乗せ、急斜面の山出しに使った。

以上が筆者の聞き取りで、これでは一本ぞりのルーツに行き着くには至らずにいたところ、一本ぞりについての本『雪の民具』（勝部正郊著）があることを知り、早速読ませていただいた。それによると、

一本ぞりは明治二〇年ころ、石川県能美郡白峰村新保地方で生まれた。初めのころは腕木の長さは左右同じであったが、二五年ころ白峰に伝わってから一方が極度に長くなった。当時は新保ぞりと呼んでいた。

その後岐阜県大野郡飛騨奥地、新潟県西頸城郡、長野県北部の奥地の雪深い地方に広まり利用されている。

とある。

材料と地域の特性

そりの台木にする木は、一本ぞり二本ぞり共に、①雪の上をよく滑ることが第一条件で、滑走面に雪がこびり付かない油気とねばり気のある樹種が良く、②次には積材の重量に耐えられる、ねばり気や弾力のある材が要求され、③これに加え、そりはできるだけ軽い材がよい。というのも、そりは荷を下ろしてから再び荷積み場へ回送しなければならないが、一本ぞりの場合そり道はフォールラインに沿った急斜面についているので曳き上げることができないので、人の背中で背負い上げねばならないからである。

したがってそり材を選ぶ時は、これら三つを勘案して決めるわけで、白山周辺や東北地方では太平洋戦争以前は①と②の条件を優先して材を選んだので、堅木の中でも特に重いとされる、**ナラ**や**カシ**を選ぶ人もいた。しかし多くは上信越地方を中心に、**ヨグソミネバリ**（アズサ）、**ミズメ**を一本ぞりの台木に最適とし、次いでは**イタヤカエデ**、**ヤマザクラ**が用いられた。

しかし太平洋戦争後は厚いトタンが出回って、これを滑走面へ打ちつけることによって強度が保てるようになったので、材の軽い**サワグルミ**や**ブナ**、**シナノキ**、**オオバボダイジュ**などが用いられるようになった。

八　キノコ

キノコは、山菜や木の実と共に「山の幸」のご三家として、古くから庶民に親しまれてきた。『万葉集』にもマツタケを詠んだ

高松のこの峰も狭に笠立てて　満ちさかりたる秋の香の良さ（二二三三）

という歌が載っていて、当時すでにマツタケを香りの良いキノコとして食べていたことがうかがえる。鎌倉期末の『徒然草』には、タイやガンはいやしい食べ物で、コイ、アユ、キジなどと共にマツタケは貴人の目に触れてもよい貴い食べ物だと言っている。また平安時代後期の説話集『今昔物語集』には、ヒラタケにまつわる話がいくつも載っていて、この二種は上代の代表的食用キノコだったらしい。しかし一般にはもっと多くのキノコが食用に供されていたものと思われる。

江戸時代になるとキノコの知識も大分広まり、多くのキノコが食用にされるようになった。一六九五年に刊行された『本朝食鑑』には、きのこ類として、マツタケ、ハツタケ、シメジ、コウタケ、シイタケ、ヒラタケ、エノキタケ、キクラゲ、イワタケ、ショウロの一〇種が載っているし、一七九九年に著され、信州伊那地方のキノコを図示した『信陽菌譜』には、シメジ、マツタケ、ハツタケ、ウスタケ、マイタケ、カキシメジ、ヌメリイグチ、ショウゲンジ、ショウロ、タマゴタケ、オニフスベなど五六種のキノコが画かれ説明が付いていて、このうち六種に有毒とある。

キノコと方言

キノコは発生時期が短く限られ、しかも保存ができないうえ地域独特のものが多いので、地方ごとにいろいろな名前で呼ばれるものが多く、なかなか同定がむずかしい。

古くは「くさびら」と言ったようだが、平安時代初期の本草書『本草和名』や、中期の辞書『和名類聚抄』などには太介（たけ）、俗には岐乃古（きのこ）と呼ぶとある程度で、「れいし」と「きくらげ」以外は詳しい名前は載っていない。江戸時代中期の安永四（一七七五）年刊の『物類称呼』では、一般にはタケかキノコだが、中国および九州でナバ、北国および美濃、尾張でコケ、上野、下野ではモタセといい、佐渡ではミミというと各地の方言が載っている。

次ページの表は、富山、長野、新潟と、東北四県での、一部のキノコについての主な現代の呼び名をまとめたものである。これを見てもわかるように、各地域での呼び名はそれぞれで、あまり一貫性や系統性はないようだ。しかしそれぞれの地域での呼び名には、そのキノコの特徴がよく現われていて、なるほどと感心するものが多い。以下にその代表的なものを取り上げてみた。上が種名、下が地方名、〔 〕内は呼ばれる地域である。

クサウラベニタケ　ヘドタケ〔新潟県〕、ニタリヤ〔長野県〕。クサウラベニタケはホンシメジによく似たキノコで有毒キノコ。キノコ中毒のご三家の一つとして知られ、シメジと間違えて採集してきて食べ、中毒例の多いキノコである。食べて三〇分もすると激しい嘔吐と下痢、腹痛が起こり、教時間以上続き、重症の場合は脈搏が乱れ体が冷たくなる恐ろしいキノコ。したがって採集したり食べないように、シメジに似てはいるが非なるもの＝似たりや、食べると嘔吐する毒キノコ＝へど茸と呼ぶようになった。

エゾハリタケ　ヌケオチ〔新潟、山形県〕、ヌケウチ〔山形県〕、ヌキウチ〔福島県〕。何の心の準備もな

ヌメリイグチ	コウタケ	ムキタケ	クサウラベニタケ	ホウキタケ
アワモダシ ラクヨウダケ マンジュウタケ カラマツイグチ	クマダケ シシダケ クロキノゴ カワダケ	ハシドコロ ムギダケ ツキキノゴ		ハギモダシ ハギダケ ネッコモダシ
アワモダセ アミコ アワモタチ マツタケ	イガタケ イノハナ エノハナ カワタケ クリキノコ バクロウタケ	スベラワカイ ハンドウゴ ムギダケ カヌカ ムキダケ	ハイトリモタツ	ネズミタケ ハキモダシ ホウキモタツ ホウキモダシ
アワコ アワダケ	シシタケ ススタケ バクロウタケ		スネナガ	
アミコ マンジュウタケ	シシタケ	ノドヤキ	オテングナカセ	カヤマイタケ ネッコモタシ マツヤマホウキ ネズミモダシ
カワムキ ババゴケ ジコボ ムキタケ	シシタケ	カタワ ミミタケ	イッポンシメジ ヘドタケ	ホウキタケ ホウキモタセ ハーキモタゲ
カワムキ ジコボウ ジコウボ リコボ ジコンボ	カータケ カワタケ	カタハ コウムケ カワヒキ カアフキ	ミズカンコウ ニタリヤ イッポンシメジ	ネズミタケ ネズミアシ ネズミノテ
		カワヒキ カワスキ シモフリモタセ	イッポンシメジの毒ゴケ	ネズミタケ カナジョ テゴケ ネズミノテ

一部キノコの主な呼び名（県別）

種名 / 県名	スギヒラタケ	ホンシメジ	ナラタケ	クリタケ
青　森	シロワカエ スギモダシ スギワカイ	ネズミ ネズミタケ ダイコクシメジ	サモダシ カックイ ナメコ オレメギ ヌイド ナラカックイ	クリカックイ アカツブレ アカモダシ クリノキシメジ
岩　手	スギワケエ スギワカエ スギカヌカ ワガイ	オワカエ スンメイジ スズメモダシ ウエッコ ワケエ	カツクイキノコ カツクイモダセ カツクリモタシ ボリメ ボリボリ ボリメキ ナラモタツ	アカカックイ クリノキモダセ ボメキ クリモダス アカボリ ヤマドリ アカモタシ
秋　田	スギアオケ スギカヌカ スギワケ スギワケエ カノガ	コナラ ナナツタケ	オニサモダシ クネモダシ サワモダシ ナメコ ヌイド ヤヂキノコ	アカキノコ クリノキモダシ ヤモトリモダシ
山　形	スギカヌカ スギカノコ	ウエッコ クロフ シメジ シロフ	オリミキ オレミキ カスボタシ モタシ	ヤマドリモダシ アカモダシ クリノキモダシ クリモダシ
新　潟	コケ シラフサ スギゴケ ミミタケ		アマダレゴケ モタセ	アマンダレ センボン
長　野	スギワカエ	カンコ ダイコクシメジ ハギセンボン シメジ センボンシメジ	モトアシ ナラノキモトアシ ナラブキ ヤブタロウ モタセ	クリタケ カブツ アカヅンド
富　山	ベラタケ スギノキモタセ スギモタセ ビラタケ	オオムラ	モタセ ナラゴケ	クリタケ ヤマドリモタセ

いのに急を突かれることを「抜き打ちに」と言うが、キノコになんでこんな名前があるのか、長い間疑問に思っていた。エゾハリタケが発生するのは主として原生林のブナの木で、このようなブナの大木がある所は、平家の落人伝説が残っているような山奥である。こんな奥山に入る者は、クマやカモシカを求めての岳山猟師か、ろくろ材を求めての木地師くらいなものである。筆者がこのキノコの名前と正体をつきとめたのも、新潟県の長野県との県境のムラ糸魚川市木地屋集落の老人からだった。

　エゾハリタケはブナの大木の高い所に出るキノコで、冬になって時期も過ぎ老化し根元が弱くなったところへ、雪の重みも加わって、ある日突然どさっと雪の上へ落ちてくる。「抜け落ち」である。たまたまそこを通りかかった人は、何ごとが起こったかと一瞬驚くので「抜き打ち」だとも言い、どちらがほんとうかわからない。味噌漬けにすると美味で、薄く切ったものはべっ甲色をしていて、土産にすると珍味として喜ばれたと聞いた。

マスタケ　ホクチタケ〔岐阜県飛騨地方〕、ホクチキノコ〔長野県、木曾地方〕、ヒゴケ〔長野県伊那地方〕。マッチが開発される以前、火打石と火打金を打ち合わせて出る火花を火種として、これを粉炭など火のつきやすいものに受けて火の元を作ったが、それを火口《ほくち》といい、麻稈やキリの炭などと共に、木曾谷や飛騨地方ではマスタケの老化したものを炭にして使ったので、その名が残っている。この他火口には**ツリガネタケ**や**エブリコ**なども使われた。エブリコとはえぶるキノコの意味で、えぶるとは煙が出て長くくすぶること。

ヤマブシタケ　ジョウコタケ〔鹿児島大隅半島、宮崎県〕。ジョウコは下戸に対する上戸のことで、酒好きまたは酒に強いことを意味する言葉。いも焼酎できたえられた薩摩の人の中にも酒に弱い人はいて、そんな人はさしつさされつの盃のやりとりが進むにつれ、盃を受けるのがたまらなくなる。そんな時、下戸

クサウラベニタケ

ヒラタケ

ホウキタケ

ヤマブシタケ

キツネノヘダマと呼ばれるバレーボールに似たオニフスベ

の人は、ひそかに胸元にしのばせた、乾燥させたヤマブシタケに、相手にさとられないように、受けた盃の酒を流し込み、飲んだふりをしてそしらぬ顔をする。

ヤマブシタケは乾燥させると相当な量の水分を含むことができ、一杯になったものはしぼって乾かし、また使うことができる。キノコは食用以外にもいろいろな利用法があるが、こんな利用法はよほど酒宴の席で困った人の考案と思われるが、宮崎県や大隅半島以外では聞かない。

エノキタケ、フユヤマタケ　ユキノシタ〔岩手、秋田県〕。野生のエノキタケは、市販されているエノキタケからは想像もできない色や形をしている。野生のものは榎、柿、白樺などの切株に、晩秋から春にかけて出、傘の色は褐色で密毛がある。フユヤマタケも晩秋から一月にかけて、マツ林の地上に出るキノコである。両者とも雪の中から採ることが多い。そこで岩手や秋田の人たちはこれらのキノコを、雪の下から出るとか雪の下から採ることを意味する名前で呼ぶようになった。

コムラサキシメジ　ナタケ〔長野〕。八月末になるとキュウリやコロビ瓜の蔓も上がって終わりとなる。そこで農家ではこの蔓をかたずけて耕し、九月上旬にはそこへ野沢菜の種を蒔く。野沢菜が伸び始めた頃になると、有機質に富んだこの畑にコムラサキシメジが出てくる。秋のキノコのはしりでもあり、味も良いので、野沢菜の間引きと一緒に煮て賞味する。で、このキノコを「菜茸」と呼んでいる。

カラカサタケ　ニギリタケ、ニギリタケ、ニギリンコ〔長野、岐阜県〕。キノコの形が番傘を開いた形にそっくりであり、うなずける名前である。ニギリタケ、ニギリンコという名前は、このキノコの傘の肉質部が弾力に富んでいて、両手で傘をつぼめるように握るとそのままつぼまり、手を放すとまた元のように開くので、そんなところから名前がつけられた。子供たちは面白がって何回も繰り返して遊ぶ。

オニフスベ　キツネノヘダマ。江戸時代後期の享和三（一八〇三）年刊の小野蘭山『本草綱目啓蒙』にはキノコのこともたくさん載っており、オニフスベの項には方言名の一つにキツネノヘダマがある。ヘダマは屁玉で、屁は「屁のような」といわれるように、たあいもないことのたとえとしてよく使われるが、事実、姿や形のない、臭いだけの物体である。

ところでオニフスベはなぜこのように呼ばれるのだろうか。筆者も過去に三回オニフスベの野生の姿を見ているが、いずれも知人からの電話で、ある日突然庭先や裏の畑の縁に、バレーボールのようなものが落ちているので拾おうとしたらどうもキノコらしいから来て見てくれということだった。行ってみると、たしかに、白いバレーボールそっくりの大きさの球で、紛れもなくオニフスベである。

オニフスベはホコリタケ科のキノコで、中を割って見てもふかふかした、取り柄もない物質でできているだけのキノコ。きっとそんなところから昔の人は、ある日突然現われる白い球、しかも中身はとるに足らない物質だけの物なので、狐の屁球という名前を付けて呼んだものと思われる。

ムキタケ　ノドヤキ〔山形、兵庫県〕。ナメコ汁もそうだが、ムキタケ汁もなかなか温度が冷めず、寒い晩秋には体が芯から暖まる汁である。椀に盛った汁が冷めない理由は、ナメコ汁の場合はキノコから出るぬめりにあるようだし、ムキタケの場合はぬめりと共にキノコ自体の厚みとボリュームにあるようだ。椀に盛った汁やキノコをうかつに飲んだり食べたりすると、口の中で熱さを知り、慌てて飲み込むとのどを火傷することがよくある。こんなところからムキタケは「のど焼き」と呼ばれるようになったらしい。

ホウキタケ　ネズミアシ、ネズミノテ〔長野、滋賀、兵庫、岡山県〕。キノコにはカラカサタケやクギタケなど、姿が似ているところから名前が付けられたものがある。ホウキタケも箒に似ているところからの名とも思われるが、この標準和名よりも、長野や滋賀県などで呼んでいる鼠足や鼠の手の方がこのキノコに合った名のように思われる。ネズミは頭の先から尾の先まで灰黒色の毛に覆われているが、手足だけは肉だけでできているかような、毛も皮もない感じのまったく異様な姿をしている。ホウキタケの生えている姿を野山で見ると、地面から鼠の手か足だけが生えているような感じに見えるキノコである。

毒キノコあれこれ

日本人は世界でもキノコ好きな民族に属するようで、古くからキノコにまつわる伝説や文学がある。近年は生活にゆとりが出たり、趣味や自然食ブームも手伝って、秋になるとキノコ狩りに出かける人が多くなった。キノコの図鑑や参考書も多く出版され、キノコ展示会や鑑定会も各地で開かれている。

そんな中で、「キノコはおいしいが、毒キノコが怖くて」という話をよく聞く。たしかにキノコの中には幾種類かの毒キノコがあって、毎年シーズンになると、キノコによる食中毒のニュースが新聞やテレビで報道される。キノコによる食中毒は昔からあったらしく、『今昔物語集』には毒キノコの話が四つある。

藤原道長が左大臣だった時、読経所の僧が童子の採ってきたヒラタケを汁にして食べたところ、中毒して死んだという話。おそらくヒラタケに似ている毒キノコのツキヨタケではなかったかと思われる。

金峯山の僧が、その寺の別当（寺務を司る長官）を毒殺し、その地位を得ようとたくらんで、食えば必ず死ぬという和太利というキノコを料理し、ヒラタケだと言って別当に食べさせた。ところがこの別当はキノコに中毒しない体質の人で、「こんなにおいしく料理した和太利は初めてだ」と礼を言って、すこしも中毒しなかったので、この毒殺事件は未遂に終わったという話。

京都のきこり数人が北山へ入り、道に迷って困っていると、山の奥から四～五人の尼さんたちが舞いながら下りてきた。尼たちは「仏に供える花を摘みにきたのですが道に迷ってしまい、キノコを見つけたので焼いて食べた。とてもおいしかったが、どうしたわけかこんなふうに舞いが止まりません」と言った。

きこりたちは尼たちがまだ手に持っている食べ残しのキノコをもらってたべたら、彼らもまたその意志がないのにひとりでに踊り出し、笑いつづけていたが、やがて酔いがさめて正気にもどったという話。たぶんオオワライタケを食べたのではないかと思われる。

以上三話には、キノコ中毒で死んだ話、毒キノコを食べたがまったく当たらなかった話、毒キノコを食べたら踊ったり笑ったりするようになったなど、毒キノコを食べた時に起きる症状の代表的な三つのタイプが要領よく述べられている。

毒キノコには、①食べれば死ぬほど毒の強いもの、たとえば**ドクササゴ**、**コレラタケ**、**シロタマゴテングタケ**、**ニガクリタケ**など、②ゆでてしばらく水に浸しておいたり、干しておくと毒性はほとんどなくなる**ハナホウキタケ**、**カキシメジ**、**ツキヨタケ**、**ベニテングタケ**など、③食べると精神状態に異常をきたす、**オオワライタケ**や**シビレタケ**など、のタイプがある。

①に属する毒キノコは誤って食べると命にかかわるので充分な注意が必要だが、②に属するものは図鑑などでは毒キノコに分類されているが毒性には幅があり、ツキヨタケ、**クサウラベニタケ**、カキシメジ、ベニテングタケなどは採ってきてすぐ食べると毒性強くかなり重症となるが、一カ月も水に漬けたり干しておくと毒性はなくなる。カキシメジは一カ月くらい水に漬けおいて食べている人は多い。ベニテングタケも干しておくとサッカリンの二〇倍もうま味のあるイボテンサンを含んでいておいしく、長野県の菅平、乗鞍地方や奥飛騨地方の人は正月の料理にこれを使っている。またハナホウキタケや**ツチスギタケ**の毒は、軽い下痢をする程度のもので、それも人によってで、中毒症状を起こすのは一〇人中二人くらいである。

この他図鑑には載っていないが、食用キノコの**コウタケ**はアクが強いキノコで、生のものを食べ過ぎると口端に吹き出物ができたり、雨の日に採ったものを背負ってきて、汁が背中に付いたりすると背中に火

ベニテングタケ

ツキヨタケ

クリタケ

コウタケ

マイタケと筆者

ウラベニホテイシメジ

シャカシメジ

ぶくれができることがあるから注意が必要である。

③の食べると精神状態に異常をきたすキノコについては、日本ではあまり聞かれないが、ユカタン半島の原住民族のインディオは、シビレタケの一種を食べて幻覚症状に入り、神のお告げを聞く奇習を持っていることで有名だし、中世の北欧のバイキングたちも、略奪や戦いに出る前にベニテングタケを食べて景気をつけ、その勢いで暴れまわったそうである。

暮らしとキノコ

キノコは中毒すると怖い代物だが、紅葉の山の中にそれを探す楽しみは格別で、山菜採りとは異なった楽しみがあり、たくさん列になったり輪になって生えている優良食茸を見つけた時の喜びは、また特別である。

海に遠い信州や飛驒、東北地方の山国の人たちは、キノコ類を大切な「山の幸」として暮らしの中で扱ってきた。なかでも「香りマツタケ味シメジ」といって、**マツタケ**と**シメジ**を一級のキノコとしたが、**ナラタケ**、**クリタケ**、**イグチ**などポピュラーで身近なキノコも愛してきた。冠婚葬祭などの人寄せの時にもキノコ料理を出す習わしのところが方々にあった。

たとえば筆者が住む長野県を例にあげると、婚礼や法事の時に必ずといってよいほど出されるのが、北アルプス山麓では**コウタケ**の煮しめ、木曾谷の一部の地方での**ショウゲンジ**の料理である。

コウタケは採ってすぐ食べるのではなく、干して保存しておき、必要に応じて水に戻し、うま煮にしておひらなどの料理として膳に出す。このキノコは大型で直径三〇センチもあるうえ、数十本が列をなして群生するので大量に採れ、シーズンになると繭を入れる大きな袋を持ち、馬を曳いて採りに行った。採ったものはこの袋に入れて馬の所まで背負い下ろし、馬に積んで帰ったものである。

ショウゲンジ（こむそう）も、マツタケ山が老化し、あまりマツタケが出なくなった松林に大量に発生するキノコである。傘の開く前の、虚無僧が編み笠を被った状態のものは漬けても長持ちする。

山村の人たちはそれぞれ自分のキノコのテリトリーを持っていて、「キノコの代《シロ》（毎年定まって発生する特殊な場所）は親子でも教えない」というくらい大切にしている。そしてシーズンになると、ときどきキノコの出具合を見て回る。まだちょっと早いかなと採らずに帰り、次回行くと誰かに採られて一本もないことがよくある。だから「キノコの見置きと娘の見置きはするものではない」という諺がある。年頃の娘を見て、来年は息子の嫁さんにもらいに行こうなどと思っていると、いつの間にか他所へ嫁に行ってしまい、もらいに行った時は後の祭りということになる。

キノコは一般に藪や高茎の草が生い茂った所には出ない。マツタケは手入れの行き届いた松山によく出るし、イグチは草刈りの行なわれているカラマツ林によく出る。ところが昨今の山は、堆肥や刈敷などの有機質肥料を作る草刈りや、薪炭材や建築材などを伐りに入らなくなったし、松林には焚きつけ用の松葉の落葉かきに入る人もなくなり、山は荒れ放題の状態である。

落葉が積もってくるとマツタケは出なくなるし、ススキなど茂るにまかせたカラマツ林にはイグチは出なくなってしまう。山に入るのはキノコ採りの人ばかりで、キノコが出ていないと嘆いても自業自得、それこそ後の祭りで、人間たちが自分で自分の首を締めた結果である。「こんな自然に誰がした」と、今さらながら訴えたい気持ちである。

第三章　子供の遊びと身近な植物

一　子供は遊びの天才

子供は遊びが仕事で、遊びながら学び、遊びの中で成長していくと言っても過言ではない。子供はそれほど遊びが好きで、遊びに夢中になって、しばしば寝食を忘れることがある。

遊びは子供についてまわるから、家にいる時、学校への行き帰り、学校で、また帰ってからや休みの日には、というように、いつも子供のいる所には遊びがあった。遊びの材料は身のまわりにあるもの何でもよく、子供たちはそれをうまく使ってすぐ遊びを始めた。大人の手を煩わさなければできないような遊び用具はいらなかった。

身近な動植物を相手にしたものに限っても、①シロツメクサの花で首飾りを作るとか、タンポポの花と花で相手とぶっ切りをするなど、草花遊びのたぐい、②クワズミ、木イチゴ類、グミの類など山野に自生する木の実や、スイバ、イタドリなどの生食できるものを採ったり摘んだりしての食べ遊び、③トンボ、セミ、カブト虫などの昆虫のつかまえ遊び、④ブランコ、木刀、風車、竹トンボなどの作り遊びなど、数えればいくらでもある。

また遊び方でも、木の実で笛を作るなどの一人遊びもあるが、ほとんどは兄弟姉妹や近所の子供たちなど遊び仲間との集団遊びが多く、年下の子供はこの遊びの中で、上級生からいろいろなことを学びながら成長していった。

しかし昨今は子供の数も減り、遊びの用具や遊び方も昔とすっかり変わってしまった。TVゲームなどの室内遊びや、一人遊びが多くなったのは寂しい限りである。

草木遊びと分類

子供がするいろいろな種類の遊びの中から、草木を材料とする遊びに限定して、本州の中部地方以北で行なわれていた遊びについて、材料とする植物の種別、遊びの種類、使用する植物の部位などに分けて統計をとってみた。その結果を表に示す。

筆者が採録しただけでも、遊びに使用される植物は合計一一二種もあった。内訳は草本が七六種、木本が三六種だった。また遊びの種類は①ままごと遊び、②笛遊び、③音遊びなど、一一の類型に分けてみたが、合計では一六五種類の遊びを記録することができた。

一一種類の類型区分とその概要は次のとおりである。

①ままごと遊び——保育園から小学校低学年の子供が主として遊ぶ、食生活や商店の販売にかかわるままごと遊びなど。一六種。

②笛遊び——草笛や木の実に穴を開けるなどして、吹けば音の出るようにしたもの。一八種。

③音遊び——大豆の葉やアブラチャンの葉など、幅の広い草木の葉を一枚採り、片手で筒を作った上に

子供の草木遊びの分類

	花	葉	茎	実	枝・皮	その他	合計
ままごと遊び	4	3	1	8	0	0	16
笛遊び	4	5	5	4	0	0	18
音遊び	4	6	0	3	0	1	14
飛ばし遊び	0	3	3	7	2	0	15
回し遊び	3	2	1	2	0	1	9
勝負遊び	3	3	0	0	0	0	6
占い・当てっこ遊び	4	4	1	1	0	0	10
いたずら遊び	1	8	3	3	0	2	17
作り遊び	4	9	5	4	3	2	27
その他の遊び	9	5	1	2	0	2	19
おしゃれ遊び	8	3	1	1	0	1	14
合計	44	51	21	35	5	9	165

乗せて叩いて鳴らしたり、**アサガオ**や**ホタルブクロ**の花を破裂させて鳴らすなど。一四種。

④飛ばし遊び――水鉄砲や豆鉄砲のほか、竹トンボ、**ゼンマイ**の葉の飛行機などいろいろな飛ばし遊び。一五種。

⑤回し遊び――**ホオノキ**の葉の風車、**タンポポ**の花茎の水車など、いろいろな回し遊び。九種。

⑥勝負遊び――相手と身近な草花などを使って勝負し、勝ち負けを決める遊び。六種。

⑦占い・当てっこ遊び――花弁や小葉をもぎ取りながら、「来る、来ない」などと言って、残った葉で占ったり、当てっこをする遊び。一〇種。

⑧いたずら遊び――歩道の両側の**チカラシバ**の先を結んでおき、そこを通る人をひっかけたり、**エノコログサ**の穂で他人の首をくすぐったりなどの、いたずら遊び。一七種。

⑨作り遊び――**ササ**や**ヨシ**の葉で舟を作るとか、**ドングリ**でやじろべえを作るなどの簡単な物を作る遊び。二七種。

⑩その他の遊び――草の葉柄で目はじき遊び、アケビの雌しべを手の平の上で叩いて、立て立て○○などとはやすなど、どの部類にも入らぬ遊び。一九種。

⑪おしゃれ遊び――シロツメクサの花で首飾りを作ったり、シシガシラでヘアーバンドを作るなど、女の子の遊び。一四種。

二　子供の遊びと身近な植物

次に、遊びに用いるのは植物のどの部位が多いか、花、葉、茎、実、枝や皮、その他に分けて統計をとってみた。その結果、花を使った遊びが四四種類、葉を使った遊びが五一種類、茎を使った遊びが二一種類、実を使った遊びが三五種類、枝や皮を使ったものが五種類、そのほか穂や綿を使ったり、全草を水に入れる遊びなど九種類に分けることができた。

花を使った遊び

①ままごと遊び――イヌタデの花を赤飯に見たてて「あかのまま」、ミゾソバの花でお菓子の金平糖《こんぺいとう》、シモツケの花の振りかけなど。

②笛遊び――アヤメやハナショウブの花弁一枚を唇に当てて好きな曲を吹く他、タンポポの花茎を四～五センチに切り、口に当てて吹きながら、先端を両手で囲ったり開けたりしてプアー、プアーと鳴らすなど。

③音遊び――アサガオのしぼんだ花やホタルブクロの花などに、息を吹き込んで破裂させる。キキョウ

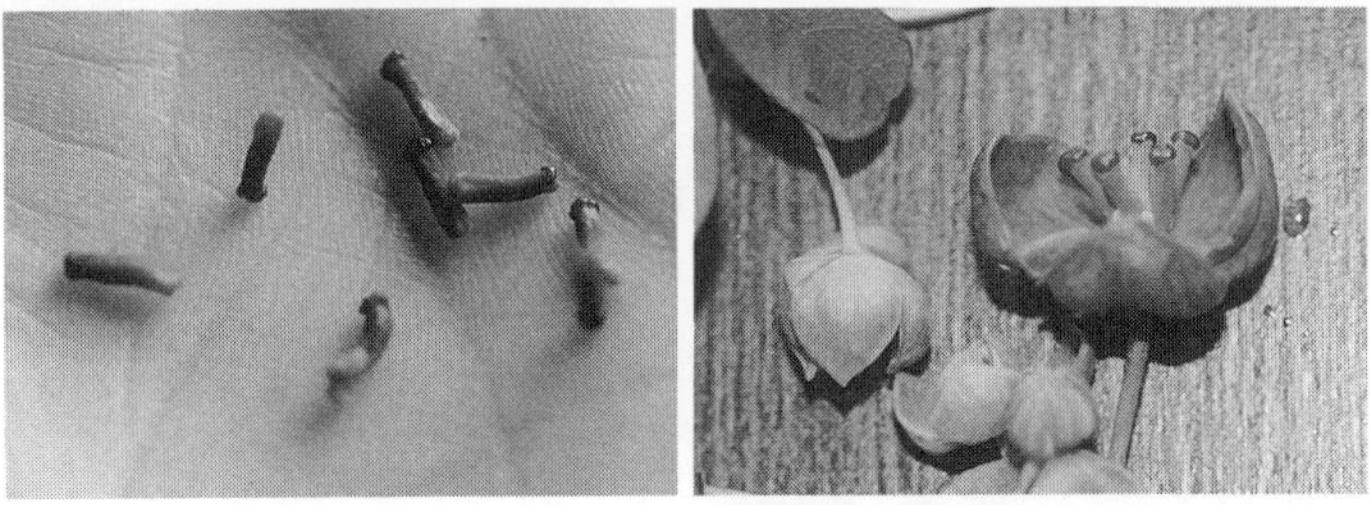

アケビの花（右）と雌しべ（左）

ツメクサの花の首飾り

ホタルブクロ

タンポポの花の勝負遊び

マーガレットの花弁の占い遊び

の蕾を掌で叩いてつぶすなど。

⑤回し遊び――**クルマバナ**、**オドリコソウ**などの花の付いた花茎を軸に、親指と人指指で両端を持ち、息を吹きかけて花をくるくる回し、風車遊びをするなど。

⑥勝負遊び――**タンポポ**、**シロツメクサ**などの花の付いた花茎をぶっつけ合い花を切り落とす、ぶっ切り合いや、**オオバコ**の花茎をひっかけ合って、ずいこんずいこんこすり合い、切れた方を負けとするなどの遊び。

⑦占い・当てっこ遊び――**コスモス**や**マーガレット**の花弁を一枚ずつ取りながら、来る・来ない、来る・来ないなどと、最後の一枚で占う遊びや、**ホタルブクロ**の雌しべが若いうちは先は一本だが、熟してくると三叉になるのを知っていて、花袋を裂く前にそれを当てっこする遊び。**ノゲシ**の花の内部の色を当てる遊びもある。

⑧いたずら遊び――**ツリフネソウ**の花の、正面に垂れた大きな二枚の花弁を取り除き、尾のように巻いている距《きょ》の袋だけにして、これを指先にはめる。一〇本の指全部にはめ、小さな子供を前にして、「ソーレおっかねえゾー」などと言って、つかみかかる真似をして遊ぶ。**アオイ**の花弁一枚を採り、元の方一〜二センチを二つに割って鼻の上に貼り、「コケコッコー」などと言って鶏の真似をして遊ぶなど。

⑨作り遊び――**スミレ**や**ツバキ**、**ツツジ**などの花をつないだり、糸に通してレイを作るとか、**ノハナショウブ**や**アヤメ**の内花被や外花被で仔馬や親馬を作ったり、**フシグロセンノウ**の花の萼筒を裂き、中の細長く白い花爪を足に、朱赤色の花弁の四枚を二枚ずつなめて貼り、お膳を作るなど。

⑩その他の遊び――**オドリコソウ**、**ウツボグサ**、**エンゴサク**などの花を一本一本抜いては蜜を吸うとか、**アケビ**の雌しべをたくさん掌に乗せ、他の手の指でトントン端を叩くと、雌しべは立ち上がって踊る。長

い毛の白粉刷毛のようなネムの花を採ってきて、相手の顔面をこれで軽くなぜながら呪文を唱えるネムの花の催眠術。ナデシコの花をつけ根で切り、そこへ棒を挿して花爪を押し出すところてん突き出し遊びなど。

⑪おしゃれ遊び——シロツメクサ、アカツメクサなどの花を三つ編みにした首飾り、サクラの花の腕輪、ツバキの花を糸に通した首飾りなど。

葉を使った遊び

①ままごと遊び——オオバコの葉の芯のラーメン、カキドオシの葉のお金、いろいろな葉のお皿など。

②笛遊び——ササやヨシの新葉のまだ開かないものを採って吹くとトロロローと泣くような音が出る。開いた若葉はこのほかマサキ、ツバキなども同じで、柔らかく斜めに巻いて軽く吹くとホーッポ、ホーッポとよく鳴る。ヤブカンゾウは出たばかりの若い葉の根元の部分の一枚をとり、吸ってピーピー鳴らす。

③音遊び——ダイズの葉、クズ、ダンコウバイ、フキの葉などを採り、左手の親指と人指指の先が合う程度の軽い握りこぶしを作り、その穴へこの葉を凹ませて載せ、上から右手の掌でぽんと叩くと、パンと破裂して音がする。クジャクシダの葉を唇に当て、動かしながら吸うとツルツルと蕎麦をすする時に似た音がする、など。

④飛ばし遊び——ゼンマイやナンテンの葉を軽飛行機に似せて小葉を切り揃え、紙飛行機のように飛ばしたり、ススキの葉を飛ばして遊ぶ。

⑤回し遊び——ヒイラギの葉を一枚採り、両端の鋸歯の先を親指と人指指で軽く持ち、吹いて風車とする。ホオノキの短枝の頂の部分を採り、二四五ページの写真のように矢車状に葉を切り、風車を作って回

して遊ぶ。

⑥勝負遊び――**オオバコ**の葉の元の方と先をそれぞれ持ち、互いに引っぱり合って、切れた時に各自が手に持っている葉に残っている筋の本数で勝ち負けを決める。**フジ**の葉を集め、小葉を取り除いて葉柄だけとし、各自が一本ずつ出し合って、それを順番にパラッと散らしてできた地面や床面の空間に、まわりの葉柄に障らないよう、何本の葉柄が立てられるか試し、できたらその本数を各人からもらうゲームもよくやる。

⑦占い・当てっこ遊び――**スギナ**の葉を採って、節のところで抜いてまたわからないように挿し込んで、相手に「どこ切った」と言って当てさせる。**フジ**の葉や**ニセアカシア**の葉を一枚採り、数人がそれぞれ自分の葉を小葉の一枚に決めて印をし、下の小葉から上へ順次、一、二、三、四、五と数えて第五の小葉を摘み取り、次の小葉からまた、一、二、三……というように数えて五番目の小葉を摘み取る。こうして最後まで自分の葉が残った者が勝つゲームなど。

⑧いたずら遊び――**アキノキリンソウ**（アワダチソウ）、**アカソ**、**ユウガギク**などの葉をもんで泡立て、シャボンなどにして遊んだり、**チカラシバ**の先を結んで輪を作り、歩く人をひっかけたり、**コオゾリナ**の葉を摘んで、そっと他人の背中などにくっつけ、「誰か荷を背負《しょっ》て重たかないか、駄賃もとらずに大御苦労」などと言ってはやし立てて遊ぶなど。

⑨作り遊び――葉柄や花柄を瞼の間につっ立てる遊びはどこでもする。**クワ**や**アカソ**の葉柄を短くして上下のまぶたの間にはさむ遊びは、目はじき、目っぱりという。**ユズリハ**の葉で箕《み》を作ってままごとに使ったり、**ホオノキ**や**フキ**の葉に目鼻を開けてお面を作ったり、**ササ**や**ヨシ**の葉で舟を作るなどいろいろな作り遊びをする。

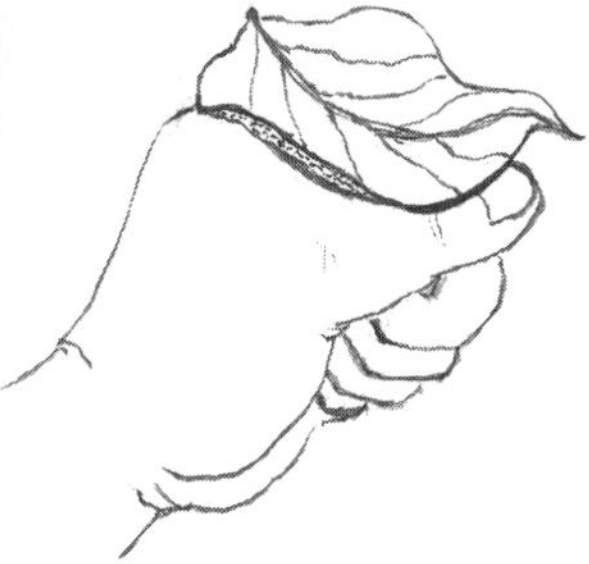

ダイズの葉の音遊び

ホオノキの葉で作った風車

ユズリハの葉で作った
ままごと遊びの箕

ササの葉で作った笹舟

⑩その他の遊び――**スイセン**、**ナツズイセン**の葉を摘み、指でこすったりもんだりして、皮の膜に隙間を作り、掌で叩いて音を出してつぶしたり、袋になった所をチーチーと吹いて鳴らす。**ゴヨウマツ**の五本一組の葉や、**アカマツ**の短枝の先の房を採ってきて先端を切り揃え、板の上などに置き、唄を唄いながら拳や指で板をとんとん叩いて松葉を踊らせて遊ぶなど。

⑪おしゃれ遊び――**イチョウ**や**マツ**の葉などを連ねて首飾りを作ったり、**シシガシラ**を編んでヘアーバンドを作るなどの女の子の遊び。

茎を使った遊び

①ままごと遊び――**アオツヅラフジ**の蔓を長く採ってきて葉を除き、電線に見たてて電気屋さんごっこをする。

②笛遊び――たんぼに群生している**スズメノテッポウ**の穂を抜きとって葉を折り曲げて吹くとピーピーと鳴るし、**ムギ**わらの茎を一〇センチほどに切り、縦長に切れ目を入れて吹くとビーンビーンと鳴る。**ヨシ**や**タケ**、**ウツギ**などの茎でも笛を作る。

④飛ばし遊び――**キブシ**、**ヤマブキ**の芯を棒で突き出し、この芯を口からスポスポ出したり入れたりして遊ぶほか、穴の開いた茎を豆鉄砲にする。また**タケ**でも豆鉄砲や水鉄砲を作って遊ぶ。

⑤回し遊び――**イタドリ**の茎で水車を作り、回して遊ぶ。

⑦占い・当てっこ遊び――**カワラマツバ**の茎の途中を上手に引っぱると、皮が丸ごと身と離れてぬけるが、下手に引っぱるとぬけずに切れてしまう。ぬけるかぬけないかを占ったり当てっこして遊ぶ。

⑧いたずら遊び――**キブシ**、**ヤマブキ**、**ノリウツギ**の芯を突き出し、これを細かくちぎって唾でぬらし

て顔中に貼り、女の子を驚かせたり、口に一杯入れて仲間の顔に吹きつける、などのいたずら遊び。

⑨作り遊び――**イタドリ**の茎で柄杓、**アオツヅラフジ**の蔓で籠やざる、**カヤツリグサ**の茎で枡、綾とりを作るなどの遊び。

⑩その他の遊び――いろいろな木の若い茎を適当な長さに伐ってそのまま使ったり、手の握りより先の刀身となる部分だけは皮をむいたりして刀を作り、男の子たちはよくちゃんばらごっこをやった。

⑪おしゃれ遊び――**ノビル**の茎を一～二センチぐらい交互に、皮を付けたまま折ったり、皮をむいて折ったりして最後まで続けると、二本の紐ができる。これを輪にして首飾りとする。

実を使った遊び

①ままごと遊び――**スミレ**類の果実の袋の内の白い粒々の種子をもち米に、**カタバミ**の実をキュウリに、**ヘビイチゴ**の果実を果物に、**ドングリ**のふた（殻斗）をお椀に、**ミカン**の皮をお皿に、など身近なものの実をいろいろに見立てて遊んだ。**イケマ**や**ガガイモ**の莢には米を入れて炊いてままごと遊びに使った。

②笛遊び――**アンズ**の種の両面を削って穴を開けて中身をくり抜いた笛や、**トチ**の実や**ツバキ**の種に穴を開け、釘の頭で中身をくり出し、唇に当てて吹く笛、**カラスノエンドウ**の莢から中の豆をとり出して莢の端を一センチくらい嚙み切り、ここを唇に当てて吹くとビービーと鳴る。

③音遊び――実の付いた**ナズナ**を一本採り、全部の花柄を茎から少しずつ剝《は》がして垂らし、茎を持って振るとがらがら鳴る。**ホオズキ**の実の中身を上手に取り出して捨てて空洞とし、これを口の中へ入れて鳴らすなど。

④飛ばし遊び――**アケビ**の果実を口一杯にふくみ、甘い液だけ吸って、たくさんの種子は、相手を見て

一斉に口から吹き飛ばしていたずらする。**サイカチ**の実や**フジ**の実はおはじきにして遊ぶ。**タンポポ**の花がほほけた綿毛は、茎を取って手に持ち、息を吹きかけて飛ばす。**ツバキ**の実は手裏剣《しゆりけん》ごっこに、**フジ**の莢は手裏剣やブーメランにする。**トチ**の実の中身は水に溶かしシャボン玉遊びの液とする。

⑤回し遊び――**タンポポ**の花が終わって柔らかくなった茎を取り、先を長野オリンピックの聖火トーチ状に裂いて、火の燃える部分のところへ**サクラ**の実などを乗せ、茎の管から息を吹くと、サクラの実は上手に中空を踊るように回転する。**ドングリ**はきりで穴をあけ、そこへマッチ棒などを通してこまを作り、回して遊ぶ。

⑦占い・当てっこ遊び――**ドングリ**を各自数個手に持って、合図と共に一斉に握った手を前に出して、手の内にあるドングリの数の当てっこをする。

⑧いたずら遊び――**アメリカセンダングサ**や**ヌスビトハギ**の実は、他人に知られないようにそっと衣服のどこかに付け、はやし立てて遊ぶ。**ドングリ**の実を後から前の人の頭に当たるようにそっと投げ、そしらぬ顔をしとぼけている。当てられた人は誰かと周囲を見回すが、皆がそしらぬ顔をしている、など。

⑨作り遊び――**ススキ**の穂を集めてフクロウを作ったり、**ドングリ**のやじろべえ、**アカマツ**の松かさで籠飾り、**メヒシバ**の穂の秤や、**ヤブデマリ**の実は嚙んでもちを作る。

⑩その他の遊び――**オキナグサ**のほほけた綿毛で手まりを作ったり、**アズキ**の実をお手玉の芯にする。

⑪おしゃれ遊び――**ハマナス**の果実から種子をとり出し、糸でつなぎ合わせてつやのある橙色のネックレスを作る。

なお、実を使った遊びの中には、広義の遊びとして、果実の食べ遊びがあり、子供たちは昔は食べられる実の熟するのを待って、**ウグイスカグラ**や**グミ**の仲間が熟するとその木の下へ、**クワ**の果実が熟すとそ

ナズナの実の音遊び

又木を使ったゴムパチンコ

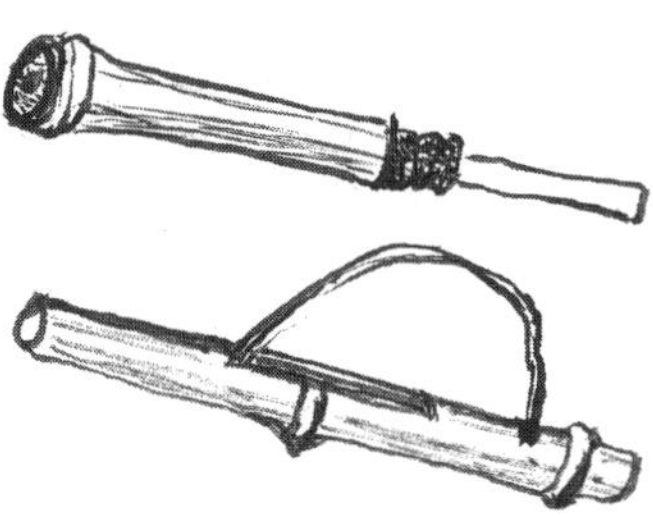

タケで作った水鉄砲(上)
と豆鉄砲(下)

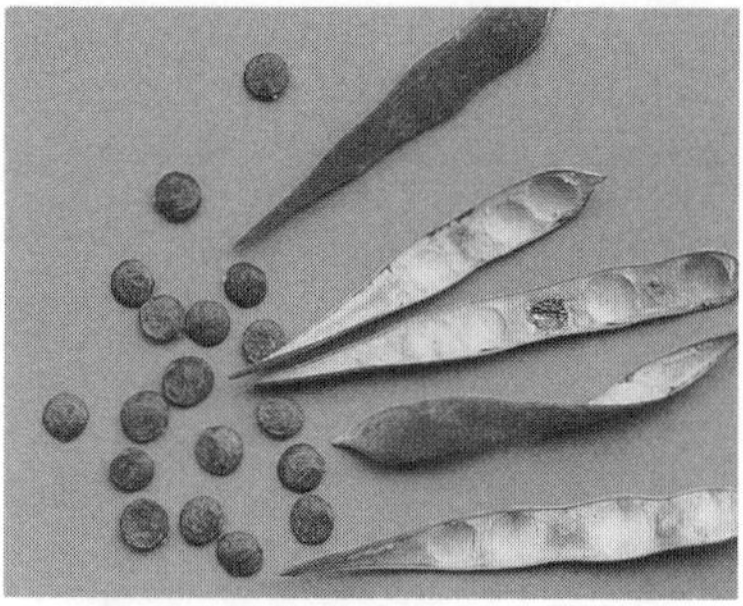

おはじきにそのまま使えるフジの種子

ホオノキの葉で作ったお面

の木へ、クリが熟すとそれを拾いに、アケビが熟すとその蔓へと、数えたてればきりがないほど多くの生食できる果実や、スイバ、イタドリなどの植物に群がって移動し食べ歩いたものだ。クワの実などは甘い液果で潰れやすく、夢中で採って食べている間に、つい白いシャツを赤紫色に染めてしまい、母に毎年のようにしかられたことを覚えている。

このように果実の食べ遊びは子供たちにとって忘れることのできない遊びであったが、前章の木の実・草の実のところで生食できるものについては取りあげたので、ここではその主なものについて科別に種名だけを羅列することにする。＊印は大人が山から採ってきて与えたもの。

バラ科——クサイチゴ、スモモ、モミジイチゴ、ニガイチゴ、＊クマイチゴ、ナワシロイチゴ、エビガライチゴ、＊クロイチゴ、＊オオウラジロノキ、ズミ
ユリ科——エンレイソウ、サルトリイバラ
イチイ科——イチイ、＊カヤ、＊チャボガヤ
ツツジ科——イワナシ、＊アカモノ、ナツハゼ、ヤマツツジの花弁
カバノキ科——ハシバミ、ツノハシバミ
グミ科——アキグミ、ナツグミ、トウグミ、ナワシログミ
クワ科——クワ、ヤマグワ、イタビカズラ
クロウメモドキ科——ケンポナシ
スイカズラ科——ガマズミ、ミヤマガマズミ、コバノガマズミ、ウグイスカグラ、ヤマウグイスカグラ
ニレ科——エノキ、エゾエノキ
ミズキ科——ヤマボウシ

アケビ科――アケビ、ミツバアケビ
マタタビ科――＊サルナシ
ブドウ科――＊ヤマブドウ、エビズル、サンカクズル
ヒシ科――ヒシ、コオニビシ
クルミ――オニグルミ
ブナ科――クリ
カタバミ科――カタバミ
タデ科――スイバ、イタドリ、オオイタドリ
サクラソウ科――オカトラノオ
イネ科――チガヤ
モクレン科――＊マツブサ

枝・皮を使った遊び

④飛ばし遊び――いろいろな木の枝のY状のものを使い、ゴム紐をつけて小石やダイズなどを飛ばしたり、竹を割って削り、竹トンボを作った。

⑨作り遊び――大きな木の枝を利用し、縄を下げてぶらんこを作るとか、ノイバラやバラの刺の若いものを採って、鼻の頭につばでつけて怪獣のまねをする。

その他の部位を使った遊び

③音遊び――**アジサイ**の茎を五センチぐらいに切り、丸箸などで髄を押し出し、これを口に入れ、吸ったり出したりして、すぼんすぼんと音を出して遊ぶ。

⑤回し遊び――**タンポポ**の花茎を五～六センチに切り、両端に切れ込みを数カ所入れて水につけると、その部分は反り返る。茎の中に細い棒を通して軸とし、水の流れで水車のように回す。

⑧いたずら遊び――**エノコログサ**の花穂の付いた茎を採り、後ろから他人の首の辺をこれでくすぐり、毛虫遊びをする。**チガヤ**の黒い花穂を採ってきて、口のまわりを黒く塗ったり、ひげを画いたりして、皆でひやかしたりいたずら遊びをする。

⑨作り遊び――**ゼンマイ**の綿毛で手まりを作って遊ぶ。

⑩その他の遊び――**コウヤワラビ**の出始めはぜんまい状に巻いている。これを採って静かに伸ばしてやる。が、全部伸ばしきらないいないうちに途中で切れてしまう。全部できたらはつめい（器用）になれると皆で競い合う。**ミチヤナギ**の全草を採って、水の中に入れてキラキラ光るのを見て遊ぶ。

⑪おしゃれ遊び――**メヒシバ**は花穂を摘んで一本一本の先をまとめて丸く基部に集めて糸で縛り、女の子は髪にさしてかんざしにした。

三　草木遊びと唄や呪文

子供たちの草木を使った遊びには、歌いながらするものや、呪文を唱えたり、独り言を言いながら行なうものが結構ある。だまって無言でするよりも、何か唱えたり歌ったり、しゃべったりしながらする方が、より楽しく、より面白いからだ。またそれぞれの遊びには子供たちだけに通じる名称があり、唄や呪文と共に親から子へ、また遊び仲間の先輩から後輩へと伝承されて、昭和に至っている。

ここではこれらの主なものにつき、長野県と新潟県を中心に述べることにする。長野県のものについては宇都宮貞子氏、新潟県のものについては伊藤邦男氏の諸著書を参考にさせてもらった。両氏共に地域の植物民俗について造詣の深い方である。

アケビの雌しべ遊び

アケビには雄花と雌花があり、雌花は花が大きいので遠くから見てすぐわかる。雌花には円柱形の頭に粘り気のある雌しべが三〜六本ついていて、受粉するとこれが次第に大きくなって、秋には熟してぱっくり口が開くのだが、春の花の時期に子供たちはこの雌しべを採って左の掌にのせ、右手の指で端の方をとんとん叩きながら、筆者の地方や長野県内のほとんどの地方で、

　ジジババ寝てろ
　ととかか起きろ（嫁起きて火い焚け）

などと歌うというかはやすと、雌しべはそれに合わせて起き上がって立ったり、立ったものはまた寝たりする。その立ったり寝たりする雌しべの動作が面白くて、いくつ立ったなどと友達と競争しあったものである。

このアケビの雌しべの遊びは、新潟県の佐渡ケ島では「アケビのトウトウ」と呼んで、長野県の子供たちと同じようなことをして遊ぶが、歌う唄の文句がすこし違う。

　アクビのトウトウ　立て立て寝まれ

アクビのトウトウ　立て立て寝まれ

とか、または、

アクビのトウトウ　立てば田打て　寝まれば麻績《おうう》め

アクビのトウトウ　立って田打て　寝まれば粉《こう》すれ

などとはやし、歌い継がれている（伊藤邦男編『佐渡植物民俗誌』）。

オキナグサの手毬

長野県下では広く**オキナグサ**をチゴバナ、チゴチゴと呼んでいる。チゴとは稚児のことで、翁とは正反対の幼児を呼ぶ言葉で、この草花の花後のほほけて風に吹かれている姿が、幼児のおかっぱ頭に似ているところから付けられた名前である。子供たちはチゴバナが好きで、花が終わるのを待ってその綿毛を採りに行った。たくさん集めて手毬を作るためだ。

集めた毛は、「ノミノミ下んナーレ　シラミシラミ上んナーレ」と言いながら揉むと、毛と毛がからみ合ってまとまり、種が上に出てだんだん堅い玉になってくる。これが手毬で、キャッチボールのように投げたり受けたりして遊んだ。また、種の形がシラミの卵に似てるのでシラミシラミと歌ったもので、これは東筑摩郡山形村などの子供たちに伝承されている唄である。

ところが隣りの南安曇郡安曇村では、綿毛を丸める時に歌う唄の文句は、「ケンケン下んナーレ　虫の子上んナーレ」で、ちょっと違う。ケンケンとは幼児語で毛のことで、集めた毛を揉んでいると、この唄の文句のように次第に毛と毛がつるばり合い、種はまわりへ出て堅い毬になり、投げ合っても崩れない。しかし近年、里山の生態系の変化でオキナグサがほとんど見られなくなったのは淋しい。

オオバコの引っ切り遊びの唄

オオバコの花茎を相手と引っかけ合わせて、ずいこんずいこんこすり合って、どちらが先に切れるか勝負しあう遊びは全国的で、歌いながらやるのが一般的だった。唄の文句はほぼ似ているようだが、地域によって多少の違いはあった。筆者が住む北安曇地方では、

ズイコン　バイコン　精出して
ここのするす（摺臼）は良いするする

と歌った。摺臼とは木製の、籾の皮をむいたり、玄米を白米に挽く臼のことで、長い取手がついていて、これを押したり曳いたりしながら臼を回し作業をするもので、押したり曳いたりの手つきが似ているのでこのように歌われるようになったものだろう。

新潟県でも同じで、六日町での唄を宇都宮貞子さんの『植物と民俗』（岩崎美術社）から転載させてもらう。

臼挽きザンコー、米かみドンボー
やーまにこーめがたくさんで
となりのじさまがみな嚙んだ
ザンコー、ザンコー

ここでも米挽きの臼唄である。

ごんがら舟と塩買いの唄

ガガイモもイケマも共に山菜として知られ、シオデのように蔓が伸び始めた時に摘むが、どちらも、秋

に莢が裂けて舟型をした姿や、大きさや形も、種子につく絹糸状の毛の姿も似ている。長野県下ではゴアミ、ゴガミ、ゴンガラなどと呼んでいる。

子供たちは、実の若いうちはまるごと、実が熟してくると種を食べた。油っこく甘みもあって、よいそさびだった。また舟型をした莢は小川に流して競走したり、毛の付いた種をプーッと吹いて、

ゴンガラ、ゴンガラ塩買い行けー

と言って飛ばして遊んだ。

松葉の踊り

アカマツでも**ゴヨウマツ**でも松葉の房を拾ってきて、こたつ板やちゃぶ台の上に立てて、端の方を拳でトントン叩きながら、

松、松、踊れ、ジジ起きて山へ行け
ババ起きて飯たけ、嫁起きて水汲め
アニや起きて仕事しろ

などと歌い、はやしたものである。松葉の房はトントンに合わせて上手にダンスをするものもあれば、倒れてだめなのもあった。

コオゾリナのいたずら

コオゾリナの葉には根生葉の時にも、茎が伸びてからの茎葉にも剛毛があって、摘み採って衣服にペタッと貼るとよくくっつく。子供の頃はこの葉を採って自分の胸にくっつけて勲章だといって喜んだことも

あった。軍国主義の時代だった。

コオゾリナは道端のどこにも生えていて、一年中採ることができたので、子供たちは集団で道を歩いている時などそっとこの葉を採って、前を歩く子供の背中や肩にわからないようにくっつけて、

○○ちゃん荷を背負って重たかないか

駄賃もとらずに大御苦労

とはやし立て、からかったものである。

第四章　信仰と植物

日本人は米を主食とする民族で、野菜や野草なども諸外国の人たちよりも多く摂ってきた。元来、菜食主義中心の食生活で、身のまわりに自然が豊かで、自給自足を基本とした農業国だった。

したがって水稲を中心とした農作物の豊作を願う意識は強く、すでに水稲栽培が始まった弥生時代から、神への祈りと感謝の思想はあった。それは豊凶は天候次第という、農業の特殊性から生まれたもので、天候は人間の力ではどうにもならない天然現象で、神が支配するものとの意識があった。豊作を祈る心は年中行事や神仏の信仰に発展し、太平洋戦争の頃まで長く農山村に根付いていた。

しかし昭和三〇年代後半から始まった日本の高度経済成長政策と工業化計画の結果、農山村を中心に長く続いていた暮らしぶりは完全に消失し、マネー中心の工業化された生活へと変化し、身のまわりの植物への関心もほとんど示さない暮らし方となってしまった。

一　自然との共存共生の中から

縄文人の暮らしと自然

今から一万年から二千年くらい前までの縄文時代の人の暮らしは、半地下式の床と、丸太木を立て架け、草で屋根を葺いただけの家に住み、シカの仲間やウサギなどの獣物類の狩猟や、サケ、マスなどの漁撈と木の実を採って食料とする生活だった。家のまわりなどにはすこしは、石に柄を付けた道具で木を伐り土を耕して作物が栽培されていたかもしれないが、食料の大部分は狩猟や採集など、自然に育った物を戴いての生活であって、人工的に自然をいためつけて食料や生活資材を大量に得るようなことはしなかった。したがって彼らの生活は、自然と共に自然の中で、自然の一員としての生活であった。しかし彼らはそんな生活の中で、自然の恵みへの感謝の気持ちを持つと同時に、台風や大雨による洪水とか、日照りによる木の実の不作などや日食月食など、人間の力ではどうにもならない天然現象や体験を通じて、大自然の中に神の存在を感じていたようである。

自然崇拝思想の発生と発展

狩猟や漁撈でも、幸運に恵まれて思いがけない豊猟や豊漁の時があるかと思うと、一日中歩いてもまったく獲物に恵まれないこともある。木の実も晴れの日と雨の日が適度にある天候の順調な豊作の年と、そうでない凶作の年があるなど、なかなか自然は人間の思うようにいかないものである。そんな時人びとは神様が恵んでくれたとか、神様に見離されたなど、人の力の及ばないところに神の存在を感じるのだった。

弥生時代になって水稲栽培や畑作が盛んになってくると、集落は大形化し人口の密集が見られるようになり、縄文時代の自然まかせの食生活から、穀類を中心とした安定した生活に変わってきた。しかしこのころから、樹木を伐採し水田や畑がたくさん造られるようになって、人間による自然のいためつけが始まり、それが次第に大規模化していった。

そうするとまず水の確保に始まり、作物の豊作を願う気持ちは一段と強くなり、日照りや長雨からの解放、病害虫や作物を荒らす鳥獣の駆除など、神頼み神頼りの気持ちが自然発生的に芽生え、大自然の偉大な力への畏敬の念は次第に深まっていった。そして自然界を支配する神への、新年を祝う松飾りをはじめ、豊作を予祝する小正月など多くの年中行事や、秋には収穫を感謝する祭りや祝事を通じ、崇敬の念をますます深めていった。

これらの年中行事や神への祈りの場には、その時々ごとに多くの植物が用いられてきた。具体的には「年中行事と植物」で述べることにする。

アイヌ社会に見る自然崇拝思想

農耕民族である大和民族が、天候の変化現象を原点に神の存在を信じ、いろいろな植物を仲立ちとして作物の豊作を神に祈る姿が広く見られるのに対し、狩猟や漁撈と採集を生業とし、ほとんど農耕をしないアイヌの人たちの、神の存在についての意識がこれとまったく異なるのは面白い。

アイヌの人たちの自然界や神の存在についての考え方は私たちとは根本的に異なっている。アイヌ社会や彼らの、植物に関して持っている基本的な考え方について書かれたいくつかの書物を読むと、一貫して昔からの考えが現在に受け継がれてきていることがわかる。彼らの生活は、まったくと言ってよいくらい、縄文人の暮らし方や自然に対する考え方に似ている。狩猟や漁撈と採集の生活社会であるから、一年を通じての生活サイクルは四季のうつり変わりや自然現象の変化に従っている。

春が近づくと冬猟を終えた男たちは山から里へ下りてくる。春から夏は女たちは青物採りや織物の原料の樹皮採りに忙しく、男たちはシカ狩りや川魚獲りに忙しい季節だ。主食とするウバユリの根掘りが続く。夏から秋はハマナス、クルミ（オニグルミ）、クリなどの木の実採りと、マス漁に次いでサケ漁に明け暮れる。一年中自然を相手の生活が続く。

アイヌの人たちは、人間以外の、この世の中で見られる自然のすべては神で、人間は神と一緒に住んでいると思っている。したがってここで見られる植物や動物は、この世に現われた神の化身であると信じているという。だからウバユリの根を掘る時も、厚司織りの原料の木の皮を剝ぐ時も、「神様すこしばかり分けて下さい、お願いします」とあいさつし、タバコや食べ物などをお礼に供えてから採集を始める。

二　農業の進展と自然崇拝思想の定着

稲作や畑作物と天候

「農は天候次第」という諺がある。水稲でも畑のいろいろな作物でも、植え付けしてから収穫までの間の天候が順調だと豊作は間違いなしである。肥料や管理をいくらやっても、不順な天候だと逆効果になる場合が多い。

一口に天候と言ってもいろいろある。水稲に例をとると、まず春先の雪の消え具合や寒のもどり、遅霜、大風などがあり、苗の段階でこのどれか一つに遭っても致命的な打撃である。

また田植え前後から穂の出るまでの間は、順調な気温、雨、晴天が必要で、梅雨の長雨や低温が続くとか、逆に晴天が続きすぎて水不足となっても水草である稲には大打撃である。成育が大変遅れて充分な穂が出ないことになる。病虫害も心配である。穂が出てからも収穫を前に、台風による洪水で水びたしになったり、土砂の流入やひどい時にはたんぼが流されてしまうこともある。秋の長雨に遭うと不稔になったり、穂から発芽したり、倒伏したりし、雪の早い年は一夜にして稲を雪の下にしてしまうこともある。

こんなわけだから、まず天候の順調なことを第一に、病害虫などにも遭わず豊作で秋を迎えられるよう、人びとは田の神にひたすら祈った。

予祝と年中行事

日本人にとって、「花見」と言えば「何の花見に?」などと聞かなくてもサクラの花を見に行くことを意味し、しかも「花より団子」の諺もあるように、花を見た後には宴席が計画されているのが昔からの習わしのようである。

春一番に咲くマンサクやダンコウバイなどの低木を別にすると、サクラやコブシは花を一杯に咲かせる野生の高木で、日本人は特にサクラの花を古くから愛し、めでてきた。民俗学者によると、日本人のこのようなサクラの花をめで、見に行く習慣は古く、記紀・万葉のころから見られるもので、その原点は弥生時代にさかのぼるという。

花は秋の実りの先触れ、前兆の意味を持つ現象で、サクラの「サ」は田の神または田の神への呼びかけを意味する言葉、「クラ」は「座」つまり神の座、神の依代《よりしろ》と考えられる。稲作の初めである苗代作りを前に、見事に花を咲かせたサクラは、たしかに人びとの心に強く意識される花で、昔の人たちは、秋の収穫が終わると高い山の上に帰っておられる田の神を、水田耕作の開始に合わせて再び里に降りてきてもらうために、咲きほこるサクラの花に合わせ、田の神迎えを行ない、花の下で神と共に飲食を同じくし、秋の豊作を予祝したのである。

だから満開に咲いたサクラは、山から下りてこられた田の神の依代なのであり、花見は、田の神を迎え、神に酒肴を供え、神と共に飲食し、今年の豊作を祈る儀式なのである。

稲の豊作を願う予祝行事は、年間を通じて節目ごとに行なうように、次第に発展した。節目は季節の進行に従い、作物の生育や農作業の進行にあわせて考えられている。

正月は稲作りにとってまず始めの月と考えた。特に小正月の一月一五日は「百姓の年とり」と言って、豊作を願って稲の豊かに稔った姿や、農具の各種類の真似物などを作って供え、お祝いをした。以下年末まで節目ごとにいろいろな行事が行なわれてきている。詳しくは次項で述べる。

行事のやり方は各家ごとや、地区や地域によって多少は異なる場合や、時代と共に変化したものもあるが、考え方は同じである。しかし、このような伝統的民俗行事が心から真剣にとり行なわれたのは大正のころまでで、大正の終わりごろからは次第に科学的な物の考え方が優先する傾向が見られるようになり、暦も旧暦（太陰暦）から新暦（太陽暦）を用いるように変わり、年中行事も少しずつ簡略化されたり省略する家が見られるようになってきた。特にこのような傾向を強めたのは太平洋戦争であり、戦後の高度経済成長下の農業の近代化であった。

年中行事に見る田の神信仰と植物

年中行事は、正月から一二月までの一年間を暮らしていく中で、節目ごとに行なう行事のことをいい、定番化している。したがって各個人や家によって突発的に起こる人の生死に関するものなどは入っていない。また行事内容は、その家の職業と深い関係を持ち、商家、職人、百姓では取り扱う行事が大分異なっていた。ここでは、自然崇拝思想と深い関係を持ち、田の神信仰を中心に行なわれてきた農山村の行事と植物について、信州を例に見てゆきたい。

①小正月の行事

一月元旦を中心とした正月を大正月といって士《さむらい》の正月とし、これに対して一月一五日を中心とした正月を小正月または若年といって百姓の正月とする風習は、全国の農山村に多く、農業にまつわる予祝行事がどこでも行なわれている。

小正月の年取りの日の一月一四日に作るいろいろな物をひっくるめて、関東北部から信州で「物作り」という。またこれらを作る材料の木を「若木」といい、この木を山へ伐りに行くことを「若木迎え」という。若木迎えは一月一一日に、和紙に米とのした餅を小さく切ったものを入れて三角に包み、水引きを掛けて持って行く。伐る木が決まるとその木の枝にこの包みを結び付け、お祈りしてから木を伐る。

物作りに迎える木は**ミズブサ**（ミズキ）が最も多く、この他**ヤナギ**、**ナラ**、**モミジ**、**ケヤキ**、**オニグルミ**、**ホオノキ**、**カヤ**（チャボガヤ）、**ヌルデ**、**ツタ**（ツルマサキ）、**モミ**、**ソヨゴ**など、餅やだんごを飾る木を中心に、農具、削り花、十三月などいろいろな物を作る木を一緒に伐ってくる。たとえば餅やだんごを飾る木だけを見ても、九州の宮崎県では一月一四日を餅年といい、餅を飾る木は**ツゲ**、**カワヤナギ**、**マユミ**を使う。また、埼玉県川越市では**コナラ**、**ヤナギ**、**ツゲ**、**ウメ**、**ヌルデ**、**エゴノキ**を用い、神川県秦野市では**カシ**、**コナラ**、**イヌツゲ**を使い、京都では**クロモジ**の木に挿すというように、地方によって呼び方や使う木が異なる場合が多い。

物作りで作るものは、まず「萬物作」のほか「五穀豊穣」、「家内安全」、「諸道具沢山」、「馬屋繁昌」などと思い思いに和紙に字や稲や馬の絵を書いて勝手口の上に貼るほか、鎌、鍬、万能、杵などの農具を、伐ってきたクルミやホオノキ、ヌルデで作り飾る。削り花、十三月、俵、かゆの箸なども作る。

削り花または粟穂　クルミ、ミズキ、ヤナギなどの皮をむいた丸太を、切れのよい小刀で薄く削って鉋くず状にしたもので、これを戸口に打ちつけ、その上にヒイラギの小枝を添えて飾った。木曾谷では粟穂はキブシを一五センチくらいに切ってタケの枝に挿して飾る。

稲の花　ミズキの、三段くらい車軸状に枝の出ているもの一本をそのまま使い、この小枝ごとに小さく切ったのし餅や、米の粉で作ったナス、ササゲ、繭玉などを挿して飾る。ヤナギやシラカバを用いるところもある。飾る場所は居間の奥の座敷の入口で、石臼の穴に挿して倒れないようにする。この主飾りのほか、小枝に挿した小型のものもたくさん用意し、神棚やえびす大黒、仏壇、土蔵などにも飾り二十日正月までこわさずにおく。新潟県刈羽郡などではこれを「花飾り」といい、九州では「餅花」という。

物作りなどの小正月の行事をやらない飛騨地方から富山県にかけては、一二月の暮れに搗いたもちをのして小さく切ったものを、クリ、サクラ、エノキ、ケヤキなど縁起の良い木を伐ってきて、稲の花と同じように枝ごとに挿し、これを「花もち」と呼んで家の中で一番見栄えのする床の間とか客間に飾り、一年中飾っておくところもある。

俵　ヤナギかオニグルミの径六〜九センチのものを長さ一五〜二〇センチに切って六本か一〇本作り、これを縄で束ねて米俵を積んだように作り、「俵」だといって飾る。

十三月　クルミの丸太を一五センチくらいに輪切りし、これを幅三センチ厚さ七〜八ミリに割った小板に作り、先を尖らせたものを十数枚作る。これに筆で普通の年は十三月、閏年には十二月と書いて、各戸

ブナ

クリ

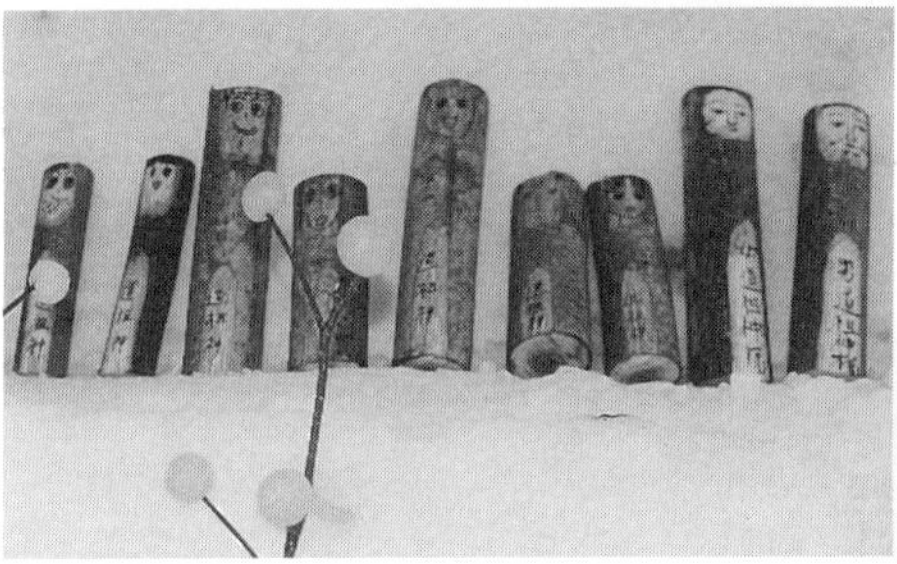

クルミの木で作った人形やマユ玉を
供えた雪の中の道祖神（小谷村）

窓辺に挿された十三月と
カヤの小枝（白馬村）

小正月の「物作
り」の一部分
（白馬村）

口や窓端に挿し、その頭や横にカヤの小枝や田作りを挿したり挟んだりする。これは田作りの匂いにつられて家の中をのぞきに来た鬼が、「十三月とはおかしいナー」と目をこすって見直すと、カヤの葉のとげで目を突いて逃げて行くという迷信によるもの。

かゆの箸　一五日の朝食べる小豆がゆ用の箸を「かゆの箸」または「はらみ箸」という。クルミかヌルデで丈二五センチくらいの、真ん中を太くした箸を一四日に作る。はらみ箸とは豊作を願う予祝らしい発想である。

鳥追いともぐら追い　一五日の朝、地区の子供たちが集まり、板やこすきなどを杵で叩きながら、鳥追いの唄を歌う行事。杵は一四日にクルミの木で作っておく。追うのは隣ムラとのムラ境まで。

年占い（作占い）　一五日の朝、小豆がゆを煮る時に、一五センチくらいに切った早生、中生、晩生と決めたヨシ三本をかゆの釜の中に立て、その筒に米粒の入り具合で、今年は早生種が良いとか晩生種が良いとか、作柄の占いをした。若木迎えの時にミズキ三本を、早生、中生、晩生と決めて伐っておき、これを一五日のかゆを煮る時に燃やして、切口から泡の出具合を見て、早生が良いとか中生が良いとか占う地方もあった。

果樹責め（なりずもく責め）　果樹も作物の一種とみて、豊作を願う予祝が行なわれた。一月一八日の朝、一五日のかゆを残しておいて、二人で、一人が鉈を振りかざして果樹の幹に、「成るか成らぬか、成らねば伐るゾ」と叫んで切りつけるさまをする。すると他の一人はかゆをすりつけながら「成ります成ります」と返事をする行事である。

②その他の予祝行事と植物

お田植え（作始め）　二月九日にはお田植えまたは作始めといって、庭に出て田畑を耕すまねをしたり、

ヨモギの新芽を入れて作った草餅

雪の上に松葉を植え，豊作の予祝をする「お田植え」

一五センチくらいに切った**アカマツ**の青葉を二〇本くらい用意して、雪の上へ並び良く立てて、田植えのまねをした。

　またこの日、男はみのを作り始めたり、一年分のすげ縄をなう日といわれ、それをなった。昼休みにはみのを敷いて面桶（今の弁当箱）を枕にして昼寝のまねをした。夜は田の神様へもちを焼いて供え、家族も一緒に食べる。

苗代じめ　苗代じめが終わると、その夜はしめ餅を搗いて田の神様へ供える。「苗間を青くする」といって、**ヨモギ**や**チチコ**（ハハコグサ）を入れた草もちにするところもあった。

田なんべい　苗代に種蒔きが終わると、**ヤナギ**の枝を水口に三本か五本立てる。これを田なんべいといい、田の神様が腰をかける所だといっている。**マユミ**、**カツラ**、**シナノザサ**、ヒョービ（**ハイイヌガヤ**）、**ウツギ**などを挿すところもある。

大田　田植えが終わると「おおたを祝う」といって、**ヤマノイモ**を掘ってきてとろろ汁を作り、田の神様に苗一束と一緒に供えお祝いをする。「さなぶり」とか「まんが（馬鍬）洗い」といって、神酒と苗を供え、田植えまでに使った農具を洗って飾り、翌日は農休みにしてゆっくり休むところもある。

農事・天候の目安や占いと植物

①豊凶占いと植物

自然の推移をつぶさに観察し、花の咲き具合や芽や葉の伸び具合などを見て、その年の作物の豊凶を占うなどは、自然崇拝思想の流れをくむものと考えられる。

コブシの花が上向きに咲くと豊年、下向きに咲くと凶作

コブシの花がよく咲く年は豆が豊作だ

柿の豊作の年は稲作は悪い

サイカチの実がたくさん成る年は陽気がいい

小梨（ズミ）の花がたくさん咲く年は陽気が悪い

川原の道ばたの草が枯れる時は豊作

　日照りが続くと砂地の雑草は枯れるが、水稲は照った方が豊年。

②農作業の目安と植物

農業では種蒔きをいつにするかは大変重要なことである。旧暦のころは閏年だと一三月あり、それに加えて春の到来が遅く、四月になっても寒く雪が残っていたり、五月末になっても霜が降る年もある。こんな年は暦に従って種を蒔くより、周囲の植物の育ち具合や花の咲き具合を見たり、山の雪の消え具合を見て決めるのが良いことを、農民たちは長い経験の中から学び取っていた。これが「植物季節」や「雪形」

の発見である。

麻《お》まき桜

アサは霜に強く、夏までに三メートル以上に育てて刈り取らねばならぬ植物なので、種蒔きは地温が上がってくれば早い方がよい。そこで種を蒔く旬は長い経験から、近くに自生するカスミザクラなどの山桜の花が満開になったら蒔くのが良いと決めていた地区があった。

雀隠れに豆作れ、烏隠れにヘエ作れ

木曾王滝の諺で、お宮の**トチ**の大木の芽の伸び具合を見てカラスが隠れるくらいに葉が繁ったらヒエの種を、スズメが隠れるくらいに繁ったら豆を蒔けと教えたもの。

藤のつぼみがネコのふんくらいになったら豆植えろ

陽気がだんだんよくなって、**フジ**の花のつぼみがネコのふんくらいに大きくなったら豆を植えろと教えた諺。

③気象予知と植物

昔の人は植物の育ち具合や、木の葉の落ち具合などを見て、雨や雪などの気象を予知し占っていた。

ケヤキの葉が揃って出る年は遅霜がこない

ケヤキの葉が揃って出る年は大水が出る

ケヤキの木の芽がむらに出る年は日照り

栗の花盛りには大雨が降る

クリの花の盛りと梅雨末期の集中豪雨は一緒だ。

いつまでも木の葉の落ちない年は雪が早い（多い）

広葉樹がなかなか落葉しない年は雪が早く降る。

野沢菜の伸びのよい年は雪が早い

コウゾの長く伸びる年は雪が多い

フジつるの伸びる年は雪が早く降る

④その他の植物にまつわる諺

秋山には嫁をやるな

封建社会のきびしい諺で、嫁は牛馬のように労働力としてだけ考えていた時代。秋の山にはアケビ、ブドウ、クリなどおいしいものがたくさんあるから、嫁に行かせてはいけないというもの。

しわい伯母のところへ行くより秋山へ行け

普通ならば姪や甥が来ると、おいしいものをたくさん呉れるのが常識だが、子供たちが遊びに行っても何もくれないようなしみったれの伯母のところへ行くより、秋の山へ行けばいろいろおいしい食べられるものがたくさんあるという、秋の山の素晴らしさを言った諺。

草の種はアマノジャクが夜の内に空から蒔く

庭や畑の雑草は、取っても取ってもすぐ出るもので、まったくの困りもの。そこで人びとはなげいて、これはあまのじゃく（いつも人に逆らって逆のことばっかりする鬼）が、夜の間に、人が草取りをするとそれに逆らって草の種を蒔くに違いないと考えた。

三　信仰と植物

聖なる植物

①山の神や天狗の休み木

昔の山村の人は、山には山や山の木々を支配する山の神様がおられるし、時ならぬ大風を吹かせたり、木々を将棋倒しにしたりする魔力を持った天狗もいると信じていた。

山村ではどこへ行っても集落ごとに山の中に「山の神様」が祀られているし、「山の講」と呼ばれる講もいくつかあって、地方によって祭日に違いはあるが、たいてい春と秋に祭日がある。この日は山の神様が山全域の木の数を数える日だから山へ入ってはいけないといって休日とし、講員は集まって大山祇神の掛軸を掛けて酒宴を開くのが習わしである。

また杣など山で木を伐る人は、自然木の中で次のような木があると、山の神様や天狗が腰をかけて休む木だから伐ってはいけない、と昔から言い伝え、それを守っている。

(イ)（図(イ)参照）幹や枝が途中で別かれ、その先で再び一緒になった木で、マドギ、マドッキ、ヤスミギ、ヤマノカミノトマリギ、ヤマノカミノヤスミギなどと各地で呼ばれている。

(ロ)（図(ロ)参照）大きな木の幹から、図のように太い枝が直角に出ている木。このような枝のある木もヤマノカミノコシカケとかテングノヤスミギなどと呼ばれている。

(ハ)（図(ハ)参照）幹から太い枝が土瓶のつる状に出ている木をカモエダまたはユトウともいい、伐るのをきらう。

(ニ) マツの木などの枝が、ソメイヨシノの天狗巣病になった枝のように一カ所に

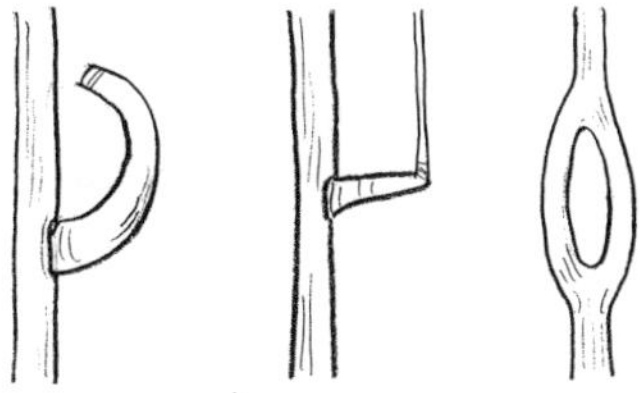

(イ)　(ロ)　(ハ)

かたまって密生しているものをカモエダといい、天狗の休み場だとか山の神様の腰かけ木だという。

(ホ) 根元または途中から三本立ちした大木もヤマノカミノトマリギと呼んでいる。

②神が宿る木、神に供える木

神が宿る木といえば誰でも思い出すのが、子供のころから遊んだ鎮守の森の「ご神木」だろう。ご神木は神社によって異なるが、一番多いのが**スギ**、次いでは**ケヤキ**だろう。この他**カツラ**、**クスノキ**など神社によって特色ある木を神木としている所もある。秋山郷の目薬神社では**メグスリノキ**を神木としている。

神が宿る木といえば、ご神木の他に諏訪大社で七年に一度立て替える「御柱《おんばしら》」もある。この木には直径一メートル余もある**モミ**の木がいつも選ばれている。この他正月の「歳神様」も神が宿る木である。新しい年を祝い迎える歳神様の依代となる木としては**アカマツ**が一般的であるが、**ヤナギ**、**ゴヨウマツ**、**ツルマサキ**、スギなどの所もある。

また家を新築した時は火伏せとして、罔象女（ミズハノメ）を祀り、依代の**ミズキ**を供えたり、この木を自在鉤の基木に用いた。

次に神に供える木としてはまず**サカキ**を思い浮かべるが、本物のサカキが自生していない地方もあり、これらの地方ではサカキに似た常緑の、**ヒサカキ**、**ソヨゴ**、**アカミノイヌツゲ**、**イチイ**などを代用としている。

今は七夕の飾りには**タケ**や**ヤナギ**を使うが、古い時代には**カジノキ**だったという。カジノキは諏訪神社の神紋で、古代布の大事な材料として機織りと深い関係にあったので、織姫との関係で七夕に用いられたようだ。今でも新潟県との県境の村小谷村では、**タケニグサ**の葉が諏訪様の神紋に似ていることから、この草を刈ることを禁じている地区が多い。

オミナエシ

ミソハギ

コブシ

アカミノイヌツゲ

サカキ

神が宿るとされるスギの古木（白馬村）

菩提寺の境内に納められた梢付き塔婆（小谷村）

クマなどを捕えた時、臓物を出して木の枝にかけ、猟師が山の神に感謝の意を表わす地方がある。その木は、栃木県安蘇郡ではアラハガと呼ぶ**チドリノキ**だし、新潟県から東北地方のマタギはトリキと呼ぶ**オオバクロモジ**の木のようだ（倉田悟『樹木と方言』）。

③仏に供える植物

霊前や仏前へ供える木としては**シキミ**（モクレン科）が知られている。供花は**キク**をはじめ庭先の花壇に咲いている花がよく用いられる。お盆に仏壇に供える花としては、**キキョウ**、**オミナエシ**、**ミソハギ**が一般的であるが、小県郡真田町ではこの他**シナノナデシコ**、**ワレモコウ**を一緒に飾るし、小諸市では**オニユリ**、**ナデシコ**、**ススキ**、**ハギ**、**ユウスゲ**を飾る。

またお盆に仏様へ供える食事は**カシワ**の葉に盛る所が多いが、小谷村葛草連では**ヤマブドウ**の葉に盛るし、隣りの白馬村八方地区では、お盆に入る一三日には山から**コシアブラ**と**ヤマモミジ**を三メートルくらいの長さに三本ずつ伐ってきて、これを盆棚の左右と上に鳥居形に結わえて盆棚を飾る。南安曇郡掘金村では盆棚の脇へ**シラカバ**を伐ってきて立て、この間の上部には**クズ**の花の付いた蔓を張って飾り、そこへ**リンゴ**、**ササゲ**、**ナス**などを糸で吊るして飾る。この他お盆に仏前に供える変わった供物として、木曾地方や安曇村では、**イヌビユ**（ヒユ科）のお浸しを必ず供えている。

佐渡では四月八日のお釈迦様の誕生日には寺では灌仏会といって花祭りをする。釈迦像の天蓋を**レンゲツツジ**で飾り、像に甘茶をかけ稚児行列が行なわれる。各家では竹竿の頭にレンゲツツジの花を飾って家の前に立てる。この花を薬師花、大師花といっている。

仏教では死者を納棺する時、経帷子を着せ頭陀袋を掛け、冥途への旅の杖として金剛杖を持たせるが、この杖は長野県内では広く**ヌルデ**の木を削って作った。ヌルデは低木で軽く軟らかい木で、密教では護摩壇で焚く護摩木にもこの木かゴマギを用いた。東北地方から北海道にかけて広い範囲でヌルデのことをゴマキ、ゴマギと呼んでいる。

死者に対する法要は一般に三三回忌をもって最後の法要とする。この時北安曇郡北部の地域では生葉の付いたスギの木の梢の部分一・五メートルほどを伐ってきて、半分から下は皮をむいて四角に削り、方丈から塔婆と同じに墨書してもらい、枝の張った青葉の中間部分には、開いた扇子を弧の方を下に末広がりにして掛け、要の部分は麻で結んで麻は長く下方へ垂らして仏前に飾り、法要を行なう。これを「梢付き塔婆」（ホエ付き塔婆またはハエ付き塔婆）といい、穂や枝が付いたとか、葉や枝が付いた塔婆といって、青々と末永く栄えるようにとの縁起をかついでのものだという。法要が終わるとこの塔婆はお墓へ供えるか、菩提寺の境内の一定の場所へ納める。このような変わった塔婆は、『綜合日本民俗語彙』によると、三重県飯南郡森村でも行なわれているとのことである。

植えることを嫌ったり喜ぶ植物

①植えたり採ってくることを嫌う植物

山から採ってきたり、家の周囲に植えることを嫌う植物もある。これは迷信や縁起をかついでのことと思われるが、**タニウツギ**は骨を拾う空木《うつぎ》とは科が異なる植物だが、ウツギの仲間と思っている人が多く、花がきれいなのになぜか嫌われて、花びんに挿して飾ったり、家の周囲に植えることを嫌われている花木である。

シラカバは高原を代表する樹木で樹肌は白く清楚で、白樺林はヨーロッパ的でロマンチックな感じを与えてくれ、今若者に人気がある。ところが山村では一昔前まで、シラカバの肌色は白骨のイメージがあり、樹皮はお盆に仏様を迎える時に焚く迎火の材料だからということで、家のまわりに植えることを嫌っていた。ところが今は洋風の建物にマッチするということで、結構植えられるようになってきている。

②植えることを喜ぶ植物

これも迷信や縁起をかついでのもので、ほかに根拠はないようだ。

ユズリハ（トウダイグサ科）は新しい葉が伸びてから古い葉が落ちるところから名前をもらった植物で、これは家庭においても子供が一人前になってから親が家督を子に譲って引退する、という好ましい姿が喜ばれてのこと。

カシワ（ブナ科）のカシは「貸し」につながると、縁起をかついで喜んで植えられる樹木。

カリン（バラ科）は果実の利用もさることながら、カシワと同じく「借りん」という縁起が起因で植えることを喜ぶ果木である。

厄除け・病気除けと植物

アカザ（アカザ科）は幼いものは葉を摘んでゴマ和えなどにして食べるが、秋まで刈らずにおくと充分杖になるくらいの太さになる。晩秋に枯れたものを採り、杖に作ると軽くてよい。この杖は昔から中風予防になると民間で信じられている。中風とは高血圧にかかわる病気で、今は脳溢血、脳血栓などたくさんの病名に分けられているが、昔はすべて「中風」の病名で扱われ、これにかかると長い年月寝たきりとなり、ほとんど回復の見込みのない厄病とされていた。

スベリヒユ（スベリヒユ科）は暑い日が続く夏になると、いつとはなしに畑に姿を現わし、暑さにも負けずにどんどん育つ雑草だ。ゆでてゴマ和えにしたものをうどんの上に乗せるなどして食べ、信濃ヒジキと呼ぶ地方もある。北安曇郡白馬村では、これを食べると陽気負けしないから、夏に一回は食べるものだと言われている。「陽気敗け」とは夏の暑さに負けて、微熱を伴う急性の下痢症を起こす病気を呼ぶ方言。夏の厄除けに、スベリヒユを根ごと採って戸口に掛ける風習は広い地域で行なわれている。

ススキ（イネ科）　旧暦八月二七日は諏訪神社の御射山《みさやま》祭り。前日には**ススキ**の穂の出たものを採ってきて穂は神様に供え、茎の緑の部分で箸を作り、夜は小豆飯を炊いて家族全員揃ってこの箸で食べるのは信州全域の風習で、「青箸の年とり」と呼んでいる。北安曇郡下では、「青箸で食べると赤腹（赤痢）を病まない」といわれている。しかし、ススキの中にも、切って見ると、茎の芯に赤い色の混ったものもあり、このようなススキで作った箸で食べると赤腹を病むので、必ず芯の赤くないものを採ってくるように言われている。

サイカチ（マメ科）　松本市の内田では正月の行事の一つとして、一年間厄病神が家内に入らないようにと、玄関先で**サイカチ**の豆の入った莢と赤く熟したコショウを一緒に焚き、厄病除けだと言っている。

ウツギ（ユキノシタ科）　児童や幼児がかかる風疹のことを、長野県の北安曇地方では「空木疱瘡《うつぎ》」と呼んでいる。この病気は三日疱瘡ともいい、かかると赤い湿疹が皮膚に点々とでき、**ウツギ**の花の咲くころに多くかかったのでこう呼んだ。

北安曇地方では子供がこの病気にかかると、早く治るようにウツギの木を採ってきてお呪《まじな》いをしたものだ。またこの病気が流行ってくると、まだこの病気にかかっていない子供のある家庭では、かからないようにお呪いをした。お呪いはウツギの木を四センチくらいに切ったもの三本を作り、端を削って次ページの図のように三角形にし、中に糸を通して引っぱり固定すると三角形は崩れない。これを子供の腰に付けてやる。子供たちは庭で遊ぶ時も学校でもずっと身に付けていた。

ハイイヌガヤ

ユズリハ

カシワ

キブシ

ヤマブキ

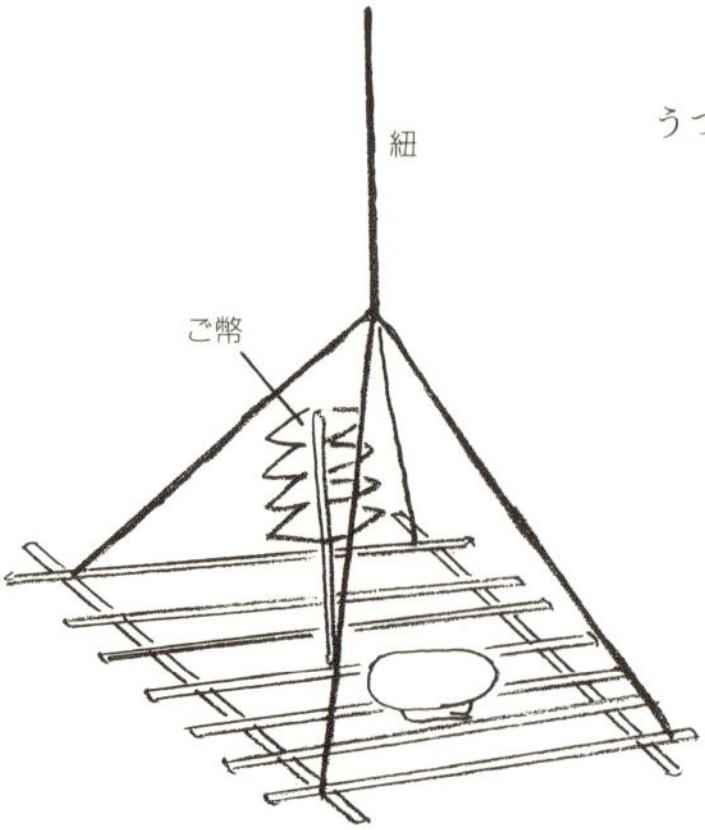

うつぎほうそう除けのまじない

このほか空木疱瘡にかかった子供の家では、前ページの図のような物を麻稈で作り、真ん中にご幣を飾って四隅を紐で結び、居間の天井から吊るしてご飯を供えて祈った。病気が治るとこの祀具は川へ持って行って流した。これを疱瘡流しといった。

香剤

昔は毎朝仏壇でお香を焚き、お膳をお供えする家が多かった。香剤は農山村ではほとんどの家が自家製のものを利用していた。

葉をお香の剤料としたものには、**カツラ**、**ネムノキ**、**シキミ**、**ハイイヌガヤ**、**キツネヤナギ**、**ハマゴウ**などがある。カツラ、ネムノキを用いるのは全国的で、シキミは暖かい地方でないと自生していない。佐渡ケ島などではこの他に、キツネヤナギ、ハイイヌガヤ、ハマゴウの葉も、干して揉んで細かくし、石臼で擂って粉にして使った。

このほか佐渡では、**ツバキ**の花の落下したものを集め、糸を通して軒下に干しておき、乾いたものを揉んで細かくし、石臼で挽いて粉にして用いた。

灯芯や灯明油を採った植物

昔の人は信仰心が厚く、ムラの真ん中のお堂には常夜灯があって、一晩中明かりが灯されていたし、各家でも仏壇には灯明が毎晩灯されていた。したがって灯明油もたくさん必要だったと思われるが、これらもすべて自家製で間に合わせていた。

灯芯とした植物には**イグサ**や**カンガレイ**と、木本では**ヤマブキ**、**キブシ**、**ハナイカダ**、**ガクウツギ**、**ム**

ラサキシキブ、ガマズミなどがある。

なかでもイ（イグサ科）とカンガレイ（カヤツリグサ科）は共に灯芯草といわれ、その代表格であった。夏に刈り採って皮をはぎ、中の髄だけを取り出して使う。木も中央の髄を灯芯とするもので、髄の発達の良いキブシ（キブシ科）やヤマブキ（バラ科）の若木が主として用いられた。灯芯のことをトオスミといい、トオスミノ木と呼ばれていた。

一方、果実から油を採った植物としては、北国に自生する木本では、**ツバキ、サワフタギ、ハイイヌガヤ、エゴノキ、アブラチャン**などがある。このうち食用となる油が採れるのはツバキとサワフタギだけで、他のものは灯明用の油や鬢《びん》つけ油で、食用となるような上等の油ではない。

灯明用の油をもっぱら採ったのはハイイヌガヤ（イヌガヤ科）の実からで、北安曇地方でのやり方は次のようだった。

秋の彼岸ころに果実を採ってくると、土穴を掘ってむしろを敷き、ここへ入れて上からもむしろをかけておく。一〇日もすると腐ってくるので穴から出して水洗いし、どろどろしたものを洗って実だけにし、むしろの上でよく干して俵へ入れてしまっておく。冬になって仕事が暇になってからこれを取り出して、木臼で搗くと皮が割れてとれる。皮を除いて果肉だけにする。鍋に水と籾ぬかを入れ、この上へ藁で編んだ座布団状のものをのせ、その上へ果肉になったハイイヌガヤの実を乗せ、ふたをして火にかけ、一時間くらい蒸す。そうすると果肉は手でおさえるとつぶれるようになる。これを取り出し麻布で作った袋に入れ、さらにこの袋を藁で編んだ袋に入れ、しぼり板の間にはさんで重しをかけると、徐々に油が出てくる。油は果実の量の一〇%くらいは出る。

土葬とオオカミ除けの弓挿し

今では幻の動物となってしまったニホンオオカミは、明治二〇年代までは各地にたくさん棲んでいて、人や馬を襲い危害を加え、人びとから恐れられていた。だが三〇年代になると急にその数が減り、記録の上では明治三八年、奈良県吉野郡小川村で、猟師が鉄砲で撃った一匹を、アメリカ人が買ったのを最後に絶滅したことになっている。狂犬病がオオカミの間に大流行し、絶滅したのではないかといわれている。

長野県下でも火葬が全域に普及する平成の初めころまでは、農山村のほとんどで土葬だったから、葬儀には昔からの古いしきたりが残っていた。昔は死者が埋葬されると、その晩のうちにオオカミに掘られて食われて困ったので、オオカミ除けにいろいろな方法がとられた。乗鞍山麓の安曇村番所に残っている、「弓挿し」と「弓明け」もその一つで、埋葬の野送りの時に持って行く、天蓋、灯籠、竜ノ口、五色の旗などは、前日に径三センチくらいの**ヤマモミジ**や**ナラ**などの生木を山から伐ってきて竿を作り、これに付けて掲げて行く。埋葬が終わるとこれらは竿からはずして竿だけとし、竿は土饅頭に根元をしっかり挿し、先の方はそれぞれ外向きにして弓のようにたわめ、その先を土の中に挿しておく。オオカミが土饅頭の土を掘りかえそうとすると、この弓の先がパーンと弾けてオオカミを一撃するという、据え弓の仕掛けである。この仕掛けを作ることを「弓挿し」と呼んでいる。こうして埋葬の日に作られた弓挿しは、そのまま三五日間おいておく。なんともなければ、もうオオカミに掘りかえされる心配はないのでかたづけて、「弓明け」と言って法事をした。

第五章　植物と山村の暮らし十二カ月
——昭和一〇年代の北アルプス山麓から——

昭和四〇年ころからの日本の農山村は、急速に進む生活様式や農業の近代化、工業化の波に押されて、どこでも大きく変貌していった。太平洋戦争のころまでは、身近にある自然をフルに利用・活用した自給自足を基本におき、年中行事などの信仰も守り続け、先祖伝来の生活様式を大切にしてきた暮らし方であったが、ここへ来て音をたてて崩れ始め、平成の時代を迎えるころは、その姿をまったく見ないまでに変貌し、都市化してきている。

そこで本章では、思い出の昭和一ケタ時代の農山村の暮らしぶりを、筆者が住んできた北アルプス山麓の姿を例にとり、一年十二カ月を追って、自然や野生植物と、人びとの暮らし方とのかかわりに光を当ててみることにした。それは失われたものへの挽歌であると共に、ささやかな抵抗であるかもしれない。

一　月

歳神様を飾る　元旦には、前年の一二月中旬に伐ってきて納めておいた**アカマツ**（家によっては**ヤナギ**、地方によっては**ツルマサキ**、**スギ**など）に、和紙の八帖紙を付けて「歳神様」として、三段の大きな物は床

マユ玉，稲の花をつけて飾られた若木（白馬村）

どんど焼き（長野県上水内郡小川村）

の間に、小さな物は神棚やえびす、大黒、水屋、土蔵から便所にまで飾る。マツが一般的に使われるのは、常緑で、神がおいでになるのを待つとか、神を祀る意味を持った名前だからとの説が多い。

仕事初め　二日は一年の仕事を始める最初の日ということで、これから雪が消えるまで続く冬仕事に形だけ手をつける。男は藁仕事や農具の柄作りなど、女は麻をかいたり績《う》んだりする。

七草かゆ　春の七草の**セリ**、**ナズナ**、**ゴギョウ**（ハハコグサ）、**ハコベ**、**ホトケノザ**（コオニタビラコ）、**スズナ**（菜の類）、**スズシロ**（ダイコン）の七種類を入れたかゆが普通だが、ここ北信州は寒い地方なので、ハハコグサやコオニタビラコはまだ摘むことができないので、ニンジン、ゴボウ、昆布などを代わりに入れて作り、神棚や仏壇に供え、家族も食べる。

若木迎えと物作り　「若木迎え」は一四日の小正月の「物作り」用の木を山から伐ってくることで、一一日が一般的だが、地方によって多少日を異にする所もある。「物作り」の中心は、のし餅を細かく切ったものや、粉をねって団子、繭玉、ササゲ、ナスなどを作り、これを木の枝に挿して床の間などに飾るもので、稲の花、団子飾り、繭玉飾りなどといい、豊作を祈る予祝の代表的飾り物である。

この飾りに用いる木は一般的にはミズブサ（ミズキ）だが、所によっては**ヤナギ**、**ナラ**、**ケヤキ**などを使う所もある（前章参照）。

小豆がゆ、鳥追い　一五日の朝は小豆がゆを炊き、これを前日に作っておいたはらみ箸で食べ、豊作を祈願した。また子供たちは前日に作ってもらった槌で羽子板などを叩いて鳥追いをやった。

どんど焼き　地区によって祭日は異なるが、前年のうちに結婚や出産などのお祝いのあった家からもらって伐り、用意しておいた**スギ**の一〇メートル以上もある細木三本を使い、子供たちはこれに屋根用の**カヤ**や藁と正月の歳神様などを各戸を回って集めてきて巻きつける。細木の頂には色紙を切って作った花飾りも付けられ、夜を待つ。夕食が済むと人びとが集まってきて、これに火を付けようとする若者と、付けさせまいとする子供たちの攻防が夜遅くまで続く。

二　月

雪の降る日が多くなり、積雪も次第に多くなってきて一面の銀世界だ。子供たちは山の木で作ってもらったこまを回したり、晴れた日には庭でそり遊びなどをし、前年の秋に拾ってきて貯蔵してあるクリ、カヤ（チャボガヤ）、大ずみ（オオウラジロノキ）の実などをおやつにもらってかじり、長い冬にたえる。

お田植え　北安曇地方では九日を「お田植え」または「作始め」といって、**アカマツ**の葉を採ってきて庭の雪の上に、田植えをするようにその葉を挿し、豊作を願う予祝行事をする。ころあいを見て家人は餅を焼いて「小昼だよ」と呼んで作業を止めさせ、神棚へ供えたり皆で食べる。

くるみ餅　農山村では年間に一〇回も餅を搗き、神に供え、それを家人も食べる年中行事があるが、そんな時の最高のご馳走はくるみ餅だといわれている。くるみ餅は、**オニグルミ**の堅果を秋に拾って収蔵しておき、これを焼いて口を開かせ、割って中の子葉を取り出し擂り鉢でおろして味付けしたものを、餅にかけて食べる。脂肪油を五〇％以上含み、味の良さと栄養価の高いことで知られる食品。だが作るまでの手間が大変で、今はほとんど作られなくなった。

山の神祭りと山の講　山で木を伐る人や炭を焼く人とか、猟師が信仰する山の神様の祭日は、ところによってまちまちだが、二月一七日と一〇月一七日とする所が多い。山に関係した人たちは仲間同士で「山の講」を作り、この日は仕事を休み、全員が集まって山の神の掛軸を床の間に掛けて神酒や供物を上げ、酒宴を開いて山の話などに花を咲かせる。

かんじきとそり作り　雪深い北信濃では、かんじきとそりは重要な冬の交通や運搬の手段である。軽くてねばりがあって折れず、雪が付かない材が要求される。すかりなどと呼ぶ道踏み用の大型のかんじきには**ネマガリダケ**がよく使われた。また猟師などが山深く入る時に履く小型のものには**クマヤナギ**（クロウメモドキ科）、**マユミ**、**コマユミ**（ニシキギ科）、**オオカメノキ**（スイカズラ科）、**アブラチャン**（クスノキ科）、**クロモジ**（クスノキ科）が良いとされ、これらを前年に伐っておいて暇な時に作る。そり材としては**アズサ**、**ミズメ**、**ウダイカンバ**（以上カバノキ科）や**サクラ**（バラ科）、**イタヤカエデ**（カエデ科）が良いとされ、これも冬の暇な時期に作った。

みの（1枚編むのに3日かかる．中央の幅広のものはシナ皮の繊維）

ねこ敷きの上でわらぞうりを作る老人（『白馬村誌』より）

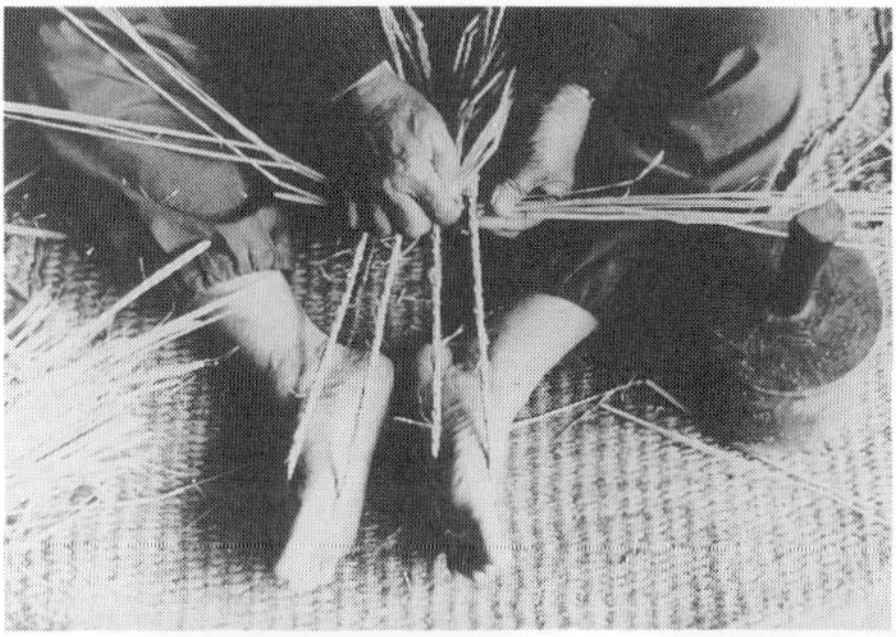

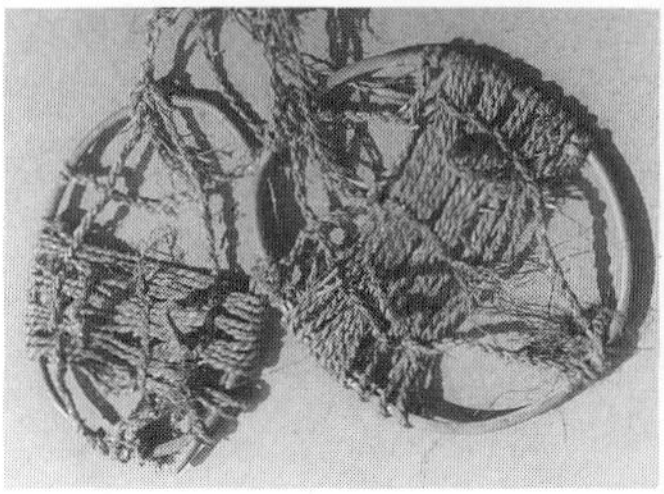

道踏み用のかんじき

炭俵編機（秋に刈ったススキを冬の農閑期に編む）

棚に積んだ薪（長さ4尺に切った春木を高さ4尺，幅9尺に積んだものを1枚といった）

炭俵編み・みの作り　秋に大量に刈っておいた**ススキ**で炭俵編みをするのは女の主な現金収入で、一冬に三百枚も五百枚も編んで売る家があった。

男たちは一年中履く草履、わらじ、馬のくつを作り、縄をなった。また、藁ぐつやみのを編んだ。みのは藁で作るほか、岩菅と呼ぶ**タヌキラン**（カヤツリグサ科）や**ヤマブドウ**（ブドウ科）、**シナノキ**、**オオバボダイジュ**（シナノキ科）の中皮をはいで干しておいたもので作った。

三　月

木出し　三月になると雪の降る日も少なくなり、雪もおちついて歩きやすくなるので、奥山など道から遠い所で伐った材木は、雪を利用してそりで土場まで運び出す作業が始まる。これが「木出し」である。緩斜面では二本ぞりを使うが、急斜面では一本ぞりがものをいう。材木ばかりでなく、切って積んでおいた薪を運び出したり、秋に刈って積んでおいたカヤを運んだりもそりでする。

彼岸庭開き　「暑い寒いも彼岸まで」という諺があるように、春の彼岸を迎えると一日の陽も長くなるし、「光の春」といって地上は一面の銀世界でも空を見ると射す光や空の色に、いち早く春はそこまで来ていることを感じる。雪面はサンドクラストして、午前一〇時ごろまではどこでも潜らずに雪の上を歩ける。子供たちは川辺に走り、もう蕾が大きくなっているネコヤナギの枝を採ってきて花瓶に挿し、雪の消えた南面の土手にフキノトウを探して採ってくる。「彼岸庭開き」といって、平年だと庭の一部は雪が消えて、待ち遠しかった土の色が見えてくるころである。

春木伐り　一般にたきぎとするものを「焚き物」といい、薪割りで割って火にくべるような大物は「春

ネコヤナギ

セリ

ツノハシバミ

ツクシ摘み

クサソテツ（コゴミ）

ミズキ

アカマツ

木」という。一年間にはそうとうな量が必要なので、常に心得ていて、機会あるごとに伐って積んでおくが、主には三月末から四月の初めに伐って秋まで積んで乾かしておいた。

春木にするような大木は里山にはあまりないので、春木は集団で奥山の官林の払い下げを受けて伐る場合が多く、このような山を「春木山」とか「春木沢」などといい、山の口が開くとムラ中が一斉に伐りに幾日も行ったものだ。

後立山連峰の針ノ木峠から流れ出す沢を針ノ木沢というが、針ノ木は春の木から変化したもので、江戸時代にはここで春木が伐られ、秋には大町市内の町川まで流してきて揚げたものである。また白馬村白馬町を流れる木流し川は、春木をムラまで流すために掘られた人工の川である。

枯枝かき　三月下旬になると学校も年度末の休みとなる。朝は雪の原はどこを歩いてもグランドを歩いているように雪面は堅く、春の日射しを受けて気分も爽快だ。カラララララーと、林のどこかからキツツキのドラミングが聞こえてくる。子供たちはそりを曳いたり縄を持ったり、思い思いの出で立ちで雪の原に現われ、林の中へ枯枝かきに行く。このころになると蓄えておいた薪も長い冬の間に使い尽し、残り少なくなってきているので、枯枝をかいたり拾い集めてきて、手助けするのが子供の役目だ。

四月

雪囲い外し　三月末から四月初めにかけては気温も上がり、晴れた日には一日に三〇センチくらいずつ雪が消える。丈余の雪も日毎に少なくなって、川は雪融け水で一杯になる。寒い北風もおさまり、暖かい南風に変わる。

冬の間雪囲いに家の周囲の壁に立てかけ取り付けておいた小茅（カリヤス）を外しにかかる。草葺屋根は全体を葺き替えると一万把も必要になるので、毎年雪囲いから外したものは屋根裏に積んで、その日のために保存しておく。しかしそれだけでは足りないので、「カヤ無尽」と呼ぶ組織を作って、毎年計画的に組員が一人ずつ屋根の葺き替えをするようにし、それ以外の組員は当屋の組員の家へ、自分の家に保管してあるカヤを決められた量供出することにして、自分の番を待つのである。

山焼き　里の雪が消え終わると、屋根茅を刈る共有地の広大な斜面を持つ小谷村では、「山焼き」が行なわれる。新芽が出る前の茅場一帯の山掃除を兼ねたこの山焼きは、数日間にわたって火が燃え続ける。これで一斉に揃って良い芽が出るほか、草原の森林化を防いでいるのである。

炭焼き　こたつ以外に暖房設備のなかった時代は、こたつで使う炭も大量に要った。雪が消えるともう仕事の合間を見ては、家じゅうで山に行き、小藪を伐ったり山掃除をしてぼや炭を焼いた。昔は小枝一本もむだにせずに利用する生活だったから、どこの山も手入れが行き届いていた。

ぼや炭は藪や枝など、直径の細い木をたくさん集め、地面に穴を掘って燃やし、よく燃え上がったころを見て火をまとめ、上から水をかけて消し、細かな炭を作るもので、簡易に素人でもでき、山掃除にもなるのでどこでも盛んに行なわれた。できた炭はかますや袋に詰めて家に運んで乾かし、もっぱらこたつに使ったが、火着きが良く柔らかい暖かさが特長。こたつにはこのぼや炭や消し炭を先に入れ、その中央に堅炭と呼ぶナラを焼いて職人が作った火もちの良い炭を数個入れてぼや炭をかぶせ、そこへいろりから掬《すく》ってきたおきを入れて火種とした。

ぼやまるけ　たきぎも太い木を玉切って割った春木や薪のような、火がつくまでに時間がかかるが、ついてしまうと火力があり火持ちのよいものと、木の梢や枝など、細く燃えつきのよいものと両方が必要である。後者は北アルプス山麓ではぼやと呼んでいて、これは薪や用材を玉切った後に残る小枝や梢の部分を、丈二メートルくらいに揃えて直径五〇センチくらいの束になるよう幾本も集め、上下二カ所をねそと呼ぶねばりのある指の太さくらいな小木を縄の代わりにして結束して持ってくる。これも春を中心に一年中心掛けていて、すこしずつでも作っては家まで運んできたり、山に積んで屋根をかけておき、晩秋に家に運んだ。

屋根の葺き替え　カリヤスを使った草葺き屋根は新しく葺き替えると百年はもつといわれている。しかし三〇年も過ぎるとぼつぼつ一部に凹部が生じ、雨が降るとそこが溝になって流れるので傷みやすい。そこで挿しガヤといって、その凹部をカヤで補修して平らにしてやる。また一度に全部葺き替えるのは大変なので、屋根全体の四分の一とか二分の一とかを順ぐりに葺き替える家も多い。そうなると、ほとんど毎年のように、どこかの家で屋根の葺き替えがあり、近所親戚や屋根無尽の組員は手伝いに行く。

麻の種蒔き、桑棒伐り　北信濃は奈良時代からアサ作りの盛んな所で、アサはカスミザクラが咲くと種蒔きをした。また明治の終わりごろからは養蚕が盛んになり、クワ畑の面積は次第に増えていった。クワは春先に、前年に伸びた棒を切り、株の周囲をきれいにして新芽の出るのをうながすなどの管理が必要で、養蚕農家は皆雪が消えるのを待って桑棒切りに出、朝早くから夕方暗くなるまで働いた。

五　月

木起こし　大正の頃から植林が盛んになり、スギが多く植えられるようになった。雪の多い地方では、植えた苗が雪をしのいで一人立ちできるまでの一五年間くらいは、毎年雪が消えると、冬の間に雪圧で倒

カヤ屋根の葺き替え（『白馬村誌』より）

干しゼンマイにして保存する

雪による倒木（夏になり木が堅くなる前に１本１本縄で吊って起こす）

集荷され家まで運ばれた「ぼや」

れた木を一本一本縄を張ってまっすぐに起こしてやらなければならない。これを「木起こし」という。一年でも怠ると、倒れた木は曲がったまま堅くなってしまって用材とならない。したがって木起こしはぜひとも毎年やらなければならない、雪国特有の苦労である。

青物採り　今は「山菜」などとハイカラな名称で呼ばれるようになったが、昔から北アルプス山麓の人は「青物」と呼んで親しんできた、山で摘める食用の新芽のことである。今は冬でも新鮮な野菜をスーパーマーケットで簡単に手に入れることができるが、昔は長い冬の間は生鮮野菜に欠乏してきたから、春になって山から採ってくる青物はこの上なく新鮮で、畑で採れる野菜にはない特有の味と香りを持っていた。

春一番の青物はコゴミ（クサソテツ）で、コゴミは山桜が咲くともう芽を出す。コゴミが終わるころになると**ゼンマイ**、**ソバナ**、**タラ**の芽、**コシアブラ**、**ウド**、**イラクサ**、**シオデ**などが次々と盛りになり、木々の新葉も出揃って春たけなわとなる。

苗代しめと種蒔き　苗代しめが終わった夜は「しめ餅」を搗き、田の神様へ供える。「苗間を青くする」と言って、早く苗が青々と育つようにと**ヨモギ**や**チチコ草**（**ハハコグサ**）を採ってきて草餅にする所もある。また種蒔きが終わると、**ヤナギ**の枝を折ってきて水口に立てる。これは田の神様の腰かけ場だといっている。**マユミ**、**カツラ**、**ササ**、**ウツギ**にするところもある。

六　月

五月の節句　太陽暦では一カ月遅れで行なう五月の節句、もう植物も大分伸びて風薫る新緑の季節である。長く伸びた**ヨモギ**と**ショウブ**を採ってきて、戸口や屋根に挿したり、風呂に入れたりする。初節句の家ではシナノザサやススキの新葉を採ってきて「ちまき」を作り、里方や親戚へ配る。

草刈り、刈敷刈り　一日でも草の伸びるのを待って、と言って節句の終わるのを待って、一斉に田へ入れる草刈りを始める。そしてこれが終わると今度は刈敷刈りに移る。刈敷刈りとは、田へ入れて緑肥とする、葉付きの木の小枝を刈って馬に積んでくる作業だ。家ごとに二〜四ヘクタールくらいな刈敷山を持っていて、これを順繰りに刈っていた。

刈敷は伸びた枝の一メートルくらいな部分を伐ってぶっちがえながら大きな束にして縛り、これを六束一駄として馬に積んで来て田に散らかすもので、一駄刈るのに三時間かかるが、これを三駄刈って田へ運ぶのが一人前の一日の仕事だった。これを一〇日くらい続ける。刈敷にする木は刈ってから二年おき、三年目にならないと刈るように伸びないので、三年を周期として順繰りに刈る必要があった。

農休み（大田）　田植えが終わると、苗の取り始めにとっておいた苗を神棚に供え、**ヤマノイモ**を掘ってきてとろろ汁でお祝いなどする。翌日からしばらくは農休みでゆっくりする。イワナ釣りや青物採りに山へ入ったりする。

青物採り　田植えのころからは**ワラビ**が盛りとなる。また奥山へ入ると**アザミ**、ウトブキ（**イヌドウナ**、**ヨブスマソウ**、**オオバコウモリ**など）、**モミジガサ**などの高級な山菜が採れるし、尾根では**ネマガリダケ**の子の旬が近づく。

山の口開け　農休みが終わると、いよいよ草刈りのシーズン到来で、朝草刈りを中心にお盆過ぎまで毎日続く。

朝草刈りは夜明け前に起き、前の晩に作っておいたおむすびを持って馬に乗り、草を刈りに行く仕事のことで、自分の草場がない人は「山の口開け」を待って一斉に共有山へ刈りに行った。眠い目をこすりな

刈った朝草を馬に積んで帰る
(長野県白馬村，昭和35年)

がら馬上でおむすびをかじり、馬が現場に着くと一駄六束（一段）の草を三時間ほどかけて刈り、自分も一束背負って馬を曳いて帰り、馬屋へ敷いて厩肥を作る毎日が続く。

七月

木の実採り　六月末から七月の初めにかけては、早い木の実が熟してくる。黄色く熟す**モミジイチゴ**や赤く熟す**ウグイスカグラ**や**タウエグミ**、黒紫色に熟す**クワズミ**など、子供たちの手のとどくところに熟す果実が多く、これを求めて子供たちが後をたたない。

雨乞いと千駄焚き　田植えが済んでも干天続きで水不足となる年もあり、水田にはひびが出て干割れそうになることがある。そんな時には戸隠神社へ「お水借り」に代参を立てて、ひたすら降雨を願った。それでも降らない大旱魃の時は、昔から行なわれている「千駄焚き」という方法で天の神や竜神に降雨を祈ったこともある。千駄焚きはムラ中の人が蓑笠をつけて山に登り、生木をたくさん伐って山と積み、これに火をつけてもうもうと煙をのぼらせ、太鼓を叩いて降雨を祈るものだった。

泥虫除けとほうそう流し　水田の一番草から二番草取りのころになると、泥虫と呼ぶイネドロハムシの幼虫が大量発生し、稲の葉を食べ、ひどいものは葉の緑がなくなるほどとなる。殺虫剤もない当時は、農家では**クルミ**の葉には駆虫効果のあることを知っていて、葉付きの枝を伐ってきて、これでひたすら掃き落とすなどした。

七月中旬、ウツギの花が咲くころになると、幼児や児童に毎年ウツギほうそうが流行した。水ほうそうともいい、この病気は今でいう風疹のことで、この病にかかった子供の家では、麻稈で編んだ台の上に御幣を切って立て、紐で天井から吊って早く治るようお祈りしたり、ウツギの枝を四センチほどに三本切り、これに紐を通して三角形にしたものを首や腰に下げて登校した。

これは流行性の病気である風疹にかからないようにとの呪《まじな》いであった。病気が治るとこの呪いは川へ持って行って流した。これをほうそう流しと呼んだ。

洪水除けと橋木山　梅雨末期には集中豪雨があり、砂防事業が進んでいなかった当時は、大雨が降ると必ずといっていいくらい水害があった。水害を防ぐ仕事を「川除け」と呼んで、それを担当する役目や係まであった。

大河を持つムラでは、毎年冬のうちに「川綱」を新しくない、洪水に備えた。川綱は運動会の綱引きに使う綱のような太い縄で、大勢でより上げて作った。この縄は橋の身太《みのた》に結びつけておき、洪水で橋が流されても、下流へ流れていかないようにしたもの。堤防が決潰しそうになった時は、附近の立木を何本も伐ってきて根元をこの縄で結び、木を堤防から川へ投げ込んで流勢を変えるのに使ったり、聖牛《ひじりうし》（流れの方向を変えさせるために川の中へ入れる構造物）を川の中へ入れるのにも使った。

また共有山の中に「橋木山」を設けて、身太など橋材だけをまかなう留山もあり、用途以外の伐採を禁じていた。それほど昔は橋が流されたり、架け替えの必要な橋が多かったことがわかる。

下草刈り　雪がたくさん降る白馬山麓はスギの育ちが良く、植林はもっぱらスギの木を植えてきた。植えた木は一本立ちできるまでは、毎年木起こしと下草刈りをする必要がある。田畑の仕事が一段落すると、休む間もなく今度は植林地の下草刈りである。伸びるにしたがい下草を刈る必要がある。暑い夏の間も作業が続く。

八月

薬草採り　八月は薬草採りのシーズンで、主に老人の仕事であった。病気や傷などのほとんどは民間薬で治療するのが普通の時代だったから、薬草採りも盛んに行なわれた。薬草は暑い夏に採り、干して保存しておいて使った。**ゲンノショウコ**、**ドクダミ**、**オオバコ**など身近に生えているものを中心にいろいろな薬草を採って乾燥させた。

高灯籠　お盆を迎えるための準備としては、新盆を迎える家ではまず盆灯籠の用意がある。盆灯籠は白馬山麓では「高灯籠」と呼ぶものを用意する。高さ一〇メートル以上の生の**スギ**の細木を山から伐ってきて、頂の部分二メートルくらいは葉や皮を付けたまま残し、それ以外は皮をむいて竿を作り、この頂近くに灯籠を滑車の付いた綱で引き上げて灯すもので、竿は毎年新しく山から伐ってくるものだとされている。

白樺の皮採り　お盆の迎え火は**シラカバ**の外皮をはいできて使うのが習わしである。この皮採りは別に日が決まっているわけではなく、いつでもよいことになっている。

盆花採りと盆棚飾り　お盆の供花は**キキョウ**、**オミナエシ**が一般的であるが、地域によっては**ミソハギ**、**カワラナデシコ**、**オニユリ**などを飾る。また盆棚には普通新しい**スゲ**ござを敷くが、小谷村では**ガマ**の葉を裂いて編んだり、カツゴ（**マコモ**）を編んで敷く。

棚の両側にも生木を伐ってきて飾り付けをするところが多い。**アカマツ**、**タケ**、**ホオノキ**、**コシアブラ**などを二～三本ずつ左右に立て、これに**クズ**の蔓を張り渡し、灯籠、キュウリ、ホオズキなどを吊るす所もある。またお膳のご飯や料理を盛る皿は、**カシワ**の葉を使う。**ヤマブドウ**の葉の所もあった。

はせ木伐り　刈った稲を乾燥させるためのはせ（稲架）木は、今は一本ばせが多いが、湿田の多い山村では稲を家まで持ってきて、七段くらいの高いはせを用いた。はせ木は細くて長く（一〇メートル以上）まっすぐで、しかも軽いものを良とし、**スギ**、**カラマツ**などが多く使われている。腐ったり折れるものもあるので、毎年二～三本は補充が必要である。稲刈りまでに間に合わせるよう、山から伐ってきて皮をむき、乾燥させておく。

青箸の年とり　八月二七日は御射山《みさやま》祭り（白馬村では尾花祭）で、この日は「青箸の年とり」ともいって、穂の出た茎の緑色の**ススキ**を採ってきて、穂は神棚へ供え、茎で箸を作り、赤飯を炊いてこの箸を使い家内全員で食べる。ススキの中には茎が赤味を帯びているものがあり、このようなものは芯も赤い。このようなススキで箸を作って食べると赤腹（赤痢）を病むといってきらう。

九　月

はせ結い　秋の彼岸になると稲刈りの準備の「はせ結い」が始まる。白馬山麓では湿田が多いので、昔から刈った稲は馬で家まで運び、家の近くに七段くらいの高いはせを結って、これに掛けて乾燥させ脱穀する。はせは横木を一段ごとに立て木に結びつけるが、結び縄は冬の間になっておいたものや、**クズ**の蔓などを使って、二人がかりで結束してゆく。

木の実採り　北アルプス山麓では「しわい伯母のところへ行くより秋の山へ行け」という諺があるように、秋の山には**アケビ**、**クリ**、**クルミ**、**ハシバミ**、**ヤマブドウ**、**サルナシ**、オオズミ（**オオウラジロノキ**）、**カヤ**など、食べられる木の実がたくさんあり、子供たちばかりでなく大人も採りに行った。保存のきくクリ、オオズミ、**カヤ**などは加工しておいて、長い冬の間の子供のそさび（おやつ）とした。

キノコ採り　キノコも秋の味覚の代表的なもので、仕事の合間をみては採りに行く。キノコの出るのは九月二〇日ごろからで、初季に出るものに、**チチタケ**、**ハツタケ**、**シャカシメジ**、**シロヌメリイグチ**、**サクラシメジ**などがある。九月下旬は秋祭りの時期でもあるので、お祭りのごちそうにと山へキノコ採りに出かける。

一〇月

キノコ採り　九月末から一〇月上旬はキノコの最盛期で、**ナラタケ**、**ハナイグチ**、**スギヒラタケ**、**クリタケ**などのポピュラーなキノコのほか、**マツタケ**、**ホンシメジ**、**コウタケ**、**ウラベニホテイシメジ**などの本格派のキノコが出、山はキノコ採りの人でにぎわう。

この地方では特にコウタケがナラ林に大量に発生するので、これを採って干して保存しておき、冠婚葬祭など人寄せの時には、このうま煮を必ず一品として出した。

カヤ刈り　脱穀が終わるころはもう晩秋で、草木の葉は紅葉したり枯れている。大茅と呼ぶ**ススキ**や、小茅と呼ぶ**カリヤス**も葉が枯れているので、家中総出で弁当を持って「屋茅場」へゆく、共有地の場合は「山の口開け」の日を待って一斉に刈りに行く。刈ったものは束にして縛り、立てかけて自然乾燥させておき、一一月になってから家まで運ぶ。

春木流し　早春に奥山で伐って積んでおいた春木は、一〇月末に脱穀が終わるのを待ってムラごとに日を決めてこれを川に入れて流し、ムラ近くまで流してきて「春木場」で引き上げ、乾くまでここに積んでおいて個人ごとに分けて家に運んだ。川流しの途中で不明になった分は、分ける時に按分して減歩して分けた。

一一月

カヤ寄せ　刈って立てかけておいたカヤは、一〇日もすると乾燥するので、人の背で馬や荷車に積める所まで背負い出し、ここから家までは馬や荷車に積んで運ぶ。家に持ってきたカヤは、大ガヤは炭俵に編むよう馬屋の屋根裏に積み、小ガヤは雪囲い用に軒下に集めておく。

薪寄せ　根伐りして玉切り、屋根をかけて山に積んでおいた薪はカヤ寄せに続いて馬や荷車で家まで運び、たきぎ小屋に積んで一年間焚けるように準備した。「たきぎ小屋を見ればその家の繰り回しがわかる」と言われ、いつもたきぎ小屋に良い薪が整然と積んである家は、ムラ中探してもそうたくさんはなかった。

雪囲い　一一月も中旬となると霜の降る日が多くなり、一段と寒くなってくる。軒下まで運んでおいた小ガヤの束をほどき、一把ずつ外壁のまわりに立てかけ、細木を上下二カ所にあてがって倒れないようにして結び、雪囲いをする。庭木にも細木を立てかけて結び、雪が積もっても枝が雪の重みで折れないようにする。

漬け物と冬ごもりの準備　一一月中旬は漬け物のシーズンでもある。野沢菜や大根などの漬け物を幾日もかけて準備し、長い冬に備える。大根、人参などは土を掘って穴むろに入れ、ネギは干してしまい、白菜、キャベツなどは別に冬囲いするなど、いろいろ越冬準備をする。

湿田地帯では刈った稲は七段ばせに掛けて干す（長野県白馬村）

カヤ屋根用の小茅（カリヤス）を刈る（白馬村，篠崎正明撮影）

11月になると雪囲いが始まる

一二月

一日儲《もう》け　一二月になるともういつ雪が降るかわからない。いつ降ってもよいように大方の準備はしてあるが、それでもまだ細かい仕事でやり残した仕事も探せばあるもので、そんな仕事を明日は降るかなと、空を眺めながら、雪の降るまで、「一日儲け」と働くのである。

松迎えと正月の用意　歳神様とする**マツ**（ヤナギその他のところもある）は一三日に迎えに（伐りに）行く。伐ったマツは持って行った新しい手ないの縄で一二巻に巻いて家に背負って帰り、「足を洗う」といって一番下の枝から下は皮をむき、たきぎ小屋の軒など清浄な所を選んで休ませ、枡に米と田作りを入れて供え、年末までそのままにしておく。

主な引用・参考文献

伊藤邦男編『佐渡植物民俗誌』一九八七年、佐渡の植物刊行会
岩見光昭『信濃の手漉き和紙』一九七九年、信毎書籍出版センター
宇都宮貞子『草木覚書』一九六八年、草木と民俗の会
――『山村の四季』一九七一年、創文社
――『草木おぼえ書』一九七二年、読売新聞社
――『草木の話』一九七七年、読売新聞社
――『植物と民俗』一九八二年、岩崎美術社
小川清隆『雪国の植物誌』一九九〇年、八坂書房
奥原弘人『信州の野草』一九九〇年、信濃毎日新聞社
勝部正郊『雪の民具』一九九一年、慶友社
刈米達夫・小林義雄『有毒植物・有毒キノコ』一九七九年、廣川書店
倉田悟『日本主要樹木名方言集』一九六三年、地球出版
――『樹木と方言』一九七四年、地球社
――『樹木民俗誌』一九七五年、地球社
小松昌二郎『秋田の薬草』一九七八年、無明舎
斉藤武雄『信州の年中行事』一九八一年、信濃毎日新聞社
佐藤邦雄『信州佐久の植物方言』一九七八年、旅と信濃社
更科源蔵・更科光『コタン生物記（樹木・雑草篇）』一九七六年、法政大学出版局

四手井綱英・四手井淑子『きのこ風土記』一九七六年、毎日新聞社
信濃教育会北安曇部会編『北安曇郡郷土誌稿年中行事篇』一九三一年、郷土研究社
信濃生薬研究会『信濃の民間薬』一九九〇年、医療タイムス社
知里眞志保『分類アイヌ語辞典（植物篇）』一九五三年、岡書院
富田礼彦『斐太後風土記』一九七二年、雄山閣
中井将善『毒草一〇〇種の見分け方』、金園社
中江克己編『草木染』一九七五年、泰流社
長澤武『食べられる木の実草の実』一九八一年、信濃毎日新聞社
――『北アルプス乗鞍物語』一九八六年、ほおずき書籍
――『おいしく食べる』一九八七年、信濃毎日新聞社
――「北アルプス山麓の民家と民具」『住む・着る』、山村民俗の会、一九九〇年、エンタプライズ社
永原慶二『新・木綿以前のこと』一九九〇年、中央公論社
名久井文明『樹皮の文化史』一九九九年、吉川弘文館
難波恒雄・御影雅幸『毒のある植物』一九八三年、保育社
新潟日報佐渡取材班『佐渡紀行』一九九五年、恒文社
日本植物友の会編『日本植物方言集（草本類篇）』一九七二年、八坂書房
福岡イト子『アイヌ植物誌』一九九五年、草風館
牧野富太郎『新日本植物図鑑』一九六一年、北隆館
町田誠之『和紙と日本人の二千年』一九八三年、ＰＨＰ研究所
松川仁『キノコ方言図譜』一九八〇年、東京新聞出版局
松山利夫『木の実』一九八二年、法政大学出版局
丸山利雄『しなの植物考』（正続三冊）、一九七二～七五年、信濃毎日新聞社
向山雅重『山村小記』一九七四年、慶友社

――『続山村小記』一九七四年、慶友社
村越三千男『薬用植物事典』一九六六年、福村出版

あとがき

私は子供のころから自然の中で、自然を相手に遊ぶのが好きだった。そのころの山村では、子供の遊びといえば、身近な自然を相手にしたり利用した遊びが主だった。女の子はままごと遊びや草花遊び、男の子はチャンバラごっこや、グミ、アケビ、木イチゴ採りなど、近所の子供たち数人が集団で遊び歩くのが普通で、家の中でのゲーム遊びなどは考えようもない時代だった。

親たちも、子供などにかまっていられないほど日々農作業に忙しかった。牛馬を使う以外はすべて手作業だったから、田植えや稲刈りを初め、草刈り、薪寄せなどにも子供たちは手伝わされた。

しかし、時々訪れる年中行事や、農作業の合間を見ての、山菜採りやキノコ採り、魚捕りなどにも連れて行ってもらう楽しみもあったし、祖父母たちがやるわらじ作りや機織りを見たり、昔話を聞いたりして育ったので、人の暮らしと自然（特に植物）との関わりの深さに、いつしか関心を持つようになった。

諸物資が不足した太平洋戦争末期と、戦後のしばらくは、忘れかけていた昭和初期や大正時代の山村の生活が再現された時代だった。

山野草をフルに食糧や衣料、染料、薬などに活用し、火打石でタバコに火を付けるなどの時期が数年間続いた。私にとっては良い思い出である。

しかし、昭和三十年代後半からの高度経済成長期に入ると、有史以来ずっと続いてきた、薪や木炭を家庭用燃料とする時代は終わり、灯油やガスなどの化石燃料となり、肥料も化学肥料となって、誰も草刈りや刈敷刈りに山へ行かなくなってしまった。建築材も安い外材に押されて内地材は売れなくなり、植林をする人もなくなった。

その結果、里山は荒れ放題の姿となり、人びとと自然（植物）とのおつきあいは全くとだえてしまった。この荒れた山の姿、自然の姿は時どき近くの山へ遊びに行く私の心を痛ませた。

そのころ、長野県の自然観察インストラクターや、環境庁の環境カウンセラーに登録した私は、子供たちを自然の中へ案内する機会が多くなったが、そんな時、自然や動植物についての解説や説明をするのに、つい昔の経験から、私流にいつも、自然を学ぶには、自然と人間とのおつきあい、つまり人の暮らしとのかかわりが大切と考え、昔からの利用の事例をあげて説明してきた。私の動植物学は、分類学でも生態学でもない、子供のころからの原体験を基にした独自の自然民俗学である。

昨今の自然は、大型重機による破壊、耕作放棄や利用廃止による荒廃が著しく、オゾン層の破壊、ダイオキシン、酸性雨、環境ホルモン問題など、人の健康にかかわる問題も多く取りざたされている。人びとの心も砂漠化してき、少年の凶悪犯罪が増えているが、これは精神面を忘れた、利便性だけを追究した都市型文化誕生の結果によるもので、社会や家庭生活を見ても、マネー優先、経済優先の味気ない暮らし方になってしまったように思う。

気がつくと、私が植物民俗についてお話をお聞きしてきた幾人かの古老たちは既にこの世にはなく、このままでは先人たちが、生活の知恵として長い経験の中から知り得、暮らしに活かし伝えてきた事柄も、早晩忘れられてしまうだろうという危機感を感じるようになった。

私自身も七十歳になり、先が見えてきた感がある。そこで今まで学び蓄えてきた植物に関する民俗的な事柄をまとめて、活字にしたいと考え、稿を起こすことにした。

稿を進める中で、故人では元東大教授の倉田悟、長野市の宇都宮貞子、上伊那郡宮田村の向山雅重の各氏など、現存者では飯山市の丸山利雄、新潟県佐渡の伊藤邦男、北海道の福岡イト子の各氏など多くの方のご著書を参考にさせていただいたし、白馬村の内川文造氏、安曇村の故福島立吉氏、岐阜県上宝村の松田松成氏、富山県では芦峅寺の方がたなど多くの方から貴重なお話をお聞きしたメモを参考にさせていただき、なんとかまとめることができた。ほんとうに有難くお礼申し上げる。

また出版にあたっては、私の母校である法政大学の出版局にお伺いしたところ、心よくお引き受けいただき、担当の松永辰郎さんには爾来出版に至るまで大変お世話になった。また子供たちの草花遊びの挿絵では大町市の版画家、羽田智千代さんのお手を煩わした。いずれも最後になったが深くお礼申し上げる。

風薫る万緑の自然を眺めながら白馬山麓の自宅にて
平成十三年六月五日　記

長澤　武

植物名索引

標準和名・別名を片仮名で，地方名・俗称を平仮名で表記した．本文中の表記と異なっている場合もある．数字の太字体は写真掲載のページを示す．

【さ行】

【た行】

【な行】

【は行】

【ま行】

【や行】

著者略歴

長澤　武（ながさわ　たけし）

1931年長野県北安曇郡神城村（現白馬村）に生まれ，現在まで同所に居住．1948年村役場に就職し，1985年教育長を最後に退職．現在，アルプ自然研究所長．白馬村文化財保護審議委員，長野県自然観察インストラクター，環境庁環境カウンセラー，山村民俗の会会員．
著書に『北アルプス夜話』『長野県山菜キノコ図鑑』『食べられる木の実草の実』『おいしく食べる』『北アルプス乗鞍物語』『北アルプス白馬連峰』『山の動物民俗記』『野外植物民俗事苑』など．

ものと人間の文化史　101・植物民俗

2001年10月１日　初版第１刷発行
2012年５月25日　　　第３刷発行

発行所　財団法人　法政大学出版局

〒102-0073　東京都千代田区九段北3-2-7
電話03(5214)5540／振替00160-6-95814
印刷：平文社　製本：ベル製本

Printed in Japan

ISBN978-4-588-21011-2

ものと人間の文化史

★第9回梓会出版文化賞受賞

人間が〈もの〉とのかかわりを通じて営々と築いてきた暮らしの足跡を具体的に辿りつつ文化・文明の基礎を問いなおす。手づくりの〈もの〉の記憶が失われ、〈もの〉離れが進行する危機の時代におくる豊穣な百科叢書。

1 船　須藤利一編

海国日本では古来、漁業・水運・交易はもとより、大陸文化も船によって運ばれた。本書は造船技術、航海の模様の推移を中心に、漂流、船霊信仰、伝説の数々を語る。四六判３６８頁 '68

2 狩猟　直良信夫

人類の歴史は狩猟から始まった。本書は、わが国の遺跡に出土する獣骨、猟具の実証的考察をおこないながら、狩猟をつうじて発展した人間の知恵と生活の軌跡を辿る。四六判２７２頁 '68

3 からくり　立川昭二

〈からくり〉は自動機械であり、驚嘆すべき庶民の技術的創意がこめられている。本書は、日本と西洋のからくりを発掘・復元・遍歴し、埋もれた技術の水脈をさぐる。四六判４１０頁 '69

4 化粧　久下司

美を求める人間の心が生みだした化粧—その手法と道具に語らせた人間の欲望と本性、そして社会関係。歴史を遡り、全国を踏査して書かれた比類ない美と醜の文化史。四六判３６８頁 '70

5 番匠　大河直躬

番匠はわが国中世の建築工匠。地方・在地を舞台に開花した彼らの造型・装飾・工法等の諸技術、さらに信仰と生活等、職人以前の独自で多彩な工匠的世界を描き出す。四六判２８８頁 '71

6 結び　額田巌

〈結び〉の発達は人間の叡知の結晶である。本書はその諸形態および技法を作業・装飾・象徴の三つの系譜に辿り、〈結び〉のすべてを民俗学的・人類学的に考察する。四六判２６４頁 '72

7 塩　平島裕正

人類史に貴重な役割を果たしてきた塩をめぐって、発見から伝承・製造技術の発展過程にいたる総体を歴史的に描き出すとともに、その多彩な効用と味覚の秘密を解く。四六判２７２頁 '73

8 はきもの　潮田鉄雄

田下駄・かんじき・わらじなど、日本人の生活の礎となってきた伝統的はきものの成り立ちと変遷を、二〇年余の実地調査と細密な観察・描写によって辿る庶民生活史　四六判２８０頁 '73

9 城　井上宗和

古代城塞・城柵から近世代名の居城として集大成されるまでの日本の城の変遷を辿り、文化の各領野で果たしてきたその役割を再検討。あわせて世界城郭史に位置づける。四六判３１０頁 '73

10 竹　室井綽

食生活、建築、民芸、造園、信仰等々にわたって、竹と人間との交流史は驚くほど深く永い。その多岐にわたる発展の過程を個々に辿り、竹の特異な性格を浮彫にする。四六判３２４頁 '73

11 海藻　宮下章

古来日本人にとって生活必需品とされてきた海藻をめぐって、その採取・加工法の変遷、商品としての流通史および神事・祭事での役割に至るまでを歴史的に考証する。四六判３３０頁 '74

12 絵馬　岩井宏實

古くは祭礼における神への献馬にはじまり、民間信仰と絵画のみごとな結晶として民衆の手で描かれ祀り伝えられてきた各地の絵馬を豊富な写真と史料によってたどる。四六判302頁 '74

13 機械　吉田光邦

畜力・水力・風力などの自然のエネルギーを利用し、幾多の改良を経て形成された初期の機械の歩みを検証し、日本文化の形成における科学・技術の役割を再検討する。四六判242頁 '74

14 狩猟伝承　千葉徳爾

狩猟には古来、感謝と慰霊の祭祀がともない、人獣交渉の豊かで意味深い歴史があった。狩猟用具、巻物、儀式具、またけものたちの生態を通して語る狩猟文化の世界。四六判346頁 '75

15 石垣　田淵実夫

採石から運搬、加工、石積みに至るまで、石垣の造成をめぐって積み重ねられてきた石工たちの苦闘の足跡を掘り起こし、その独自な技術の形成過程と伝承を集成する。四六判224頁 '75

16 松　高嶋雄三郎

日本人の精神史に深く根をおろした松の伝承に光を当て、食用、薬用等の実用の松、祭祀・観賞用の松、さらに文学・芸能・美術に表現された松のシンボリズムを説く。四六判342頁 '75

17 釣針　直良信夫

人と魚との出会いから現在に至るまで、釣針がたどった一万有余年の変遷を、世界各地の遺跡出土物を通して実証しつつ、漁撈によって生きた人々の生活と文化を探る。四六判278頁 '76

18 鋸　吉川金次

鋸鍛冶の家に生まれ、鋸の研究を生涯の課題とする著者が、出土遺品や文献・絵画により各時代の鋸を復元・実験し、庶民の手仕事にみられる驚くべき合理性を実証する。四六判360頁 '76

19 農具　飯沼二郎／堀尾尚志

鍬と犂の交代・進化の歩みとして発達したわが国農耕文化の発展経過を世界史的視野において再検討しつつ、無名の農民たちによる驚くべき創意のかずかずを記録する。四六判220頁 '76

20 包み　額田巌

結びとともに文化の起源にかかわる〈包み〉の系譜を人類史的視野において捉え、衣・食・住をはじめ社会・経済史、信仰、祭事などにおけるその実際と役割とを描く。四六判354頁 '77

21 蓮　阪本祐二

仏教における蓮の象徴的位置の成立と深化、美術・文芸等に見る人間とのかかわりを歴史的に考察。また大賀蓮はじめ多様な品種とその来歴を紹介しつつその美を語る。四六判306頁 '77

22 ものさし　小泉袈裟勝

ものをつくる人間にとって最も基本的な道具であり、数千年にわたって社会生活を律してきたその変遷を実証的に追求し、歴史の中で果たしてきた役割を浮彫りにする。四六判314頁 '77

23-I 将棋I　増川宏一

その起源を古代インドに、我国への伝播の道すじを海のシルクロードに探り、また伝来後一千年におよぶ日本将棋の変化と発展を盤、駒、ルール等にわたって跡づける。四六判280頁 '77

23-II 将棋II　増川宏一

わが国伝来後の普及と変遷を貴族や武家・豪商の日記等に博捜し、遊戯者の歴史をあとづけると共に、中国伝来説の誤りを正し、将棋宗家の位置と役割を明らかにする。　四六判３４６頁　’85

24 湿原祭祀　第2版　金井典美

古代日本の自然環境に着目し、各地の湿原聖地を稲作社会との関連において捉え直して古代国家成立の背景を浮彫にしつつ、水と植物にまつわる日本人の宇宙観を探る。　四六判４１０頁　’77

25 臼　三輪茂雄

臼が人類の生活文化の中で果たしてきた役割を、各地に遺る貴重な民俗資料・伝承と実地調査にもとづいて解明。失われゆく道具のなかに、未来の生活文化の姿を探る。　四六判４１２頁　’78

26 河原巻物　盛田嘉徳

中世末期以来の被差別部落民が生きる権利を守るために偽作し護り伝えてきた河原巻物を全国にわたって踏査し、そこに秘められた最底辺の人びとの叫びに耳を傾ける。　四六判２２６頁　’78

27 香料　日本のにおい　山田憲太郎

焼香供養の香から趣味としての薫物へ、さらに沈香木を焚く香道へと変遷した日本の「匂い」の歴史を豊富な史料に基づいて辿り、我国風俗史の知られざる側面を描く。　四六判３７０頁　’78

28 神像　神々の心と形　景山春樹

神仏習合によって変貌しつつも、常にその原型＝自然を保持してきた日本の神々の造型を図像学的方法によって捉え直し、その多彩な形象に日本人の精神構造をさぐる。　四六判３４２頁　’78

29 盤上遊戯　増川宏一

祭具・占具としての発生を『死者の書』をはじめとする古代の文献にさぐり、形状・遊戯法を分類しつつその〈進化〉の過程を考察。〈遊戯者たちの歴史〉をも跡づける。　四六判３２６頁　’78

30 筆　田淵実夫

筆の里・熊野に筆づくりの現場を訪ねて、筆匠たちの境涯と製筆の由来を克明に記録しつつ、筆の発生と変遷、種類、製筆法、さらには筆塚、筆供養にまで説きおよぶ。　四六判２０４頁　’78

31 ろくろ　橋本鉄男

日本の山野を漂移しつづけ、高度の技術文化と幾多の伝説とをもたらした特異な旅職集団＝木地屋の生態を、その呼称、地名、伝承、文書等をもとに生き生きと描く。　四六判４６０頁　’79

32 蛇　吉野裕子

日本古代信仰の根幹をなす蛇巫をめぐって、祭事におけるさまざまな蛇の「もどき」や各種の蛇の造型・伝承に鋭い考証を加え、忘れられたその呪性を大胆に暴き出す。　四六判２５０頁　’79

33 鋏（はさみ）　岡本誠之

梃子の原理の発見から鋏の誕生に至る過程を推理し、日本鋏の特異な歴史的位置を明らかにするとともに、刀鍛冶等から転進した鋏職人たちの創意と苦闘の跡をたどる。　四六判３９６頁　’79

34 猿　廣瀬鎮

嫌悪と愛玩、軽蔑と畏敬の交錯する日本人とサルとの関わりあいの歴史を、狩猟伝承や祭祀・風習、美術・工芸や芸能のなかに探り、日本人の動物観を浮彫りにする。　四六判２９２頁　’79

35 鮫　矢野憲一

神話の時代から今日まで、津々浦々につたわるサメの伝承とサメをめぐる海の民俗を集成し、神饌、食用、薬用等に活用されてきたサメと人間のかかわりの変遷を描く。四六判292頁 '79

36 枡　小泉袈裟勝

米の経済の枢要をなす器として千年余にわたり日本人の生活の中に生きてきた枡の変遷をたどり、記録・伝承をもとにこの独特な計量器が果たした役割を再検討する。四六判322頁 '80

37 経木　田中信清

食品の包装材料として近年まで身近に存在した経木の起源を、こけら経や塔婆、木簡、屋根板等に遡って明らかにし、その製造・流通に携った人々の労苦の足跡を辿る。四六判288頁 '80

38 色　染と色彩　前田雨城

わが国古代の染色技術の復元と文献解読をもとに日本色彩史を体系づけ、赤・白・青・黒等におけるわが国独自の色彩感覚を探りつつ日本文化における色の構造を解明。四六判320頁 '80

39 狐　陰陽五行と稲荷信仰　吉野裕子

その伝承と文献を渉猟しつつ、中国古代哲学＝陰陽五行の原理の応用という独自の視点から、謎とされてきた稲荷信仰と狐との密接な結びつきを明快に解き明かす。四六判232頁 '80

40-Ⅰ 賭博Ⅰ　増川宏一

時代、地域、階層を超えて連綿と行なわれてきた賭博。――その起源を古代の神判、スポーツ、遊戯等の中に探り、抑圧と許容の歴史を物語る。全Ⅲ分冊の〈総説篇〉。四六判298頁 '80

40-Ⅱ 賭博Ⅱ　増川宏一

古代インド文学の世界からラスベガスまで、賭博の形態・用具・方法の時代的特質を明らかにし、夥しい禁令に賭博の不滅のエネルギーを見る。全Ⅲ分冊の〈外国篇〉。四六判456頁 '82

40-Ⅲ 賭博Ⅲ　増川宏一

聞香、闘茶、笠附等、わが国独特の賭博を中心にその具体例を網羅し、方法の変遷に賭博の時代性を探りつつ禁令の改廃に時代の賭博観を追う。全Ⅲ分冊の〈日本篇〉。四六判388頁 '83

41-Ⅰ 地方仏Ⅰ　むしゃこうじ・みのる

古代から中世にかけて全国各地で作られた無銘の仏像を訪ね、素朴で多様なノミの跡に民衆の祈りと地域の願望を探る。宗教の伝播、文化の創造を考える異色の紀行。四六判256頁 '80

41-Ⅱ 地方仏Ⅱ　むしゃこうじ・みのる

紀州や飛騨を中心に草の根の仏たちを訪ねて、その相好と像容の魅力を探り、技法を比較考証して仏像彫刻史に位置づけつつ、中世地域社会の形成と信仰の実態に迫る。四六判260頁 '97

42 南部絵暦　岡田芳朗

田山・盛岡地方で「盲暦」として古くから親しまれてきた独得の絵解き暦を詳しく紹介しつつその全体像を復元する。その無類の生活暦は、南部農民の哀歓をつたえる。四六判288頁 '80

43 野菜　在来品種の系譜　青葉高

蕪、大根、茄子等の日本在来野菜をめぐって、その渡来・伝播経路、品種分布と栽培のいきさつを各地の伝承や古記録をもとに辿り、畑作文化の源流とその風土を描く。四六判368頁 '81

44 つぶて　中沢厚

弥生投弾、古代・中世の石戦と印地の様相、投石具の発達を展望しつつ、願かけの小石、正月つぶて、石こづみ等の習俗を辿り、石塊に託した民衆の願いや怒りを探る。四六判338頁　'81

45 壁　山田幸一

弥生時代から明治期に至るわが国の壁の変遷を壁塗＝左官工事の側面から辿り直し、その技術的復元・考証を通じて建築史・文化史における壁の役割を浮き彫りにする。四六判296頁　'81

46 簞笥（たんす）　小泉和子

近世における簞笥の出現＝箱から抽斗への転換に着目し、以降近現代に至るその変遷を社会・経済・技術の側面からあとづける。著者自身による簞笥製作の記録を付す。四六判378頁　'82

47 木の実　松山利夫

山村の重要な食糧資源であった木の実をめぐる各地の記録・伝承を集成し、その採集・加工における幾多の試みを実地に検証しつつ、稲作農耕以前の食生活文化を復元。四六判384頁　'82

48 秤（はかり）　小泉袈裟勝

秤の起源を東西に探るとともに、わが国律令制下における中国制度の導入、近世商品経済の発展に伴う秤座の出現、明治期近代化政策による洋式秤受容等の経緯を描く。四六判326頁　'82

49 鶏（にわとり）　山口健児

神話・伝説をはじめ遠い歴史の中の鶏を古今東西の伝承・文献に探り、特に我国の信仰・絵画・文学等に遺された鶏の足跡を追って、鶏をめぐる民俗の記憶を蘇らせる。四六判346頁　'83

50 燈用植物　深津正

人類が燈火を得るために用いてきた多種多様な植物との出会いと個々の植物の来歴、特性及びはたらきを詳しく検証しつつ「あかり」の原点を問いなおす異色の植物誌。四六判442頁　'83

51 斧・鑿・鉋（おの・のみ・かんな）　吉川金次

古墳出土品や文献・絵画をもとに、古代から現代までの斧・鑿・鉋を復元・実験し、労働体験によって生まれた民衆の知恵と道具の変遷を蘇らせる異色の日本木工具史。四六判304頁　'84

52 垣根　額田巌

大和・山辺の道に神々と垣との関わりを探り、各地に垣の伝承を訪ねて、寺院の垣、民家の垣、露地の垣など、風土と生活に培われた生垣の独特のはたらきと美を描く。四六判234頁　'84

53-Ⅰ 森林Ⅰ　四手井綱英

森林生態学の立場から、森林のなりたちとその生活史を辿りつつ、産業の発展と消費社会の拡大により刻々と変貌する森林の現状を語り、未来への再生のみちをさぐる。四六判306頁　'85

53-Ⅱ 森林Ⅱ　四手井綱英

森林と人間との多様なかかわりを包括的に語り、人と自然が共生するための森や里山をいかにして創出するか、森林再生への具体的な方策を提示する21世紀への提言。四六判308頁　'98

53-Ⅲ 森林Ⅲ　四手井綱英

地球規模で進行しつつある森林破壊の現状を実地に踏査し、森と人が共存する日本人の伝統的自然観を未来へ伝えるために、いま何が必要なのかを具体的に提言する。四六判304頁　'00

54 海老（えび）　酒向昇

人類との出会いからエビの科学、漁法、さらには調理法を語り、めでたい姿態と色彩にまつわる多彩なエビの民俗を、地名や人名、詩歌・文学、絵画や芸能の中に探る。四六判428頁　'85

55—Ⅰ 藁（わら）Ⅰ　宮崎清

稲作農耕とともに二千年余の歴史をもち、日本人の全生活領域に生きてきた藁の文化を日本文化の原型として捉え、風土に根ざしたそのゆたかな遺産を詳細に検討する。四六判400頁　'85

55—Ⅱ 藁（わら）Ⅱ　宮崎清

床・畳から壁・屋根にいたる住居における藁の製作・使用のメカニズムを明らかにし、日本人の生活空間における藁の役割を見なおすとともに、藁の文化の復権を説く。四六判400頁　'85

56 鮎　松井魁

清楚な姿態と独特な味覚によって、日本人の目と舌を魅了しつづけてきたアユ——その形態と分布、生態、漁法等を詳述し、古今のアユ料理や文芸にみるアユにおよぶ。四六判296頁　'86

57 ひも　額田巌

物と物、人と物とを結びつける不思議な力を秘めた「ひも」の謎を追って、民俗学的視点から多角的なアプローチを試みる。『結び』、『包み』につづく三部作の完結篇。四六判250頁　'86

58 石垣普請　北垣聰一郎

近世石垣の技術者集団「穴太」の足跡を辿り、各地城郭の石垣遺構の実地調査と資料・文献をもとに石垣普請の歴史的系譜を復元しつつ石工たちの技術伝承を集成する。四六判438頁　'87

59 碁　増川宏一

その起源を古代の盤上遊戯に探ると共に、定着以来二千年の歴史を時代の状況や遊び手の社会環境との関わりにおいて跡づける。逸話や伝説を排して綴る初の囲碁全史。四六判366頁　'87

60 日和山（ひよりやま）　南波松太郎

千石船の時代、航海の安全のために観天望気した日和山——多くは忘れられ、あるいは失われた船舶・航海史の貴重な遺跡を追って、全国津々浦々におよんだ調査紀行。四六判382頁　'88

61 篩（ふるい）　三輪茂雄

臼とともに人類の生産活動に不可欠な道具であった篩、箕(み)、笊(ざる)の多彩な変遷を豊富な図解入りでたどり、現代技術の先端に再生するまでの歩みをえがく。四六判334頁　'89

62 鮑（あわび）　矢野憲一

縄文時代以来、貝肉の美味と貝殻の美しさによって日本人を魅了し続けてきたアワビ——その生態と養殖、神饌としての歴史、漁法、螺鈿の技法からアワビ料理に及ぶ。四六判344頁　'89

63 絵師　むしゃこうじ・みのる

日本古代の渡来画工から江戸前期の菱川師宣まで、時代の代表的絵師の列伝で辿る絵画制作の文化史。前近代社会における絵画の意味や芸術創造の社会的条件を考える。四六判230頁　'90

64 蛙（かえる）　碓井益雄

動物学の立場からその特異な生態を描き出すとともに、和漢洋の文献資料を駆使して故事・習俗・神事・民話・文芸・美術工芸にわたる蛙の多彩な活躍ぶりを活写する。四六判382頁　'89

65-Ⅰ 藍（あい）Ⅰ 風土が生んだ色 竹内淳子

全国各地の〈藍の里〉を訪ねて、藍栽培から染色・加工のすべてにわたり、藍とともに生きた人々の伝承を克明に描き、風土と人間が生んだ〈日本の色〉の秘密を探る。四六判４１６頁 ’91

65-Ⅱ 藍（あい）Ⅱ 暮らしが育てた色 竹内淳子

日本の風土に生まれ、伝統に育てられた藍が、今なお暮らしの中で生き生きと活躍しているさまを、手わざに生きる人々との出会いを通じて描く。藍の里紀行の続篇。四六判４０６頁 ’99

66 橋 小山田了三

丸木橋・舟橋・吊橋から板橋・アーチ型石橋まで、人々に親しまれてきた各地の橋を訪ねて、その来歴と築橋の技術伝承を辿り、土木文化の伝播・交流の足跡をえがく。四六判３１２頁 ’91

67 箱 宮内悊

日本の伝統的な箱（櫃）と西欧のチェストを比較文化史の視点から考察し、居住・収納・運搬・装飾の各分野における箱の重要な役割とその多彩な文化を浮彫りにする。四六判３９０頁 ’91

68-Ⅰ 絹Ⅰ 伊藤智夫

養蚕の起源を神話や説話に探り、伝来の時期とルートを跡づけ、記紀・万葉の時代から近世に至るまで、それぞれの時代・社会・階層が生み出した絹の文化を描き出す。四六判３０４頁 ’92

68-Ⅱ 絹Ⅱ 伊藤智夫

生糸と絹織物の生産と輸出が、わが国の近代化にはたした役割を描くと共に、養蚕の道具、信仰や庶民生活にわたる養蚕と絹の民俗、さらには蚕の種類と生態におよぶ。四六判２９４頁 ’92

69 鯛（たい） 鈴木克美

古来「魚の王」とされてきた鯛をめぐって、その生態・味覚から漁法、祭り、工芸、文芸にわたる多彩な伝承文化を語りつつ、鯛と日本人とのかかわりの原点をさぐる。四六判４１８頁 ’92

70 さいころ 増川宏一

古代神話の世界から近現代の博徒の動向まで、さいころの役割を各時代・社会に位置づけ、木の実や貝殻のさいころから投げ棒型や立方体のさいころへの変遷をたどる。四六判３７４頁 ’92

71 木炭 樋口清之

炭の起源から炭焼、流通、経済、文化にわたる木炭の歩みを歴史・考古・民俗の知見を総合して描き出し、独自で多彩な文化を育んできた木炭の尽きせぬ魅力を語る。四六判２９６頁 ’93

72 鍋・釜（なべ・かま） 朝岡康二

日本をはじめ韓国、中国、インドネシアなど東アジアの各地を歩きながら鍋・釜の製作と使用の現場に立ち会い、調理をめぐる庶民生活の変遷とその交流の足跡を探る。四六判３２６頁 ’93

73 海女（あま） 田辺悟

その漁の実際と社会組織、風習、信仰、民具などを克明に描くとともに海女の起源・分布・交流を探り、わが国漁撈文化の古層としての海女の生活と文化をあとづける。四六判２９４頁 ’93

74 蛸（たこ） 刀禰勇太郎

蛸をめぐる信仰や多彩な民間伝承を紹介するとともに、その生態・分布・捕獲法・繁殖と保護・調理法などを集成し、日本人と蛸との知られざるかかわりの歴史を探る。四六判３７０頁 ’94

75 **曲物**（まげもの） 岩井宏實

桶・樽出現以前から伝承され、古来最も簡便・重宝な木製容器として愛用された曲物の加工技術と機能・利用形態の変遷をさぐり、手づくりの「木の文化」を見なおす。四六判３１８頁 '94

76-I **和船I** 石井謙治

江戸時代の海運を担った千石船（弁才船）について、その構造と技術、帆走性能を綿密に調査し、通説の誤りを正すとともに、海難と信仰、船絵馬等の考察にもおよぶ。四六判４３６頁 '95

76-II **和船II** 石井謙治

造船史から見た著名な船を紹介し、遣唐使船や遣欧使節船、幕末の洋式船における外国技術の導入について論じつつ、船の名称と船型を海船・川船にわたって解説する。四六判３１６頁 '95

77-I **反射炉I** 金子功

日本初の佐賀鍋島藩の反射炉と精練方＝理化学研究所、島津藩の反射炉と集成館＝近代工場群を軸に、日本の産業革命の時代における人と技術を現地に訪ねて発掘する。四六判２４４頁 '95

77-II **反射炉II** 金子功

伊豆韮山の反射炉をはじめ、全国各地の反射炉建設にかかわった有名無名の人々の足跡をたどり、開国か攘夷かに揺れる幕末の政治と社会の悲喜劇をも生き生きと描く。四六判２２６頁 '95

78-I **草木布**（そうもくふ）**I** 竹内淳子

風土に育まれた布を求めて全国各地を歩き、木綿普及以前に山野の草木を利用して豊かな衣生活文化を築き上げてきた庶民の知られざる知恵のかずかずを実地にさぐる。四六判２８２頁 '95

78-II **草木布**（そうもくふ）**II** 竹内淳子

アサ、クズ、シナ、コウゾ、カラムシ、フジなどの草木の繊維から、どのようにして糸を採り、布を織っていたのか——聞書きをもとに忘れられた技術と文化を発掘する。四六判２８２頁 '95

79-I **すごろくI** 増川宏一

古代エジプトのセネト、ヨーロッパのバクギャモン、中近東のナルド、中国の双陸などの系譜に日本の盤雙六を位置づけ、遊戯・賭博としてのその数奇なる運命を辿る。四六判３１２頁 '95

79-II **すごろくII** 増川宏一

ヨーロッパの鵞鳥のゲームから日本中世の浄土双六、近世の華麗な絵双六、さらには近現代の少年誌の附録まで、絵双六の変遷を追って時代の社会・文化を読みとる。四六判３９０頁 '95

80 **パン** 安達巖

古代オリエントに起ったパン食文化が中国・朝鮮を経て弥生時代の日本に伝えられたことを史料と伝承をもとに解明し、わが国パン食文化二〇〇〇年の足跡を描き出す。四六判２６０頁 '96

81 **枕**（まくら） 矢野憲一

神さまの枕・大嘗祭の枕から枕絵の世界まで、人生の三分の一を共に過す枕をめぐって、その材質の変遷を辿り、伝説と怪談、俗信と民俗、エピソードを興味深く語る。四六判２５２頁 '96

82-I **桶・樽**（おけ・たる）**I** 石村真一

日本、中国、朝鮮、ヨーロッパにわたる厖大な資料を集成してその豊かな文化の系譜を探り、東西の木工技術史を比較しつつ世界史的視野から桶・樽の文化を描き出す。四六判３８８頁 '97

82-II 桶・樽（おけ・たる）II 石村真一

多数の調査資料と絵画・民俗資料をもとにその製作技術を復元し、東西の木工技術を比較考証しつつ、技術文化史の視点から桶・樽製作の実態とその変遷を跡づける。　四六判３７２頁　'97

82-III 桶・樽（おけ・たる）III 石村真一

樹木と人間とのかかわり、製作者と消費者とのかかわりを通じて桶樽と生活文化の変遷を考察し、木材資源の有効利用という視点から桶樽の文化史的役割を浮彫にする。　四六判３５２頁　'97

83-I 貝 I 白井祥平

世界各地の現地調査と文献資料を駆使して、古来至高の財宝とされてきた宝貝のルーツとその変遷を探り、貝と人間とのかかわりの歴史を「貝貨」の文化史として描く。　四六判３８６頁　'97

83-II 貝 II 白井祥平

サザエ、アワビ、イモガイなど古来人類とかかわりの深い貝をめぐって、その生態・分布・地方名、装身具や貝貨としての利用法などを豊富なエピソードを交えて語る。　四六判３２８頁　'97

83-III 貝 III 白井祥平

シンジュガイ、ハマグリ、アカガイ、シャコガイなどをめぐって世界各地の民族誌を渉猟し、それらが人類文化に残した足跡を辿る。参考文献一覧／総索引を付す。　四六判３９２頁　'97

84 松茸（まつたけ） 有岡利幸

秋の味覚として古来珍重されてきた松茸の由来を求めて、稲作文化と里山（松林）の生態系から説きおこし、日本人の伝統的生活文化の中に松茸流行の秘密をさぐる。　四六判２９６頁　'97

85 野鍛冶（のかじ） 朝岡康二

鉄製農具の製作・修理・再生を担ってきた農鍛冶の歴史的役割を探り、近代化の大波の中で変貌する職人技術の実態をアジア各地のフィールドワークを通して描き出す。　四六判２８０頁　'98

86 稲 品種改良の系譜　菅　洋

作物としての稲の誕生、稲の渡来と伝播の経緯から説きおこし、明治以降主として庄内地方の民間育種家の手によって飛躍的発展をとげたわが国品種改良の歩みを描く。　四六判３３２頁　'98

87 橘（たちばな） 吉武利文

永遠のかぐわしい果実として日本の神話・伝説に特別の位置を占めて語り継がれてきた橘をめぐって、その育まれた風土とかずかずの伝承の中に日本文化の特質を探る。　四六判２８６頁　'98

88 杖（つえ） 矢野憲一

神の依代としての杖や仏教の錫杖に杖と信仰とのかかわりを探り、人類が突きつつ歩んだその歴史と民俗を興味ぶかく語る。多彩な材質と用途を網羅した杖の博物誌。　四六判３１４頁　'98

89 もち（糯・餅） 渡部忠世／深澤小百合

モチイネの栽培・育種から食品加工、民俗、儀礼にわたってそのルーツと伝承の足跡をたどり、アジア稲作文化という広範な視野からこの特異な食文化の謎を解明する。　四六判３３０頁　'98

90 さつまいも 坂井健吉

その栽培の起源と伝播経路を跡づけるとともに、わが国伝来後四百年の経緯を詳細にたどり、世界に冠たる育種と栽培・利用法を築いた人々の知られざる足跡をえがく。　四六判３２８頁　'99

91 **珊瑚**（さんご） 鈴木克美

海岸の自然保護に重要な役割を果たす岩石サンゴから宝飾品として知られる宝石サンゴまで、人間生活と深くかかわってきたサンゴの多彩な姿を人類文化史として描く。 四六判３７０頁 '99

92-Ⅰ **梅Ⅰ** 有岡利幸

万葉集、源氏物語、五山文学などの古典や天神信仰に表れた梅の足跡を克明に辿りつつ日本人の精神史に刻印された梅を浮彫にし、梅と日本人の二〇〇〇年史を描く。 四六判２７４頁 '99

92-Ⅱ **梅Ⅱ** 有岡利幸

その植生と栽培、伝承、梅の名所や鑑賞法の変遷から戦前の国定教科書に表れた梅まで、梅と日本人との多彩なかかわりを探り、桜との対比において梅の文化史を描く。 四六判３３８頁 '99

93 **木綿口伝**（もめんくでん） 第2版 福井貞子

老女たちからの聞書を経糸とし、厖大な遺品・資料を緯糸として、母から娘へと幾代にも伝えられた手づくりの木綿文化を掘り起し、近代の木綿の盛衰を描く。増補版 四六判３３６頁 '00

94 **合せもの** 増川宏一

「合せる」には古来、一致させるの他に、競う、闘う、比べる等の意味があった。貝合せや絵合せ等の遊戯・賭博を中心に、広範な人間の営みを「合せる」行為に辿る。 四六判３００頁 '00

95 **野良着**（のらぎ） 福井貞子

明治初期から昭和四〇年までの野良着を収集・分類・整理し、それらの用途と年代、形態、材質、重量、呼称などを精査して、働く庶民の創意にみちた生活史を描く。 四六判２９２頁 '00

96 **食具**（しょくぐ） 山内昶

東西の食文化に関する資料を渉猟し、食法の違いを人間の自然に対するかかわり方の違いとして捉えつつ、食具を人間と自然をつなぐ基本的な媒介物として位置づける。 四六判２９２頁 '00

97 **鰹節**（かつおぶし） 宮下章

黒潮からの贈り物・カツオの漁法から鰹節の製法や食法、商品としての流通までを歴史的に展望するとともに、沖縄やモルジブ諸島の調査をもとにそのルーツを探る。 四六判３８２頁 '00

98 **丸木舟**（まるきぶね） 出口晶子

先史時代から現代の高度文明社会まで、もっとも長期にわたり使われてきた刳り舟に焦点を当て、その技術伝承を辿りつつ、森や水辺の文化の広がりと動態をえがく。 四六判３２４頁 '01

99 **梅干**（うめぼし） 有岡利幸

日本人の食生活に不可欠の自然食品・梅干をつくりだした先人たちの知恵に学ぶとともに、健康増進に驚くべき薬効を発揮する、その知られざるパワーの秘密を探る。 四六判３００頁 '01

100 **瓦**（かわら） 森郁夫

仏教文化と共に中国・朝鮮から伝来し、一四〇〇年にわたり日本の建築を飾ってきた瓦をめぐって、発掘資料をもとにその製造技術、形態、文様などの変遷をたどる。 四六判３２０頁 '01

101 **植物民俗** 長澤武

衣食住から子供の遊びまで、幾世代にも伝承された植物をめぐる暮らしの知恵を克明に記録し、高度経済成長期以前の農山村の豊かな生活文化を愛惜をこめて描き出す。 四六判３４８頁 '01

102 箸（はし） 向井由紀子／橋本慶子

そのルーツを中国、朝鮮半島に探るとともに、日本人の食生活に不可欠の食具となり、日本文化のシンボルとされるまでに洗練された箸の文化の変遷を総合的に描く。 四六判334頁 '01

103 採集 ブナ林の恵み 赤羽正春

縄文時代から今日に至る採集・狩猟民の暮らしを復元し、動物の生態系と採集生活の関連を明らかにしつつ、民俗学と考古学の両面から山に生かされた人々の姿を描く。 四六判298頁 '01

104 下駄 神のはきもの 秋田裕毅

古墳や井戸等から出土する下駄に着目し、下駄が地上と地下の他界を結ぶ聖なるはきものであったという大胆な仮説を提出、日本の神々の忘れられた側面を浮彫にする。 四六判304頁 '02

105 絣（かすり） 福井貞子

膨大な絣遺品を収集・分類し、絣産地を実地に調査して絣の技法と文様の変遷を地域別・時代別に跡づけ、明治・大正・昭和の手づくりの染織文化の盛衰を描き出す。 四六判310頁 '02

106 網（あみ） 田辺悟

漁網を中心に、網に関する基本資料を網羅して網の変遷と網をめぐる民俗を体系的に描き出し、網の文化を集成する。「網に関する小事典」「網のある博物館」を付す。 四六判316頁 '02

107 蜘蛛（くも） 斎藤慎一郎

「土蜘蛛」の呼称で畏怖される一方「クモ合戦」など子供の遊びとしても親しまれてきたクモと人間との長い交渉の歴史をその深層に遡って追究した異色のクモ文化論。 四六判320頁 '02

108 襖（ふすま） むしゃこうじ・みのる

襖の起源と変遷を建築史・絵画史の中に探りつつその用と美を浮彫にし、衝立・障子・屏風等と共に日本建築の空間構成に不可欠の建具となるまでの経緯を描き出す。 四六判270頁 '02

109 漁撈伝承（ぎょろうでんしょう） 川島秀一

漁師たちからの聞き書きをもとに、寄り物、船霊、大漁旗など、漁撈にまつわる〈もの〉の伝承を集成し、海の道によって運ばれた習俗や信仰の民俗地図を描き出す。 四六判334頁 '03

110 チェス 増川宏一

世界中に数億人の愛好者を持つチェスの起源と文化を、欧米における膨大な研究の蓄積を渉猟しつつ探り、日本への伝来の経緯から美術工芸品としてのチェスにおよぶ。 四六判298頁 '03

111 海苔（のり） 宮下章

海苔の歴史は厳しい自然とのたたかいの歴史だった——採取から養殖、加工、流通、消費に至る先人たちの苦難の歩みを史料と実地調査によって浮彫にする食物文化史。 四六判172頁 '03

112 屋根 檜皮葺と杮葺 原田多加司

屋根葺師一〇代の著者が、自らの体験と職人の本懐を語り、連綿として受け継がれてきた伝統の手わざを体系的にたどりつつ伝統技術の保存と継承の必要性を訴える。 四六判340頁 '03

113 水族館 鈴木克美

初期水族館の歩みを創始者たちの足跡を通して辿りなおし、水族館をめぐる社会の発展と風俗の変遷を描き出すとともにその未来像をさぐる初の〈日本水族館史〉の試み。 四六判290頁 '03

114 **古着**（ふるぎ）　朝岡康二

仕立てと着方、管理と保存、再生と再利用等にわたり衣生活の変容を近代の日常生活の変化として捉え直し、衣服をめぐるリサイクル文化が形成される経緯を描き出す。　四六判２９２頁 '03

115 **柿渋**（かきしぶ）　今井敬潤

染料・塗料をはじめ生活百般の必需品であった柿渋の伝承を記録し、文献資料をもとにその製造技術と利用の実態を明らかにして、忘れられた豊かな生活技術を見直す。　四六判２９４頁 '03

116-Ⅰ **道Ⅰ**　武部健一

道の歴史を先史時代から説き起こし、古代律令制国家の要請によって駅路が設けられ、しだいに幹線道路として整えられてゆく経緯を技術史・社会史の両面からえがく。　四六判２４８頁 '03

116-Ⅱ **道Ⅱ**　武部健一

中世の鎌倉街道、近世の五街道、近代の開拓道路から現代の高速道路網までを通観し、道路を拓いた人々の手によって今日の交通ネットワークが形成された歴史を語る。　四六判２８０頁 '03

117 **かまど**　狩野敏次

日常の煮炊きの道具であるとともに祭りと信仰に重要な位置を占めてきたカマドをめぐる忘れられた伝承を掘り起こし、民俗空間の壮大なコスモロジーを浮彫りにする。　四六判２９２頁 '04

118-Ⅰ **里山Ⅰ**　有岡利幸

縄文時代から近世までの里山の変遷を人々の暮らしと植生の変化の両面から跡づけ、その源流を記紀万葉に描かれた里山の景観や大和・三輪山の古記録・伝承等に探る。　四六判２７６頁 '04

118-Ⅱ **里山Ⅱ**　有岡利幸

明治の地租改正による山林の混乱、相次ぐ戦争による山野の荒廃、エネルギー革命、高度成長による大規模開発など、近代化の荒波に翻弄される里山の見直しを説く。　四六判２７４頁 '04

119 **有用植物**　菅　洋

人間生活に不可欠のものとして利用されてきた身近な植物たちの来歴と栽培・育種・品種改良・伝播の経緯を平易に語り、植物と共に歩んだ文明の足跡を浮彫にする。　四六判３２４頁 '04

120-Ⅰ **捕鯨Ⅰ**　山下渉登

世界の海で展開された鯨と人間との格闘の歴史を振り返り、「大航海時代」の副産物として開始された捕鯨業の誕生以来四〇〇年にわたる盛衰の社会的背景をさぐる。　四六判３１４頁 '04

120-Ⅱ **捕鯨Ⅱ**　山下渉登

近代捕鯨の登場により鯨資源の激減を招き、捕鯨の規制・管理のための国際条約締結に至る経緯をたどり、グローバルな課題としての自然環境問題を浮き彫りにする。　四六判３１２頁 '04

121 **紅花**（べにばな）　竹内淳子

栽培、加工、流通、利用の実際を現地に探訪して紅花とかかわってきた人々からの聞き書きを集成し、忘れられた〈紅花文化〉を復元しつつその豊かな味わいを見直す。　四六判３４６頁 '04

122-Ⅰ **もののけⅠ**　山内昶

日本の妖怪変化、未開社会の〈マナ〉、西欧の悪魔やデーモンを比較考察し、名づけ得ぬ未知の対象を指す万能のゼロ記号〈もの〉をめぐる人類文化史を跡づける博物誌。　四六判３２０頁 '04

122-Ⅱ **もののけⅡ**　山内昶

日本の鬼、古代ギリシアのダイモン、中世の異端狩り・魔女狩り等々をめぐり、自然＝カオスと文化＝コスモスの対立の中で〈野生の思考〉が果たしてきた役割をさぐる。　四六判２８０頁　'04

123 **染織**（そめおり）　福井貞子

自らの体験と厖大な残存資料をもとに、糸づくりから織り、染めにわたる手づくりの豊かな生活文化を見直す。創意にみちた手わざのかずかずを復元する庶民生活誌。　四六判２９４頁　'05

124-Ⅰ **動物民俗Ⅰ**　長澤武

神として崇められたクマやシカをはじめ、人間にとって不可欠の鳥獣や魚、さらには人間を脅かす動物など、多種多様な動物たちと交流してきた人々の暮らしの民俗誌。　四六判２６４頁　'05

124-Ⅱ **動物民俗Ⅱ**　長澤武

動物の捕獲法をめぐる各地の伝承を紹介するとともに、全国で語り継がれてきた多彩な動物民話・昔話を渉猟し、暮らしの中で培われた動物フォークロアの世界を描く。　四六判２６６頁　'05

125 **粉**（こな）　三輪茂雄

粉体の研究をライフワークとする著者が、粉食の発見からナノテクノロジーまで、人類文明の歩みを〈粉〉の視点から捉え直した壮大なスケールの〈文明の粉体史観〉　四六判３０２頁　'05

126 **亀**（かめ）　矢野憲一

浦島伝説や「兎と亀」の昔話によって親しまれてきた亀のイメージの起源を探り、古代の亀卜の方法から、亀にまつわる信仰と迷信、鼈甲細工やスッポン料理におよぶ。　四六判３３０頁　'05

127 **カツオ漁**　川島秀一

一本釣り、カツオ漁場、船上の生活、船霊信仰、祭りと禁忌など、カツオ漁にまつわる漁師たちの伝承を集成し、黒潮に沿って伝えられた漁民たちの文化を掘り起こす。　四六判３７０頁　'05

128 **裂織**（さきおり）　佐藤利夫

木綿の風合いと強靭さを生かした裂織の技と美をすぐれたリサイクル文化として見なおす。東西文化の中継地・佐渡の古老たちからの聞書をもとに歴史と民俗をえがく。　四六判３０８頁　'05

129 **イチョウ**　今野敏雄

「生きた化石」として珍重されてきたイチョウの生い立ちと人々の生活文化とのかかわりの歴史をたどり、この最古の樹木に秘められたパワーを最新の中国文献にさぐる。　四六判３１２頁〔品切〕　'05

130 **広告**　八巻俊雄

のれん、看板、引札からインターネット広告までを通観し、いつの時代にも広告が人々の暮らしと密接にかかわって独自の文化を形成してきた経緯を描く広告の文化史。　四六判２７６頁　'06

131-Ⅰ **漆**（うるし）**Ⅰ**　四柳嘉章

全国各地で発掘された考古資料を対象に科学的解析を行ない、縄文時代から現代に至る漆の技術と文化を跡づける試み。漆が日本人の生活と精神に与えた影響を探る。　四六判２７４頁　'06

131-Ⅱ **漆**（うるし）**Ⅱ**　四柳嘉章

遺跡や寺院等に遺る漆器を分析し体系づけるとともに、絵巻物や文学作品の考証を通じて、職人や産地の形成、漆工芸の地場産業としての発展の経緯などを考察する。　四六判２１６頁　'06

132 **まな板** 石村眞一

日本、アジア、ヨーロッパ各地のフィールド調査と考古・文献・絵画・写真資料をもとにまな板の素材・構造・使用法を分類し、多様な食文化とのかかわりをさぐる。 四六判３７２頁 '06

133-I **鮭・鱒**（さけ・ます）**I** 赤羽正春

鮭・鱒をめぐる民俗研究の前史から現在までを概観するとともに、原初的な漁法から商業的漁法にわたる多彩な漁法と用具、漁場と社会組織の関係などを明らかにする。 四六判２９２頁 '06

133-II **鮭・鱒**（さけ・ます）**II** 赤羽正春

鮭漁をめぐる行事、鮭捕り衆の生活等を聞き取りによって再現し、人工孵化事業の発展とそれを担った先人たちの業績を明らかにするとともに、鮭・鱒の料理におよぶ。 四六判３５２頁 '06

134 **遊戯** その歴史と研究の歩み 増川宏一

古代から現代まで、日本と世界の遊戯の歴史を概説し、内外の研究者との交流の中で得られた最新の知見をもとに、研究の出発点と目的を論じ、現状と未来を展望する。 四六判２９６頁 '06

135 **石干見**（いしひみ） 田和正孝編

沿岸部に石垣を築き、潮汐作用を利用して漁獲する原初的漁法を日・韓・台に残る遺構と伝承の調査・分析をもとに復元し、東アジアの伝統的漁撈文化を浮彫りにする。 四六判３３２頁 '07

136 **看板** 岩井宏實

江戸時代から明治・大正・昭和初期までの看板の歴史を生活文化史の視点から考察し、多種多様な生業の起源と変遷を多数の図版をもとに紹介する〈図説商売往来〉。 四六判２６６頁 '07

137-I **桜I** 有岡利幸

そのルーツと生態から説きおこし、和歌や物語に描かれた古代社会の桜観から「花は桜木、人は武士」の江戸の花見の流行まで、日本人と桜のかかわりの歴史をさぐる。 四六判３８２頁 '07

137-II **桜II** 有岡利幸

明治以後、軍国主義と愛国心のシンボルとして政治的に利用されてきた桜の近代史を辿るとともに、日本人の生活と共に歩んだ「咲く花、散る花」の栄枯盛衰を描く。 四六判４００頁 '07

138 **麹**（こうじ） 一島英治

日本の気候風土の中で稲作と共に育まれた麹菌のすぐれたはたらきの秘密を探り、醸造化学に携わった人々の足跡をたどりつつ醱酵食品と日本人の食生活文化を考える。 四六判２４４頁 '07

139 **河岸**（かし） 川名登

近世初頭、河川水運の隆盛と共に物流のターミナルとして賑わい、船旅や遊廓などをもたらした河岸（川の港）の盛衰を河岸に生きる人々の暮らしの変遷としてえがく。 四六判３００頁 '07

140 **神饌**（しんせん） 岩井宏實／日和祐樹

土地に古くから伝わる食物を神に捧げる神饌儀礼に祭りの本義を探り、近畿地方主要神社の伝統的儀礼をつぶさに調査して、豊富な写真と共にその実際を明らかにする。 四六判３７４頁 '07

141 **駕籠**（かご） 櫻井芳昭

その様式、利用の実態、地域ごとの特色、車の利用を抑制する交通政策との関連から駕籠かきたちの風俗までを明らかにし、日本交通史の知られざる側面に光を当てる。 四六判２９４頁 '07

142 追込漁（おいこみりょう） 川島秀一
沖縄の島々をはじめ、日本各地で今なお行なわれている沿岸漁撈を実地に精査し、魚の生態と自然条件を知り尽した漁師たちの知恵と技を見直しつつ漁業の原点を探る。四六判368頁 '08

143 人魚（にんぎょ） 田辺悟
ロマンとファンタジーに彩られて世界各地に伝承される人魚の実像をもとめて東西の人魚誌を渉猟し、フィールド調査と膨大な資料をもとに集成したマーメイド百科。四六判352頁 '08

144 熊（くま） 赤羽正春
狩人たちからの聞き書きをもとに、かつては神として崇められた熊と人間との精神史的な関係をさぐり、熊を通して人間の生存可能性にもおよぶユニークな動物文化史。四六判384頁 '08

145 秋の七草 有岡利幸
『万葉集』で山上憶良がうたいあげて以来、千数百年にわたり秋を代表する植物として日本人にめでられてきた七種の草花の知られざる伝承を掘り起こす植物文化誌。四六判306頁 '08

146 春の七草 有岡利幸
厳しい冬の季節に芽吹く若菜に大地の生命力を感じ、春の到来を祝い新年の息災を願う「七草粥」などとして食生活の中に巧みに取り入れてきた古人たちの知恵を探る。四六判272頁 '08

147 木綿再生 福井貞子
自らの人生遍歴と木綿を愛する人々との出会いを織り重ねて綴り、優れた文化遺産としての木綿衣料を紹介しつつ、リサイクル文化としての木綿再生のみちを模索する。四六判266頁 '09

148 紫（むらさき） 竹内淳子
今や絶滅危惧種となった紫草（ムラサキ）を育てる人びと、伝統の紫根染を今に伝える人びとを全国にたずね、貝紫染の始原を求めて吉野ヶ里におよぶ「むらさき紀行」。四六判324頁 '09

149-I 杉I 有岡利幸
その生態、天然分布の状況から各地における栽培・育種、利用にいたる歩みを弥生時代から今日までの人間の営みの中で捉えなおし、わが国林業史を展望しつつ描き出す。四六判282頁 '10

149-II 杉II 有岡利幸
古来神の降臨する木として崇められるとともに生活のさまざまな場面で活用され、絵画や詩歌に描かれてきた杉の文化をたどり、さらに「スギ花粉症」の原因を追究する。四六判278頁 '10

150 井戸 秋田裕毅（大橋信弥編）
弥生中期になぜ井戸は突然出現するのか。飲料水など生活用水ではなく、祭祀用の聖なる水を得るためだったのではないか。目的や構造の変遷、宗教との関わりをたどる。四六判260頁 '10

151 楠（くすのき） 矢野憲一／矢野高陽
語源と字源、分布と繁殖、文学や美術における楠から医薬品としての利用、キューピー人形や樟脳の船まで、楠と人間の関わりの歴史を辿りつつ自然保護の問題に及ぶ。四六判334頁 '10

152 温室 平野恵
温室は明治時代に欧米から輸入された印象があるが、じつは江戸時代半ばから「むろ」という名の保温設備があった。絵巻や小説、遺跡などより浮かび上がる歴史。四六判310頁 '10

153 檜（ひのき）　有岡利幸

建築・木彫・木材工芸に最良の材としてわが国の〈木の文化〉に重要な役割を果たしてきた檜。その生態から保護・育成・生産・流通・加工までの変遷をたどる。　四六判３２０頁 '11

154 落花生　前田和美

南米原産の落花生が大航海時代にアフリカ経由で世界各地に伝播していく歴史をたどるとともに、日本で栽培を始めた先覚者や食文化との関わりを紹介する。　四六判３１２頁 '11

155 イルカ（海豚）　田辺悟

神話・伝説の中のイルカ、イルカをめぐる信仰から、漁撈伝承、食文化の伝統と保護運動の対立までを幅広くとりあげ、ヒトと動物との関係はいかにあるべきかを問う。　四六判３３０頁 '11

156 輿（こし）　櫻井芳昭

古代から明治初期まで、千二百年以上にわたって用いられてきた輿の種類と変遷を探り、天皇の行幸や斎王群行、姫君たちの輿入れにおける使用の実態を明らかにする。　四六判２５２頁 '11

157 桃　有岡利幸

魔除けや若返りの呪力をもつ果実として神話や昔話に語り継がれ、近年古代遺跡から大量出土して祭祀との関連が注目される桃。日本人との多彩な関わりを考察する。　四六判３２８頁 '12

158 鮪（まぐろ）

古文献に描かれ記されたマグロを紹介し、漁法・漁具から運搬と流通・消費、漁民たちの暮らしと民俗・信仰までを探りつつ、マグロをめぐる食文化の未来にもおよぶ。　四六判３５０頁 '12